KISS JÁNOS

A CSODÁLATOS
HOMO SAPIENS

ELMÉLKEDÉSEK AZ EMBERRŐL

novum pro

© 2025 novum publishing gmbh
Rathausgasse 73, A-7311 Neckenmarkt
kiado@novumpublishing.hu

ISBN 978-3-7116-0067-7
Lektor: Sósné Karácsonyi Mária
Borítókép:
Surachet Vangda | Dreamstime.com
Borító, tördelés & nyomda:
novum publishing
Illusztráció: Kiss János

Minden jog fenntartva, beleértve a mű film, rádió és televízió, fotómechanikai kiadását, hanghordozón és elektronikus adathordozón való forgalmazását, valamint kivonat megjelentetését, illetve az utánnyomását is.

A szerző által a kiadó rendelkezésére bocsátott képek a legjobb minőségben kerültek nyomtatásra.

www.novumpublishing.hu

Nyomtatva az Európai Unióban környezetbarát, klór- és savmentes, fehérített papírra.

Tartalomjegyzék

I. AZ ÍRÁS

Miről is szól ez a könyv? 7
A technika mai csodái – tegyünk egy rövid áttekintést,
mondjuk, a technika világából 12
Mit is eszünk, iszunk? 19
Az ember szokásai 21
A világ megismerése: – az Univerzum 34
Egy kicsit „közelebb" – a Naprendszer 41
És mi van a mi kis bolygónkon – a Föld 49
Újra a vallás – miért is kellett? 58
Jézus előtti idők, egyéb vallások 65
Egy szertartás bemutatása 71
A biblia 75
Egy mai templomi szertartás pontos idézete 107
Egy vallási szórólap – Jehova 110
Hadd menjek szövege így is, úgy is 113
Nézzünk szét egy kicsit a Pápák világában 117
Fel, fel, ti rabjai a földnek... 125
Az emberi történelem „nagyjai" 128

II. BELÉPEK ÉN IS A TÖRTÉNETEK SORÁBA

Egy kis saját történet – gyerekkortól a tsz-ekig 151
Jöjjenek a NŐK! 170
A kazetta 177
Elvira vég 195
ÁGNES... 199
SÁRI... 200
Újból Mária 206
Adél... 221

Rádió műsor... megint az ember 221
Somogyberény – Péter hegy. 226
Az elmúlás témája 228

III. EGYÉB GONDOLATOK
Az emberi kínzások világa 234
Forrás jegyzék 237

I. AZ ÍRÁS

Miről is szól ez a könyv?

Évszázadok, sőt évezredek óta az ember – vagyis az emberek egy része (mondjuk, az értelmesebb része), keresi az „ember" – vagyis önmaga – mibenlétét. Ez lehet egy belső kényszer, lehet szimpla kíváncsiság. Sokan gondolkodunk ezen. Mi is az ember? Ki is az a nagybetűs „ember"?
Mi most, Te meg én, próbáljunk ennek egy kicsit utánajárni. Nézzük át úgy alaposan ezt az egész világot. Úgy a tárgyi világot, mint az emberi világot.
Nézzük át együtt az univerzum keletkezésétől kezdve mind a mai napig az egészet, az ember közreműködésével és anélkül.
Rögtön egy Solti Károly által előadott szép nóta jut az eszembe. Ez hűen jellemzi az ember kettős mivoltát: egyrészt egy csöppnyi lény, másrészt világot megváltó hős. Ki-ki a maga saját mércéje szerint.

Az ember egy léha, egy könnyelmű senki,
S mégis mily' nagy dolog embernek lenni.
Az ember egy porszem, nem látja meg senki,
S mégis a porszem tud csak ember lenni.

Ha vérzik a szíved, s a fájdalmad nagy,
Csak ember légy mindég, csak ember maradj!
Az ember egy léha, egy könnyelmű senki,
Mégis mily' nagy dolog embernek lenni.

Mért rezeg a nyárfa, ha nem fúj a szél,
Mért komisz az ember, ha rossz útra tér?
Üldözi a sorsa, s az élet is kihal.
Ne kutasd, ne keresd, mire jó e kicsi dal.

Az ember egy léha, egy könnyelmű senki,
S mégis mily' nagy dolog embernek lenni.
Az ember egy porszem, nem látja meg senki,
S mégis a porszem tud csak ember lenni.

Ha vérzik a szíved, s a fájdalmad nagy,
Csak ember légy mindég, csak ember maradj!
Az ember egy léha, egy könnyelmű senki,
Mégis mily' nagy dolog embernek lenni.

Bár az indíttatás talán ez lehetne, azért én mégis megpróbálom a magam módján megváltani a világot. Vagyis hát nem megváltani, hanem erről a világról alkotott nézeteimet összefoglalni ezen írásban. Példát adni arra, hogy egy porszem is tud egy elismerendőt alkotni. Elismerendőt? De hát ki által elismerendőt? Öntsünk tiszta vizet a pohárba (ha sokszor zavarosat is öntünk)! – írom én ezt az írást csak úgy a magam kedvére. Hogy evvel mi lesz majd, nem is jár az eszemben. Tényleg!

Így az ember – szép lassan a „vég" felé gyalogolva, de azt még nem nagyon várva – szeret összegezni. Áttekinteni saját életét, összefoglalni az eddig megszerzett ismereteket.

Hát akkor csapjunk bele!

Idézzük még egyszer a fenti neves énekest. No, nem megijedni – ez az írogatás nem a magyar nótákról fog szólni!

Fejem fölött gyorsan röpülnek az évek,
Elmerengek rajta, vissza-visszanézek.
Mért nem lettem boldog,
Ezt a titkot semmi meg nem magyarázza.
Valahol az ember mindig elhibázza.

Lassúbbodó szívvel magamra maradtam,
Aki hű volt hozzám, azt én kikacagtam.
Mért van az, hogy szívünk
Azért dobog jobban, aki megalázza?
Valahol az ember mindig elhibázza.

Hamis lelkű lányok, hazug jó barátok,
Ami elmúlt, elmúlt, mindent megbocsátok.
Aki ennyit átélt, akit ennyi kár ért,
Már csak fejét rázza.
Valahol az ember mindig elhibázza.

Igen sok ember éli így az életét, hogy sok mindent hibáztat, sok mindenkit hibáztat az ő nem egészen tökéletes életéért. De sokszor hallottam én már ebben az életben: „Hej, ha én még egyszer újrakezdhetném...!" Én pedig a legtöbbször magamban mit gondoltam? Akivel olyan nexusban voltam, annak azt mondtam, hogy „mindent ugyanígy csinálnál végig". Minden ember csak a maga életét élheti végig, és nem egy elképzelt másét. Nincs más élete, de nincs az életben „visszamenés" sem. Erre jó a következő musicalrészlet:
   (Elizabeth)

Ne kívánd, hogy játsszam
A nőt, aki jól nevelt.
Ne kívánd, hogy tudjam
A módit, s az illemet.
E példás kis udvartöltelék,
Az már nem én lennék!

Ha repít a trapéz,
Ha elbír a vékony jég.
A szeszély, a veszély,
Az csodás, az álomszép.
De értsd meg, ha nem kockáztatnék,
Már nem én lennék!

Ha óvnál a bajtól,
Épp az lesz a baj,
Hogy nyűg lesz csak rajtam a lét!
Mint sólyom, úgy
Szállok majd más táj felé,
Ha béklyóz a kényszerűség!

Ha leszól egy csillag,
Ha elhív, én elmegyek.
A világ, a hazám,
A felhők, a mesterek.
Ha tudást csak könyvekből vennék,
Az már nem én lennék!

És taszít, ha tolong
Sok kegyenc, sok esdeklő,
És riaszt, ha les rám
És öröm, ha egy sem jő.
Kit nem bánt e barbár csőcselék,
Az már nem én lennék!

És elveszthetsz, hidd el,
Ha börtönbe zársz.
A fészkedből elszállok én.
Hogy megtarthass, az kell,
Hogy hadd higgyem már,
Az élet, mit élek, enyém!

Egy társ kell, egy barát,
Ki megvéd, ki átölel,
Ki megért és segít,
Ha vigasz vagy tréfa kell.
De hagyja, hogy éljek,
Szabadon, mint a lélek,
Mert így vagyok csak én!

Csak így!

Mert, mondjuk, pl. hogy egy menőnek mondott, itt vagy ott sikeres valaki, az már nem én lennék. Ezek olyan vágyálmok, amik sosem lesznek a sajátjaink. Néha persze jó ilyet mondani mások előtt, utalva esetleges korábbi nagy lehetőségeinkre. Akkor is mindenki a maga saját útját futja be, nem pedig valaki másét. Nem minden emberben van meg egy nagyívű feltörekvés, megvalósulás képessége.

Ismeretes a mindig tiszta, becsületes ember típusa. Ezekből nagyon ritkán lesz vagyonos ember. No persze egy társadalomban ezekből nem is kell olyan sok! Jómagam is egy kissé ezek közé merem magamat besorolni. Azt pedig mindenki tudja, hogy az ember életében nem a pénz a minden! Mondjuk úgy, hogy sok pénz nélkül is lehet teljes – mondhatnám úgy is, sikeres – életet élni.

Erre pont egy általam megélt példával is tudok szolgálni.

Sarkad – negyedikes gimis voltam. A gimivel szembeni művelődési házban lottóötös nyereményátadási ceremónia kezdődött, és az osztály átmehetett ezt megnézni. De még a kezdet előtt jött a hír, hogy mégsem, vissza kell menni a következő órára. De mivel én – egy társammal – rögtön felszaladtam az erkélyre, így nem értesültem a visszaterelési akcióról, és végignéztem a pénzátadást.

Szinpad, rajta egy hosszú asztal, azon 1 millió forint. Akkor ez egy egész vagyont jelentett. Az asztal mellett egy fegyveres rendőr. Talán egy Kalasnyikov lehetett a vállán, mert én elég nagynak láttam.

Ceremónia, pénzátadás, és utalás arra, hogy aki megnyerte – talán már 59 év után leírhatom, hogy egy okányi, idős házaspár –, már készült a szociális otthonba, mert igen nagyon szegények voltak.

Mint a mesében... Telt-múlt az idő, én pedig, mint végzett mezőgazdasági gépész üzemmérnök, épp az okányi tsz-be kerültem. Egy idő után eszembe jutott, hogy én valamikor végignéztem egy nyereményátadást egy okányi embernek. Vajon mi lett velük? Megkérdeztem! Két-három ember volt körülöttem, ők pedig nagy, mondjuk úgy, szörnyülködésbe kezdtek. Tudom-e én, hogy mi lett velük? Honnan tudtam volna, épp ezért kérdeztem.

Hát elkezdtek nagy lábon élni. Az öreg tatának még ku...-ja is volt Szeghalmon. Itt ez a város egy magasabb szintet jelentett a falusi léthez képest. És még bundát is vett neki a vén sza...s. És soroltak még néhány „menő esetet". És mi van velük manapság – kérdeztem újra. Micsoda? Szegényebbek, mint régen voltak.

Ilyen első munkahelyi élménnyel (no meg másokkal) kezdtem a „munkás" pályafutásomat. Nem most lettem nagyon okos, hogy az akkori téeszvilág dolgaira felfigyeltem, már akkor is sok mindent nem értettem. Én az egyszerű, racionális életvitel híve voltam mindig, pedig oly sok helyzetet megéltem, ami szerintem akkor nem volt életszerű. No, ezekre még a későbbiekben többször fogok utalni.

Máris előjött még egy gondolat. Írogatom én ezeket a történeteket, de vajon pl. a mai fiatalok mit értenek meg ebből? Milyen más világ is volt az az „átkos"? Nekem kijutott bőven a szocializmus „örömeiből"!

Igen, igen... Már bele kis futottunk a „vezértémába". Az akkori világ megvalósítói, támogatói, működtetői is mind „emberek" voltak.

Amúgy szinte felfoghatatlan, mennyi különbség van ember és ember között! És nem csak olyan értelemben, hogy az egyik hajléktalan, a másik Nobel-díjas tudós. Gondolhatja mindenki, hogy az emberi megítélés meghatározását, nem egészen innen kellene kezdeni. A fenti két példa nem emberi értékmérő pont.

Itt jön az a közhelyszerű meghatározás, hogy mindenki képességei szerint...

Talán egy kicsit kanyarodjunk el abba az irányba, hogy mekkora dolgot is alkotott meg az „ember".

A technika mai csodái – tegyünk egy rövid áttekintést, mondjuk, a technika világából

A Wonder of the Seas tengerjáró hajó 236 857 bruttó tonnatartalom. 362 méterhosszú, 64 méter széles, és 6 988 utas befogadására alkalmas. (Egy közepes város.) Ha pl. hozzávesszük, hogy mi van egy ilyen luxus üdülőhajón: több (!) színházterem, mozi, 5 uszoda, 15 étterem, meg amit még az ember el tud képzelni. Vagy még el sem tudja!

Míg ez az írogatás készült, megjelent a még nagyobb hajó (a finnek építették Turkuban): 20 fedélzet, 10 000 ember befogadására alkalmas, a fedélzeten egy komplett vízipark található, 7 medence, 9 pezsgőfürdő, 6 rekord nagyságú vízicsúzda, a hajó 365 méter hosszú. Az első, ami teljesen cseppfolyósított földgázzal üzemel, a tökéletes élményre tervezték, már kapható elővételben erre a hajóra a jegy. 7 éjszakára 3 800 euró, még részletfizetésre is van lehetőség: havi 341 euró. (Lakosztály: 9 000 euró.)

(Számoljunk egy kicsit nekünk, magyaroknak: 3800 x 390 = 1 482 000 Ft/fő. 9 000 x 390 = 3 510 000 Ft/fő.)

Már csak ez hiányzik az emberiségnek. A világ az éhínséget megoldotta, jó ivóvíz van mindenhol, a lakhatás témája is rendben... no meg a többi!

A teherhajók elvisznek 20 000 db konténert.

Vannak még például a repülőgéphordozó hajók.

Friss hírként olvastam, hogy elkészült Amerika 13 000 000 000 dolláros repülőgép-hordozója. Ezen 4 000 ember is tartózkodhat, 70 repülőgépet szállíthat. A WC-k tisztítása alkalmanként 400 000 dollár. Meg a többi ultra szuperszerkezet!

– Egy ausztrál vonatszerelvény: 268 kocsi, 2,8 km hosszú, üres tömeg 43 000 tonna + 24 200 tonna vasérc.

– A Rio Tinto a másik vasércszállító vonat, 682 vagon, 82 000 tonnával, 7,3 km hosszú.

– Egy készülő személyvonat 600 km/órás sebességgel viszi az utasokat.

– Közúti szállításnál a Super Quad 140 tonnát visz 4 pótkocsival.

– A Caterpillar 797 626 tonna üresen, 363 tonna rakodósúly, a vezetőfülke a 7. emeletnek megfelelő magasságban van.

– Bányagép: 12 240 tonnás, 96 m magas, 220 m hosszú, a fülke 8. emelet magasan, ez 91 millió tonna szenet termel ki évente.

– Csúcstartó teherszállító repülőgép az AN-225-ös: 10 harckocsit, 230 tonnát tud elvinni.

A leggazdagabb ember 2023. április 1-én
1. Bernard Arnault. 73 éves, vagyona: 199 milliárd dollár.
   Máris számítsuk át forintba mai árfolyamon! 199 000 000 000 x 347,17 = 69 086,83 milliárd Ft. Magyarország 2023 évi költségvetési bevétele: 39 758,6 milliárd forint.

2. Elon Musk, 51 éves, vagyona 187 milliárd dollár.
3. Jeff Bezos, 59 éves, vagyona 127 milliárd dollár.

– A leggazdagabb nő a világon Francoise Bettencourt-Meyers, vagyona 88,4 milliárd dollár.

Csak példaként a negyedik „helyezett", az ismert Bill Gates, 67 éves, a vagyona 120 milliárd dollár, 2022 éves bevétele 198 milliárd dollár volt.

Itt is jön a kényszerű konklúzió: idáig jutott el az a bizonyos nagybetűs ember a világ fejlődése folyamán. Hogy ez miért van így, hogyan is alakult ki ez a helyzet, ez lenne a szigorú törzsfejlődés eredménye? Hát, erre nekem nincs válaszom.

Nos, így néz ki a „pénzes emberek" anyagi helyzete. Egy megjegyzés: a listák évről évre változnak, mivel ezen emberek pénze jórészt részvényekben van, azok pedig igen sokszor változnak. Még egy éven belül is más lehet a sorrend. Így a különböző időszakok listái mást mutathatnak. Talán róluk elég ennyi is. Elvannak ők is a világon, igazából én nem is irigyelem őket.

– A legmagasabb ember 2,5 méter – Törökországban él.

– A világ legnagyobb vízi erőműve a Három-szurdok-gát, 22 500 megawattos – természetesen Kínában, 289 m magas, a vízesése 80 méter, évente 62,4 millió megawattórát termel. 17 évig épült, több tízezer ember dolgozott rajta. Szélessége: 2 335 méter. Megépítésével ősi kultúrák kerültek a víz alá. 1,3 millió embernek kellett elhagynia lakhelyét (kilakoltatás).

– A világ jelenleg legmagasabb épülete a Burj Khalifa, 829,8 méter.

– A világ legnagyobb szállodája: az Abraj Kudai. 10 000 szoba (tízezer!), az épületen 4 db. helikopterleszállóhely, 30 000 vendég befogadására alkalmas, 1,4 millió négyzetméteren épül Szaúd-Arábiában.

– Kínában van egy teleszkóp, amelynek az átmérője 500 (ötszáz!) méter (19,625 hektár), és 10 milliárd fényévre „lát el".

Lenne még néhány szemléltetni való, mivel jóval több idézni valót gyűjtöttem össze, példázandó, hogy mire is képes ez a már emlegetett, nagybetűs „ember". Ha még ez sem lenne elég az elgondolkodáshoz, az interneten van még bőven szemlélni való. No, de kezdjünk el gondolkodni. Ezek a fentiek a műszaki világ fejlődésének voltak az eredményei. A fejlődés pedig mindig előre tart, és meg nem áll! Ez adja meg a szuper eszközök (járművek, építmények) létrehozásának lehetőségét. De ha a technika adott, akkor ezt nem kihasználni? Kérdezzem máris? Kérdezzem a másik oldal nagy kérdéseit? Mit pusztítunk el a sokszor gigantomániás alkotásaink érdekében? Mennyire pusztítjuk a bolygó meglévő adottságait, melyeket sohasem lehet majd helyrehozni? No, de jólétünk megvalósítása érdekében pl. a villamosáram-szükséglet egyre csak nő. Na, most kielégíteni ezt igen, avagy nem?

Minden egyes jóléti megvalósításnak – rakéta a műholdak fellövéséhez, területek kivonása a mezőgazdasági művelés alól az autópályák, gyárkomplexumok építése miatt stb. – ára van. Akkor most mi legyen? Lehet-e valahol határt szabni a fentieknek, avagy megy minden a maga önemésztő módján? Máris beugrik a környezetvédők szlogenje: „Ha kivágtál minden fát és megmérgeztél minden vizet, rájössz, hogy a pénz nem ehető"! Találó. Egyáltalán nem vagyok haladás-ellenes, de…

Itt van nékem a nagy kérdésem: ki, vagy kik mondják meg a föld használatának mikéntjét? Egyáltalán, ezt meg lehet mondani? És azt meg is lehetne valósítani? Sok száz nemzetség, sok száz mai érdek, sok száz (száz?) lefizethető ember, a hirtelen jött elméletek, társadalmi rendszerek jó útra való térítése hogyan, mi módon valósulhatna meg? Ugyan már, ez már a fantázia világa! Természetesen itt meg ott lesz némi „igazgatás", de a föld felélése nem megakadályozható! Készülnek némi elgondolások a klímaváltozás ügyében is. Ezekre most nem térek ki külön.

A jóapámtól hallottam: „nézd, fiam (kezében egy bottal), ennek két vége van, úgy, mint az életben mindennek van kezdete és vége. Így van ez a világgal, de magával az emberrel is."

Egyszerűen „gőzerővel" romboljuk a környezetünket, no meg magunkat is.

Talán nézzünk meg egy napot az ember életében!

Reggel felkel, nyúl a kávé után, elkezdi doppingolni magát. Reggel esztelen kapkodás, valamiféle ennivaló bekapkodása, mert rohanni kell. Gyereket az óvodába, útközben még beugrani valahova. Egész napos rohanás, közben (van, akinek több) kávé. A délután meg az este is hasonló! A városban egész nap szívja a kipufogógázzal teli levegőt. Sok embernek sík ideg az egész napja. Mert a főnök…! Délben bekap valamit a közeli vendéglátóhelyen. Ez persze tele mindenféle adalékanyagos összetevővel. Van, akinek szinte egész napja csak telefonálásból áll.

Egyszer hallottam, hogy (talán Angliában?) egy nőnek több éven át csak az volt a napi dolga, hogy mobillal telefonálgasson. (Egy mobiltelefon-gyártó cég tesztközpontja, ha jól emlékszem.) Néhány év után agytumorban meghalt. Sőt azt is én olvastam valahol (erre viszont jól emlékszem), hogy egy kisfiú tízéves koráig semmi mást nem csinált (de szó szerint!), mint a számítógép előtt ült. Szünet nélkül, egész nap, minden idejében, és mélyvénás trombózisban meghalt. Tudom, tudom, nem ez a jellemző, de… Ezekből semmi sem érvényes ránk?

A reklámszöveg szerint a mikrosütőkből nem jöhet ki a káros mikrohullám. Magam próbáltam ki, hogy betettem egy mobiltelefont a mikróba, és felhívtam a számot. Minden gond nélkül megszólalt a telefon.

Egyszer-kétszer úgy telefonáltam, hogy a házi wifi készülék és az én telefonom között a párom ott tartózkodjon. Vagyis a hullámok átmentek rajta, mivel ezek a hullámok egyenes vonalban terjednek. Persze addig is, meg azóta is figyelemmel vagyok erre, hogy a fenti eset így ne forduljon elő.

Most adjuk még hozzá a többi hasonló esetet. Röntgenre megyünk – no persze a saját érdekünkben tesszük ezt. Villamoson, buszon és egyéb helyeken körülöttünk néha szorosan telefonálnak mobillal. A hullámok gömb formában terjednek, mi is kapunk bőven a körülöttünk telefonálók hullámnyalábjaiból.

Figyeljünk csak! Az 1968-as évben megvettem (egy sorozat része volt) az Öveges József által megírt „Sugárözönben élünk" című könyvet. Gondoljuk csak el, hogy erről a témáról 1968-ban könyvet írnak! Természetesen akkor (megemlítem, hogy a

Minerva Kiadó jóvoltából) már szükségesnek látszott felhívni az emberek figyelmét bizonyos veszélyekre. No, és azóta javult a helyzet?

A minket érő sugárzások, a radioaktivitás a környezetünk természetes jellemzője. A természetes radioaktív anyagok – ilyen- olyan mennyiségben – mindenhol megtalálhatóak. Levegőben, vízben, talajban, a kőzetekben, mint az emberi testben. Ennek oka a földben meglévő radioaktív izotópok, meg a kozmikus sugárzás is. Ez mindig is megvolt a földi élet kezdetétől fogva. Vannak ionizáló sugárzások, meg nem ionizáló sugárzások. Az elsőhöz tartozik az alfa-sugárzás. A szervezetre károsító hatással bír. Lenyeléssel, belégzéssel (pl. a radon) juthat a szervezetbe. Több évtizedes kumulatív képessége folytán tüdőrákot okozhat. A béta sugárzás a sugárzó anyagból való kilépéssel képződik. Orvosi gyakorlatban terápiás és fájdalomcsillapítási céllal alkalmazzák. A gamma-sugárzás égési sebeket, genetikai mutációkat idézhet elő. Daganatos megbetegedésekhez vezethet.

Tehát vannak nem kivédhető sugárbehatások a szervezetre, no meg vannak kivédhető sugárbehatások is.

Az egészséges felnőtt embereknél (gyógyászat) a kis dózisú (0,01-0,02 coulomb/kilogramm egésztest-besugárzás nem jár súlyos klinikai tünetekkel. Gyorsan múló szubjektív panaszok, enyhe vérkép-elváltozás kíséri. Nagyobb dózisnál már sugárbetegség lép fel! A röntgensugárzással dolgozók bőrrákja, a radon-tartalmú gázokat belélegző bányászok hörgőrákja jól ismert.

Az elektroszmog.

A mesterséges forrásokból származó elektromágneses sugárzást – az elektromos hálózat, az elektromos ipari és háztartási eszközök vagy a távközlési berendezések sugárzását nevezzük elektroszmognak. Több szervezet is vizsgálja ezek együttes és külön-külön hatásait (pl. a nemzetközi ICENIRP), de Magyarországon is számos szervezet végez méréseket (telepített, önálló műszerek sokaságával).

Mivel is lehet saját magunknak némi védekezést eszközölni?

Mondjuk, rövidebb telefonálás, ezen belül is a kihangosítás (nem szorítjuk ezt az intenzív sugárforrást a halántékunkhoz);

a wifi routert messzebb helyezzük el a mozgásterünktől; amikor nem használjuk a berendezéseket, kapcsoljuk ki; a mikrohullámú sütő közvetlen közelében ne tartózkodjunk – hát ilyenek. Ezek egy része józan ész szerint is elgondolható!

Egy komoly bizottság megállapította (az MTA ad hoc bizottsága), hogy az 5G bevezetésével a sugárterhelési kitettség nem változik, az jóval alatta van a meghatározott egészségügyi határértéknek. No, erre most mit mondjak?

Sokszor elgondoltam, hogy ahol korábban laktam, egy főút mellett, milyen is volt ott a légkör? A fal síkjától 5 méterre már maga a közút volt. Előfordult, hogy egyvégtében 9 kamiont számoltam meg szorosan egymás után menni.

Többször elmondtam, hogy ha a kipufogógáz színes lenne, percekig nem látnám a szemközti házat. Igaz, ez a szerbiai válság idején volt, a Délvidék felé tartó kamionok mind a házam előtt mentek el. Igaz, azóta a helyzet némileg változott, de kamionok (ha nem is fenti formában) azért még vannak.

Ide kívánkozik rögtön egy kedves kollégám nekem mesélt esete: doktornál volt, és a tüdőröntgen után azt mondta neki az orvos: „asszonyom, ideje lenne leszokni a dohányzásról". Ijedten mondta neki, hogy „doktor úr, én már több mint 10 éve nem dohányzom". Az orvos odatartotta felé a sokak által ismert röntgen lapot, hogy „ezen nem az látszik". A nagydohányosok tüdejéből nagyon sokára távozik el a dohányzás nyoma.

Jaj, hát hadd legyek most nagyon okos! A már említett Tszben, amíg a raktáros továbbképzésre ment, rám bízták a raktárt. Az alkatrészraktárt, no meg a vegyi raktárt. Volt a permetezőszer-raktár, ezen belül egy-két, lakattal zárt, „erős méreg" jelzésű külön raktár. Ide csak egyszer kellett bemennem, de ott erősen fojtó volt a légkör a sok tiszta nikotindoboztól. Ez még nagyon érződött a nyitott rácsos ablak előtt elhaladva is. Akkor még ilyet is használtak növényvédelemre. (1968-ban járunk!)

18 éves koromtól 24 éves koromig én is dohányoztam. No de hogy? Napi 4-5 szálat az akkor kapható legenyhébb (ma is emlékszem a nevükre) Porti és El Diablo cigarettákból. Igaz, volt egy komoly fogászati műtétem, hogy két hétig az arcomhoz sem érhettem, ekkor

gondoltam, hogy rá kellene már gyújtani. No, nem a mások által emlegetett „nikotinéhség" miatt, hanem csak úgy, megszokásból. Nem esett jól! És ekkor gondoltam egy merészet: egyáltalán, kell nekem ez a cigaretta? És eszembe rémlett a méregraktáros eset. Jó, jó, nem akkora töménységben, mint a raktárban, de ha csekély mértékben, a cigarettában is méreg van! Azóta sem szívom. Máris levonhatunk valamiféle konklúziót. (Legyen nagyon okos gondolatom? Hát akkor gondolkodó, értelmes lény vagyok-e, ha ebben az egyértelmű kérdésben sem tudok dönteni?)

Mit is eszünk, iszunk?

Mivel megyei fogyasztóvédelmi vezető voltam, van nekem egy E-számos füzetecském. Mondjuk, van több is, nagy ritkán adok néhány közeli ismerősömnek. Mondjuk, nincs nagy tülekedés. Rengeteg – az élelmiszeriparban alkalmazott – adalék van ebben feltüntetve. Kihangsúlyozom, hogy ezek mind az élelmiszerekben való használatra engedélyezett anyagok. Valaki megmondaná, hogy mit keres pl. egy élelmiszerben az alumínium-nátrium-szulfát (E521)? Én tudom, hogy mit... Hogy az emberek elvárásainak a gyártó igyekezzen megfelelni. Igen, mert mi ragaszkodunk mindennap a friss kenyérhez. Fintorgunk, ha délután már nem tapasztaljuk a boltban pl. a kenyéren érezhető friss jellemzőket (illat, ropogósság stb...). Az ipar tesz róla, hogy így legyen! De mi is kell ahhoz, hogy a „fogyasztói elvárások" teljesüljenek? Hát adalékanyagok. Pl. a kenyérhez nemcsak liszt, só, víz meg kovász!

Nézzük csak át, hogy mit is „kell" javítani a meglévő élelmiszereken?
Ízfokozók, ízmódosítók
Hordozóanyagok
Emulgeálók
Megkötők
Nedvesítőszerek
Töltőanyagok
Zselésítő szerek

Stabilizátorok
Sűrítőszerek
Antioxidánsok, antioxidáns szinergista (hatáserősítő)
Étkezési savak
Savanyúságot szabályozó anyagok
Lisztkezelő szerek
Édesítő anyagok
Tömeg- és térfogatnövelők
Csomósodást gátló anyagok
Csomagoló gáz, hajtógáz
Felületkezelők
Fényesítő, felületbevonó anyagok
Tartósítószerek
Habzásgátlók, habképzők
Színezékek

No lám, választék ugyebár van bőven. Ezekkel aztán ki lehet szolgálni a kedves vásárlóközönséget. Ez az „E-számos" füzetecske 229 engedélyezett adalék anyagot sorol fel!
Egy példa: E1201 – polivinil-pirrolidon – emulgeálószer, fényezőanyag, stabilizátor, sűrítőanyag. Mindez „egy személyben". No jó, az ecetnek (E260), a citromsavnak (E300), a nátrium-benzoátnak (E211) is van „E-száma". Van száma a sósavnak (E507), a kénsavnak (E513) mint élelmiszeradalék, de a többi? (Alumínium-ammónium-szulfát (E523), nátrium-ferro-cianid (E535) csomósodásgátlás.
Nagyanyám, jó anyám maga sütötte a kenyeret a család részére, és eszünkbe sem jutott, mondjuk az ötödik napon azt mondani, hogy „ez nem friss". Persze akkor még a kenyerek egy hétig is ehetők voltak. No meg akkor még (az ötvenes évek!) rendje volt az életnek! TV sem volt még – főleg falun nem. Este időben lefekvés stb. A szülőket magáztuk, nekik és másoknak is megadtuk a kellő tiszteletet. És ma?
Az országban (főleg falun) szoba-konyhás lakásban laktunk, a lakosság kb. 60 százalékával egyetemben. Most azt kellene írnom, hogy mégis milyen boldogok voltunk. De ilyet nem írok. Vajon miért? Mert akkor az életünknek nem a boldog élet volt a

jellemzője (no meg mi is az a "boldog élet"?), hanem az értelmes, "emberi" élet, a természetes élet. A sok megpróbáltatás ellenére is.

Egy közeli ismerősöm (ma már nem az!) mondta a szobában szétszórva levő, töméntelen játékra mutatva, hogy mindaz a néhány éves gyermekének a játéka, és közel van a félmillióhoz. No comment! Mi az, ami ehhez hozzáfűzhető lenne? Olyat is láttam, hogy a gyerek nem kéri az ajándékot, de szinte mindennap kapja. Mindegy, csak valamit kapjon, és ez valós életbeli eset!

Az ember szokásai

Lassan már dereng az "iromány" lényege: az ember megismerése, annak cselekedetei, és így tovább. Azt keresem, hogyan is alakult ki a mai ember világképe. Többször mondtam már, hogy a természet legbutább "állatfaja" maga az ember. Persze ez egy vicces megközelítés, de ebben az a szomorú, hogy néha igaz is. Sokszor is igaz. Pl. nagyon szeret háborúzni.

Végig kíséri az emberi történelmet, egészen a napjainkig. Mintha erről nem lenne képes leszokni. Van, vagyis lenne egy működési elv. Választások: győz a többség. Ez a többség kormányt alakít, hatalmat gyakorol, és... Máris nem azt csinálja, amit korábban fennhangon harsogva ígért: a közjó megteremtése. Már az elején odavannak a választási ígéretek. Abban akkor benne volt az összes ember által elfogadott működési rend, a békés, nyugodt életvitel minden jellemzője. És akkor? Miért fordul át ez a világ az esetek többségében valami mássá?

Régebben persze ez egyszerűbb kérdés volt. A grófok, bárók – vagyis a nemesek – eldöntötték maguk a világ folyásának a rendjét. Úgy, ahogy nekik jó volt. A köznép pedig kapta, amit kapott. És akkor megint honnan volt az örökös háborúzás?

Az emberiség történetében – még ha az időszámításunk előtti korszakokat nem is vesszük figyelembe – tízezernél is több háborút tartanak nyilván. Nem tévedés – pontosam írtam le: 10 000.

Azoknak a háborúknak egy része szerepel itt, amelyeket jogilag független államok reguláris hadseregei vívtak egymással (ezért mellőztem például a forradalmakat, felkeléseket, szabadságharcokat is), és amelyek egy nagyobb térség helyzetét, történelmét döntő módon befolyásolták.

Ugyancsak terjedelmi okokból nem vettem külön figyelembe egy-egy nagyobb háborúnak mégoly híres, döntő jelentőségű csatáit sem, mint például a II. világháborúban a moszkvai, sztálingrádi, el-alameini stb. csatát.

- **101–106; dák háborúk;** *Róma (Trajánus)–Dácia (Decebál);*
  Dácia római provincia – a limes-rendszer kiépítése
- **162–166; parthus háború**; *Róma-Parthus Birodalom;*
  Rómáé egész Mezopotámia – kiépítik a kelet-római határrendszert
- **304–329; hun-kínai háborúk**; *hun „hsziungnu" törzsek–Kína;*
  A hunok kínai államának kiépülése
- **378; hadrianapolisi csata;** *Róma–gótok;*
  Gót győzelem – övék a Balkán-félsziget
- **451; catalaunumi csata;** *Róma (Aetius), gótok–hunok (Attila);*
  A hun terjeszkedés megállítása
- **635–650; arab hódítások;** *arabok–Bizánc, Perzsia;*
  Az arabok meghódítják Szíriát, Palesztinát, Mezopotámiát, Egyiptomot, Perzsiát
- **670–715; arab hódítások;** *arabok (Tarik)–berberek, közép-ázsiai országok, vizigót királyság;*
  Az arabok meghódítják Észak-Afrikát, az Ibériai-félszigetet, a Kaukázus vidékét, Közép-Ázsiát
- **795–796; frank hódítások;** *frank birodalom–avar birodalom;*
  Az avar birodalom összeomlása
- **933; merseburgi csata;** *német birodalom–magyarok;*
  A kalandozó magyarok első veresége
- **955; augsburgi csata;** *német birodalom–magyarok;*
  Magyar vereség – a nyugati irányú zsákmányoló hadjáratok megszűnése
- **1066; hastingsi csata**; *normannok (Hódító Vilmos)–angolszászok;*
  A normannok meghódítják Angliát

- **1096-1099; I. keresztes hadjárat**; *nyugat-európai lovagok (Bouillon Gottfried)–mohamedán emírségek;*
  Keresztény feudális államok kialakulása Kis-Ázsiában, Palesztinában
- **1147-1149; II. keresztes hadjárat;** *német (III. Konrád), francia (VII. Lajos) lovagok–szeldzsuk törökök, arabok;*
  A keresztesek veresége
- **1189-1192; III. keresztes hadjárat**; *nyugat-európai lovagok (I. Frigyes)–arabok (Szaladin);*
  Az európaiak viszonylag szabadon kereskedhetnek, zarándokolhatnak Palesztinában – 1192 Jeruzsálem
- **1202-1204; IV. keresztes hadjárat**; *nyugat-európaiak – Bizánc;*
  Konstantinápoly bevétele, latin császárság és államok megalakulása
- **1211-1279; mongolok** *(Kugilaj)–Kína;*
  Egész Kína meghódítása
- **1219-1221; mongolok** *(Dzsingisz kán)–közép-ázsiai országok, városállamok;*
  Egész Közép-Ázsia meghódítása
- **1223-1240; mongolok** *(Batu kán)–orosz fejedelemségek;*
  Orosz fejedelemségek meghódítása
- **1228-1229; II. Frigyes keresztes hadjárata;** *német lovatok–arabok;*
  A lovagok veresége, az arabok 1244-ben végleg elfoglalják Jeruzsálemet
- **1270; IX. Lajos második keresztes hadjárata;** *francia lovagok–tuniszi szultánság;*
  A király és egész serege pestisben elpusztul, rövid időn belül elvesznek a keresztesek gyarmatai (Ciprus kivételével)
- **1274-1281; mongol invázió**; *mongolok-Japán;*
  A mongolok veresége
- **1278; morvamezei csata;** *Csehország (II. Ottokár)–Habsburgok (I. Rudolf), magyarok* (Kun László); Cseh vereség, a Habsburg-dinasztia felemelkedésének kezdete

- **1331; plovai csata;** *Lengyelország (Lokietek Ulászló)–német lovagrend;*
A lovagok veresége, Lengyelország egyesítése
- **1338–1453; százéves háború;** *Anglia-Franciaország (Szent Johanna);*
Az angolok Calais kivételével elvesztik, összes franciaországi birtokaikat – 1435: arrasi béke
- **1380–1399; mongolok** *(Timur Lenk)–Arany Horda állam, India;*
Timur meghódítja, Közép-Ázsiát, Észak-Indiát
- **1389; rigómezei csata;** *szerbek–oszmán törökök;*
Szerbia török tartománnyá válik
- **1410; grünwaldi csata;** *Lengyelország, Litvánia–német lovagrend;*
A német lovagrend meghódol a lengyel királynak – 1466: thoruni béke
- **1444; várnai csata;** *Magyarország (Hunyadi János)–törökök;*
Török győzelem, I. Ulászló magyar király halála
- **1448; rigómezei csata;** *Magyarország (Hunyadi János)–törökök;*
Magyar vereség, a törökök szabadon vonulhatnak Konstantinápoly ellen
- **1453; Konstantinápoly ostroma;** *Bizánc–törökök (II. [Hódító] Mohamed);* Konstantinápoly eleste, a bizánci birodalom vége
- **1456; Nándorfehérvár (Belgrád) ostroma;** *Magyarország (Hunyadi János)–törökök (II. [Hódító] Mohamed);* Sikertelen török ostrom,
Magyarországot évtizedekig nem éri török támadás
- **1519–1521; Mexikó meghódítása;** *Spanyolország (Cortez)–azték birodalom (Montezuma);*
Közép- és Észak-Amerika spanyol meghódítása, az amerikai nemesfémek Európába áramlása, az „eredeti tőkefelhalmozás" kezdete Nyugat-Európában
- **1526; mohácsi csata;** *Magyarország (Tomori Pál)–törökök (II. Szulejmán);*
Magyar vereség, Budát elfoglalják a törökök (1542), a középkori magyar állam vége

- **1529; Bécs első ostroma;** *Habsburgok–törökök;*
Sikertelen török ostrom, a fegyverszünet lehetővé teszi a törököknek, hogy keleti hódításokra induljanak – 1553: fegyverszünet
- **1531–1534; Pizarro expedíciója;** *Spanyolország (Pizarro)–perui inka birodalom;*
A spanyolok meghódítják egész Dél-Amerikát (Brazília kivételével)
- **1558–1582; hosszú háború;** *Oroszország (IV. Iván)–Svédország, Lengyelország (Báthory István);*
Oroszország lemond a balti hódításokról – 1582: lengyel béke; 1581: svéd béke
- **1566;** *Magyarország (Zrínyi Miklós), Ausztria–török birodalom (II. Szulejmán);* Szigetvár védelme megállítja a törökök előre nyomulását Bécs felé, II. Szulejmán halála, negyedszázados béke – 1568: drinápolyi béke
- **1571; lepantói tengeri csata;** *Spanyolország (Don Juan d'Austria), Velence–török birodalom;*
A török flotta veresége, Spanyolország a Földközi-tenger ura
- **1588–1595; angol–spanyol háborúk;** *Anglia–Spanyolország;*
A spanyol „Armada" megsemmisülése, a spanyol tengeri hatalom vége, az angol gyarmatbirodalom kiépítésének kezdete – 1604: békekötés
- **1593–1606; tizenöt éves háború;** *Ausztria, Magyarország, Erdély (Bocskai István), Moldva, Havasalföld (Mihály vajda)–török birodalom;*
Erdély újra török függőség alá kerül, de a Habsburg-uralkodók többé nem fizetnek adót a szultánnak – 1606: zsitvatoroki béke
- **1618–1648; harmincéves háború;** *az első általános európai háború (Wallenstein, Tilly, Bethlen Gábor);*
Ismét érvénybe lép az augsburgi vallásbéke; Svédország, Franciaország, Bajorország; területi nyereségek; német fejedelemségek önállóságának megerősödése; Svájc teljes függetlensége, Hollandia függetlensége – 1648: westfáliai béke

- **1683–1699; a Szent Liga hadjárata;** *pápa, Lengyelország (Sobieski János), Velence, Ausztria (Savoyai Jenő), Oroszország–török birodalom;*
Bécs felmentése, Buda, majd csaknem egész Magyarország visszafoglalása a törököktől, Ausztria európai nagyhatalom – 1699: karlócai béke
- **1699–1721; nagy északi háború;** Dánia, Lengyelország, Oroszország (I. Péter)–Svédország (XII. Károly);
Dánia veresége Svédországtól – 1700: travendali béke
- **Svédország veresége Oroszországtól;**
Svédország nagyhatalmi helyzete véget ér – 1721: nystädti béke
- **1701–1713; spanyol örökösödési háború;** *általános európai háború (Savoyai Jenő);*
A spanyol birodalom felosztása: a németalföldi és olasz birtokokat Ausztria kapja, Anglia kiváltságokat kap a spanyol gyarmatokon, megszerzi Gibraltárt – 1713: utrechti béke
- **1740–1748; osztrák örökösödési háború;** Ausztria, Nagy-Britannia–Poroszország (II. Frigyes),
Franciaország, Spanyolország, Bajorország; Poroszország megszerzi Sziléziát Ausztriától 1748: aacheni béke
- **1741–1743;** *Oroszország (Rumjancev)–Svédország;*
Finnország egy része Svédországtól Oroszországhoz kerül – 1743: abói béke
- **1756–1763; hétéves háború;** *Nagy-Britannia, Poroszország-Oroszország, Ausztria, Franciaország, Szászország, Svédország;*
Erőegyensúly Ausztria és Poroszországi között, Oroszország nemcsak ázsiai, hanem európai nagyhatalom is; Anglia megszerzi Kanadát és Indiát – 1763: hubertusburgi béke
- **1787–1791; Törökország–Oroszország;**
Török vereség: Törökország nagyhatalmi helyzete meginog – 1791: szisztovói béke
- **1792; Poroszország, Ausztria–Franciaország;**
A francia hadsereg megállítja a poroszokat, a francia forradalmat nem sikerül elfojtani

- **1793-1795; I. koalíció;** *Nagy-Britannia, Spanyolország, Ausztria, Hollandia-Franciaország;*
  Francia területi nyereségek, Belgium bekebelezése – 1795: bázeli béke Poroszországgal, Hollandiával, Spanyolországgal, fegyverszünet Ausztriával
- **1796-1797; Franciaország (Napóleon)-Ausztria;**
  Lombardia és Belgium Franciaországé, Velence Ausztriáé – 1797: campoformiói béke
- **1799-1802; II. koalíció;** *Nagy-Britannia, Oroszország, Svédország, Ausztria-Franciaország (Napóleon), Spanyolország;*
  Ausztria lemond minden itáliai igényéről, a britek lemondanak Máltáról, visszaadják tengerentúli gyarmati hódításaik egy részét – 1801: béke Oroszországgal, 1802: amiens-i béke a britekkel
- **1805; III. koalíció;** *Nagy-Britannia, Oroszország, Svédország, Ausztria-Franciaország (Napóleon), Spanyolország;*
  Ausztria elveszti Velencét, Isztriát, Dalmáciát, a Német-római Császárság megszűnése – 1805: pozsonyi béke Ausztriával
- **1806-1807; IV. koalíció;** *Nagy-Britannia, Oroszország, Poroszország, Svédország-Franciaország (Napóleon);*
  Poroszország területeket enged át Oroszországnak, elismeri Napóleon fivéreinek királyságait, csatlakozik a britek elleni kontinentális zárlathoz, Napóleon létrehozza a Varsói Nagyhercegséget – 1807: tilsiti béke
- **1809; V. koalíció**; *Nagy-Britannia, Ausztria-Franciaország (Napóleon);*
  Ausztria területi veszteségei, csatlakozása a kontinentális zárlathoz – 1809: bécsi béke
- **1812-1814; Franciaország (Napóleon)-Oroszország (Kutuzov);**
  Napóleon megsemmisítő veresége
- **1813; VI. koalíció („népek csatája");** *Poroszország (Blücher), Oroszország, Svédország, Nagy-Britannia, Ausztria-Franciaország (Napóleon);*
  Napóleont császárként Elba szigetére viszik, Franciaország megtartja 1792-es határait – 1814: első párizsi béke, 1914-1815: bécsi kongresszus

- **1815; VII. koalíció (waterlooi csata);** *Nagy-Britannia (Wellington), Oroszország, Poroszország (Blücher), Ausztria–Franciaország (Napóleon);*
  Franciaország visszavonul az 1789-es határok mögé, szövetséges megszállás, napóleont Szent Ilona-szigetére száműzik – 1815: második párizsi béke
- **1828–1829; Oroszország (Paszkievics)–Törökország;**
  Törökország elismeri a független Görögországot, önkormányzatot ad Szerbiának – 1829: drinápolyi béke
- **1839–1842; I. ópiumháború;** *Kína–Nagy-Britannia;*
  Kína öt kikötője megnyílik az angolok előtt, akik területenkívüliséget is élveznek – 1842: nankingi béke
- **1846–1848; Egyesült Államok–Mexikó;**
  Az Egyesült Államok megszerzi Texast, Új-Mexikót, Kaliforniát
- **1848–1849; II. angol–szikh háború;** *britek–szikhek;*
  Befejeződik India teljes brit meghódítása
- **1853–1856; krími háború;** *Oroszország–Törökország, Nagy-Britannia, Franciaország;*
  A Fekete-tengert semlegesnek nyilvánítják, tengerszorosok elzárása minden külföldi hadihajó előtt, Besszarábia déli részét Moldva kapja, Oroszország meggyengül – 1856: párizsi béke
- **1856–1858; Kína–Nagy-Britannia, Franciaország (1857-től);**
  Szabad hajózás a Jangcén, új kikötők megnyitása a briteknek és Franciaországnak, hatalmas hadisarc, misszionáriusok szabad tevékenysége – 1858: tiencsini egyezmény – kínai kapituláció
- **1866; Ausztria–Poroszország;**
  Osztrák vereség; Ausztria beleegyezik a Német Szövetség feloszlatásába, elfogadja az Északnémet Szövetség megalakítását porosz vezetéssel – 1866: prágai béke
- **1870–1871; porosz–francia háború;** *Poroszország (Moltke), Északnémet Szövetség, délnémet államok–Franciaország (Mac Mahon);*
  Francia vereség, III. Napóleon trónfosztása, Elzász és Lotharingia Németországhoz csatolása, hadisarc, a Német Császárság megalakulása – 1871: frankfurti béke

- **1877–1878; Japán–Kína;**
  Kínai vereség, Kína lemond Tajvanról, Korea független – 1895: szimonoszeki béke
- **1898; Egyesült Államok–Spanyolország;**
  Spanyol vereség, az Egyesült Államok megkapja Guam szigetét és Puerto Ricót, Kuba névleg független, de az Egyesült Államok ellenőrzése alá kerül – párizsi béke
- **1904–1905; Oroszország–Japán;**
  Japán győzelem, megszerzi Port Arthurt és a Szahalin-szigetek déli részét; orosz forradalom kitörése – 1905: portsmouth-i béke
- **1911–1912; Olaszország–Törökország;**
  Olaszország megszerzi Tripoliszt és Kireneikát – 1912: lausanne-i béke
- **1912; I. Balkán-háború;** *Törökország–Szerbia, Bulgária, Görögország, Montenegró;* Török vereség, bolgár területi nyereség
- **1913; II. Balkán-háború;** *Bulgária-Szerbia, Görögország, Románia, Törökország;* Bulgária területének jelentős részét elveszíti, Szerbia megerősödik – 1913: bukaresti béke
- **1914–1918; I. világháború;** *antanthatalmak (Joffre, Foch, Bruszilov, Haig, Pershing)–központi hatalmak (Conrad, Hindenburg, Falkenhayn, Potiorek);*
  Németország elveszíti gyarmatait, Elzász–Lotharingát Franciaországhoz csatolják, a Saar-vidéken 15 évre külön államot hoznak létre, szétesik az Osztrák-Magyar Monarchia, megcsonkítják Magyarországot, Bulgáriát és Törökországot – 1919–1920: versailles–trianon–sévres-i békeszerződések
- **1931–1932; Mandzsúria megszállása;** *Japán–Kína;*
  Mandzsuikuo bábcsászárság megalakulása, japán fennhatóság
- **1937–1945; Japán–Kína;** *(lásd: II. világháború)*
- **1939–1945; II. világháború;** *szövetséges hatalmak (Zsukov, Eisenhower, Montgomery)–tengelyhatalmak (Keitel, Badogio, Todzso);*
  A tengelyhatalmak veresége; háborús jóvátétel, Németország, Japán megszállása, területi hódításaik érvénytelenítése – 1943: olasz fegyverletétel; 1945: német és japán kapituláció; 1946–1947: párizsi béketárgyalások, majd szerződés

Olaszországgal, Romániával, Bulgáriával, Magyarországgal és Finnországgal; 1951: USA–Japán különbéke
- **1946–1949; „szennyes háború";**
Franciaország–Vietnam; Franciaország kivonul Vietnamból, amelynek két része között a 17. szélességi fok mentén húzzák meg a demarkációs vonalat – 1954: genfi szerződés
- **1948–1949; I. arab–izraeli háború;** *Egyiptom, Szíria, Libanon, Irak, Transzjordánia–Izrael;*
Izrael területi nyereségei – 1949: rodoszi fegyverszünet
- **1950–1953; koreai háború;** *Észak-Korea, kínai önkéntesek–Dél-Korea, ENSZ-zászló alatt észak-amerikai, angol, francia, ausztrál, belga, kolumbiai, etiópiai, görög, luxemburgi, holland, új-zélandi, Fülöp-szigeteki, thaiföldi, török, dél-afrikai csapatok;* Demilitarizált övezet kialakítása Észak- és Dél-Korea között – 1953: panmindzsoni fegyverszünet
- **1956; II. arab–izraeli háború;** *Egyiptom–Izrael, Anglia, Franciaország;*
ENSZ békefenntartó erők mennek a hadszíntérre; Izrael kivonja csapatait a Sínai-félszigetről, Egyiptom viszont garantálja a szabad hajózást a Tirrén-szoroson át a Vörös-tengerre; az angol–francia csapatokat kivonják a Szuezi-csatorna övezetéből – 1956: tűzszünet (ENSZ)
- **1964–1973; Vietnam–Egyesült Államok;**
Dél-Vietnamban megalakul a Vietnami Köztársaság, majd 1976: a két Vietnam egyesülése 1973: párizsi békeszerződés
- **1967; III. arab–izraeli háború („hatnapos háború");** *Egyiptom, Szíria, Jordánia–Izrael;*
Izrael megszállja a Sínai-félszigetet, a gázai övezetet, a Golan-fennsíkot, Ciszjordániát, Jeruzsálem arab részét – 1967: tűzszünet
- **1971; India–Pakisztán;**
Indiai győzelem 1972: Kelet-Pakisztán területén megalakul Banglades – 1971: tűzszünet
- **1973; IV. arab–izraeli háború;** *Egyiptom, Szíria, Irak, Jordánia–Izrael;*
Izraeli győzelem, csapatszétválasztási egyezmény, ütközőzóna ENSZ-csapatokkal – 1973: tűzszünet (ENSZ); Izrael

szakaszosan kivonul az Egyiptomból elfoglalt területekről –
1978: Camp-David, egyiptomi–izraeli különbéke
- **1980–; Irak–Irán;**
- **1982; falklandi háború;** *Argentína–Nagy-Britannia;*
Argentína veresége, a Falkland- (Malvinas-) szigetcsoport
brit ellenőrzés alatt marad. Argentínában megbukik a katonai junta, polgári demokratikus kormány alakul – 1982:
fegyverszünet
- **1982; V. arab-izraeli háború;** *Szíria, Libanon, Palesztinai
Felszabadítási Szervezet–Izrael;*
Bejrútba ENSZ-csapatok vonulnak be, a palesztin egységeket kivonják a libanoni fővárosból, dél-libanoni területek izraeli ellenőrzés alatt – 1982: bejrúti tűzszünet

Ha a fenti csataeseményeket átnézzük, nem nehéz észre venni, hogy a háborúk jó része területfoglaló háború volt. De miért is volt erre szükség? Általában egy birodalommá vált ország további terjeszkedése a fő ok. Ja, hogy miért is kell a terjeszkedés? Valamilyen formában „kinövi magát" a társadalom, és rögtön akad olyan belső erő, amely ennek hangot ad. Szervezi a háború elindításának a feltételeit. És a „köznép"? Ő fog a puskagolyók elébe menni? Igen, ő megy a sokszor biztos halálba. No, megint jön az ember „embersége".

Meg lehet győzni, hogy neked mennyire fontos ez a háború. Mily' édes a győzelem íze. Neki az ellenségnek, és győzünk! Ja, hogy az a másik ember ott szemben nekem miért ellenség? – arról bizony kevés szó esik. Hogy annak esetleg felesége, gyerekei vannak, akik őt is visszavárnák, no meg téged is ugyanígy – ez az eszmefuttatás szóba sem kerül. No meg az sem, hogy mi, háborús katonák, ott a fronton szép lassan egészen más emberek leszünk. Néha már azt sem tudjuk, hogy kiért vagy miért rohanunk bele a halálba. Sokszor kivetkezünk emberi mivoltunkból is. (Előfordult nem egyszer, hogy néhány katona – néhányszor valami vélt sérelem miatt – kezében a golyószóróval végig ment az utcasoron és az időseket, nőket, gyerekeket, csecsemőket sorra legyilkolta.) Nesze neked, homo sapiens! És sok ilyen eset fordult elő, miszerint nem katonák harcoltak szemtől szemben egymással, hanem irtva volt a civil lakosság is. Hát kérem, ez a háború velejárója – lehetne mondani. Ez normális? Normális vagy nem?

Sőt, sokszor kialakul a hősmítosz is a harctereken: ki mennyi embert ölt meg, ki mennyi ellenséges repülőt semmisített meg, mennyi tankot lőtt ki. Így ezekért külön vaskereszt is járt néha. No meg a háború utózöngéje: sokaknak, akik hazatértek a háborúkból (már akik hazatértek), volt mit mesélniük bőven a hallgatóságnak. A szomorú ebben, hogy a legtöbben valami fennkölt élménnyel szóltak erről. Sőt, sok esetben feltűntek az egyéni hőstettek is, és sokszor eltűnt már a harctéren átélt borzalmak sokasága is. Részem volt ilyeneket hallani gyerekkoromban.

Míg a korábbi háborúkban az áldozatok száma katonákból állt, a mai világban ez már megfordult. Ma már több a civil áldozat.

Arról is lehetne szólni, hogy mekkora mértékben alakult át a mai harcászat. Régi mondás, hogy az új technikai fejlemények a hadtudományokból alakultak ki. Olyan, mint pl. a kvarcóra meg mások.

Már megint – és egyre többször – eljutottunk ahhoz a kérdéshez, hogy a természet ura és annak leigázója miként is viselkedik mint „ember".

Nem a végleges és nem is a tudományosan megalapozott választ adom meg most (még többször fel fogom tenni ezt a kérdést) –, ez pedig így hangzik: tökéletlennek született.

Az ember képes megtestesíteni a jót és a rosszat. Az emberi agy változékony. Egyszer tud jó lenni (akár csodálatos), máskor meg gonosz, ellenszenves. Ha hozzáteszem azt a nem vitatható kérdést, hogy sokszor ugyanaz az ember lehet mindkettő, akkor már megválaszoltam a feltett kérdés egyik felét. Erre akkor jöttem rá, amikor mentem haza a munkából, és a lányom meg a „barátnője" ott játszottak az udvaron. Egyszer csak látom, hogy a fa alatt (útban sem volt) a 4 méteres ereszcsatorna közepén be van rogyasztva és a földet éri. Fel volt a két vége kb. 50 cm-re támasztva. Amint vége lett a játéknak, kérdeztem a lányomat, nem tudja-e, mi lett a csatornával. De, tudta. Zsófi beleugrott a csatornába azzal, hogy „gyere, csináljunk valami kárt". A lányom ezt egyszerűen nem is értette. Ezek a gyerekek akkor 5 évesek voltak!

Ha már így benne vagyok: Állunk sorban, délben az önkiszolgáló étterem mellett. Előttem egy nagymama fogja – kb. hatéves – unokája kezét. Néha fogja, néha nem. Ő egy lány volt, és amíg a sor haladt előre, mindenbe belerúgott. Szántszándékkal; oszlopba, falba, deszkaparavánba, meg ami „útba esett". A nagymama igen nagy zavarban volt persze, nem tudva fegyelmezni az unokáját. Én közben (persze nem feltűnően) figyeltem ezt a gyereket. Szemében valami végtelen harag, gyűlölet izzott. Jó 20 percig volt részem ebben, még ma is itt van a „szemem előtt" az eset.

Az is most jutott eszembe, hogy amikor elfogták a világ eddigi legnagyobb gengszterét – Al Caponét –, fel volt háborodva, hogy őt rács mögé kívánják csukni. „De hiszen éveken át én témát adtam sok újságírónak, ezáltal az embereknek. Én, aki szórakoztattam a fél világot, jót tettem velük, most engem akarnak elítélni?" Nem is értette a vele történő akkori eseményeket; még hogy őt elfogják? Teljesen fel volt háborodva. Ja, hogy mellesleg 36 ember élete száradt a lelkén?

Akkor hol is kezdjük az „ember" megismerésének az elejét? Avagy mindezt kezdhetnénk a családi neveltetés kérdésével?

Igen, akkor kezdhetném a saját elméletemmel, hogy a nagybetűs „ember" kialakulása (mondom, a *kialakulása*!) két formában indul. Az egyik a genetikai hozadék, a másik a neveltetés kérdése. A hosszú évek folyamán az általam vélt arány egyre távolodott a középaránytól. Ma már ott tartok, hogy genetika 80%-on áll, a neveltetés pedig 20%. Az ősi leképeződések mindig lerakódnak az új egyed teljes világában. A többi a neveltetés.

Ma már egész irodalma van az atavizmus tudományának, vagyis a visszaütésnek az ősökre.

Sőt, a legfrissebb ismeretem (most hallottam két napja egy neves pszichológustól), hogy a legéletszerűbb az, ha minél részletesebben ismerjük a közvetlen őseink életét, mert jórészt azt visszük tovább, és az életünk is ekkor lesz kevésbé problematikus.

Ebbe vagyunk beleágyazódva. Ezen sokat elgondolkodtam, és ha mást nem, annyit megállapítottam, hogy van ebben valami. Ma már elterjedt az a szemlélet is, hogy elsősorban nem is az IQ az emberre legjellemzőbb ismérv, hanem az EQ (Emotional Quotient).

A hagyományos harcászat eltűnni látszik. Átfordul a korábbi emberi világ menete, de ilyenekről a későbbiekben még bőven be fogok számolni.

A mai napi legfrissebb „élmény"... Egy jogvégzett ismerősömmel beszélgettem. Valahogy szóba jött a biblia. Abban bizony van sok olyan meghatározás, melyet ő sem ért. Erre vannak a papok, akik az ilyeneket elmagyarázzák. Még példát is mondott egy ilyenre. Itt van például a szőlőtermesztő és Jézus példája. Jézus a nála dolgozókat úgy fizette ki, hogy aki 1 órát dolgozott, meg aki 8 órát dolgozott, egyforma fizetséget kapott. Azért, mert aki benne hisz, az egyformán jogosult a javadalmazásra. Hú, de nem értettem meg ebből semmit!

Mire adott ez nekem példát? Hogy bár egy ismert ember a munkája során több emberrel van kapcsolatban, teszi a dolgát mindennap, de hogy mi van az emberek fejében ott hátul, a sarokban, bizony azt úgy elsőre nem ismerjük meg sokszor.

A világ megismerése: – az Univerzum

Hát akkor vegyünk egy nagy lélegzetet, és vágjunk bele a világ megismerésének a feladatába.

Hol is kezdhetnénk? Ismerjük meg – már amennyire lehet – a körülöttünk lévő világ különböző aspektusait. Pillantsunk be a nagy univerzum – a minket körülvevő egész világ – rejtelmeibe. Ma már nagyon sokat tudunk – főleg a technika fejlődése által – a mindenség világáról. Sokat fejlődött az űrtechnológia, már egyes űrszondák elhagyták magát a naprendszert is. Ezek az űrszondák magukkal vittek igen fejlett észlelő eszközöket. Pl. a NASA-szonda a földtől 1,5 millió km-re kering, méréseket végez. Ez a szonda olyan érzékeny, hogy a háttérsugárzás 20 milliomod fokos szögeltérését is tudja érzékelni. No, nem mondom! Ez a tény hitelt ad a tudósok egyes kijelentéseinek. A Földön levő eszközök is hatalmasat fejlődtek, így már nemcsak a földön szemlélődő emberek megszerezhető ismereteire kell támaszkodni. A Földről egy jó szemű ember tiszta időben kb. 2-3 ezer csillagot tudna „megszámolni".

Mindezek fényében talán határozzuk meg az univerzum összetételét!

Tehát az univerzum *a körülöttünk levő világ összességének a teljessége!* No de mekkora is lehet ez? Igen sok tudós (csillagász, asztrofizikus stb.) dolgozott a minél pontosabb meghatározáson. A jelenlegi elfogadott meghatározás, hogy úgy 78 milliárd fényév az univerzum átmérője. Máris meg kell állni – hogy „átmérője"? Máris jön a kiegészítés, hogy „valami afféle". Máris kívánkozik az idevágó kérdés. Jó, jó... de „mi van előtte és mögötte"? Igen, a mai tudomány erre még nem tud válaszolni. Saját vélemény, hogy soha nem is fog. Erre a magyarázat később.

Abban a tudósok is egyetértenek, hogy volt valamikor egy „nagy bumm" – vagyis az ősrobbanás. Innen csak leírom a feltalált irodalomban lévő megközelítést, hogy ez a robbanás egy rendkívül sűrű, forró állapotból indult el úgy kb. 13,8 milliárd évvel ezelőtt. Ez a mai tudósok bizonyos számításain (sűrűség, nyomás, színképeltolódások, fázisátmenetek, primordiális nukleoszintézis, mindenféle energiamozgások stb.) alapul. Mondjuk, én ezeket el sem tudom képzelni, mint ahogy azt sem, amit valahol olvastam, hogy egy kb. 1 köbcentiméteres „anyag robbant, szóródott szét" a „világban", és ebből lett a mai „látható" világ. Biztosan így van...

Az ősrobbanásban keletkezett maga a tér, az anyag és az idő. Az előtt nem volt, csak a „nagy semmi", és a „nagy bumm" után kezdett minden tágulni. Egyes tudósok szerint a világegyetem végtelen, mások szerint véges. Viszont ez a végtelen – vagy véges – egyre csak tágul. Ezt már én mondom, hogy épp ezért sosem tudjuk a határait ennek meghatározni. Azon egyszerű oknál fogva sem, hogy hamarabb kihal egy bolygó „lakossága", minthogy megismerhetné a világmindenséget.

Szóval elindult valami a „nagy bumm"-ból kifelé. Hogy mi, azt ma nem is tudjuk pontosan. Ez az atomi anyag szétszóródott a világmindenségben, és megkezdte a maga sajátos átalakulásait, s míg én most írogatom ezeket, fénysebességgel tágul, és folyamatosan.

A következő lépcső lefelé a galaxisok. Úgy is meghatározhatnám ezt az egységet, mint egy kisebb univerzum: töméntelen csillagrendszer sokasága. A jellemzőjük, hogy ezen belül is működik egy sajátságos gravitáció, mely ezeket a csillagrendszereket (no meg egyéb égitesteket is) összetartja. A galaxisok sajátságos fizikai tényezők között „léteznek". Mindegyik közepében van egy „fekete lyuk". A fekete lyuk olyan képződmény, amely mindent elnyel, ami a közelébe „keveredik" – kis térben óriási tömeg gyűlik össze, ahonnan az soha többet nem tud kikeveredni. Még a fény sem szabadul ki belőle. Van olyan galaxis, amelyikben két fekete lyuk is található, de a tudósok akár többet is el tudnak képzelni.

Az Univerzumot kb. 125 milliárd galaxis népesíti be, és egy galaxisban általában 100 milliárd csillag van.

Egy másik csillagász az Univerzum csillagait 200 milliárd billiónak taksálja. Ez 200 szextrilliárd csillag. Leírva: 200 000 000 000 000 000 000 000 csillag.

Szóval az univerzumban galaxisok vannak, a mi galaxisunk a Tejútrendszer. A Tejútrendszer egy hosszan elnyúló, szétszórt csillaghalmaz. A mi naprendszerünk ennek az elnyúlt „csóvának" a 2/3-ad részén helyezkedik el. Most jelent meg a Tejútrendszerről készült űrtérkép (hol tartunk már!), 2 év alatt 21 400 képet integráltak egy adatbázisba, ez által több mint 10 terrabájtos halmaz alakult ki. Ebben a halmazban 3,3 milliárd különböző objektumot (csillagokat) lehet megkülönböztetni. Ez a térkép nem is tartalmazza az egész Tejútrendszer egészét, csak alig 6,5 %-át.

Ez a cikk, amiben megjelent, úgy véli, hogy a teljes látható Univerzumban 100-200 milliárd galaxis található (olvastam egy másik tudós által tett kijelentést, miszerint 100-800 milliárd). Ezt lehet még ragozni azzal, hogy a galaxisok között nagy üres rész található. Feltehetően az egyes galaxisok „méretének" a sokszorosa méretben.

A hozzánk legközelebb lévő galaxis az Androméda spirálgalaxis. A Naptól mért távolsága 2,5 millió fényév. Mi már tudjuk ezt km-ben is.

1 fényév = 9 460 800 000 000 km. (nagy vonalakban kifejezve: 9.6 billió kilométer)

Így a távolság: 2 500 000 x 9 460 800 000 000 =
23 652 000 000 000 000 000 kilométer

Ezt valójában nem is tudjuk (no jó tudjuk, de nem használjuk) a szám teljes kimondását. hanem matematikailag szoktuk leírni. hogy: 23,652E+18 km

Ennek a galaxisnak az átmérője:200 000 fényév. A fentiek alapján számolva

200 000 fényév x 9 460 800 000 000 =
1 892 160 000 000 000 000 km (1,89216E+18)

Hát ez a mi kedves szomszédunk – galaxis vonatkozásban!

Számoljuk ki, hogy ha „emberes" űrhajóval indulnánk útnak egy kis szomszédolásra, az mennyi időt venne igénybe? Szóval a táv: 1,89216E+18 km. Hát nem semmi!

Menjünk először az ember alkotta, mai űrhajóval.

A Helios űrszonda csúcs sebessége: 252 792 km/h. Ennél ma nem ismerünk ember alkotta gyorsabb járművet. Talán valaha lesz.

Számoljunk ismét. 1 892 160 000 000 000 000 km/252 792 km/óra = 7 482 046 995 200 óra.

Ez akkor 311 876 958 100 000 nap, 854 457 400 esztendő. Hát kitartó gyereknek kell lennie az űrhajó kapitányának!

De akkor már menjünk el a „fény vonaton" is. Ami szerintem sohasem lesz – fény sebességű űrhajó. A táv tehát 2 500 000 fényév, vagyis ennyi esztendő. Meg kell jegyeznem, hogy az itt alkalmazott idő meghatározás az un. földi idő. Az űrben sok minden másképp alakul!

És itt még csak a közvetlen szomszédban járunk.

Jó spekulációt, emberiség

Akkor hogy is néz ki ez a „nagyvilág"-kérdés?

Hogyan néz ki az a kérdés, hogy ha ekkora távolságok vannak, miként észleljük mégis ezeket. A válasz egyszerű: az érkező rádióhullámok már évmilliók óta vannak úton, és ezt érzékeljük mi a Földön, avagy valamennyire az elküldött űrobjektumok révén. A legtávolabbi űrszondánk, a Voyager-1 rádiójele 22 óra 27 percig utazik fénysebességgel, míg eljut a Földre, a 17 milliárd kilométerre levő bolygónkig. Utána „megy" a Pioneer-10 űrszonda – 157 077 764 235 millió, azaz 0,157 milliárd kilométerre. Ezeket követi Voyager-2 és a Pioneer-11. Mindketten már a Plútó pályáján is túl járnak.

Megértem azt, hogy a kíváncsiskodó világom kezdete óta magam is sok újat fedeztem fel, mármint a különböző helyeken feltalált „űrbéli ismeretekről". Eleinte tudtunk, amit tudtunk, és az akkori (mondjuk úgy, a negyven-ötven évvel ezelőtti) ismeretek még viszonylag csekélyek voltak. Csekélyek? Á, dehogy! Azok is jelentősek voltak – de azóta?

Több űrteleszkóp került felbocsájtásra. Ezek a maiak már a földi zavaró tényezőket kizárva igen messze ellátnak. Sőt a Földtől igen messze elkerült űrteleszkópok már a naprendszer „széléről" küldik a sokszor jó minőségű képeiket. Így nem csoda, hogy az elmúlt évtizedekben rohamosan szaporodtak az Univerzumról kapott ismeretek sora. Olvastam olyat is, hogy van, aki több univerzumról beszél. Van olyan vélemény is, hogy az Univerzumban 2 billió galaxis is lehet. Ha megszorozzuk az egy galaxisban általában található csillagok számával, elképesztő számot kapnánk. Olvastam az egyik helyen, hogy a csillagok száma az Univerzumban több mint a földkerekség felszínén található összes homokszem száma. Sivatagok, tengerek, folyók, homokos földek – egyben mind! Agytorna!

A Tejútrendszerben levő anyag mindössze néhány százaléka található meg a csillagokban. És mi a többi? Hát por, meg gáz. Talán itt kell megemlíteni egy eddig még nem sokat tárgyalt anyagot – ez a sötét anyag. Ebbe most nem bonyolódunk bele, ez az írás másról szól. (A neten van bőven ennek irodalma!)

Térjünk kissé haza, a mi világunkba - ez a naprendszer. A Nap egy izzó (kívül 5500, belül 15 millió fokkal égő) gázgomolyag. A naprendszerünkben természetesen a Nap van a központban, és körülötte keringenek a bolygók. A mi földünk is egy bolygó. (Kering a Nap körül). Ez az örökké (nekünk legalábbis az) világító égitest tartja fenn a földön az életet. Emberi, állati, egyéb... Ha ez a Nap-adta meleg, fény nem lenne, akkor a Földön sem lenne élet, amely ennek köszönhetően alapján alakult ki itt. Ez az éltető fény 8,3 perc alatt ér ide a Naptól. Ez a napból induló fény pl. a Neptunuszhoz 4 óra 9 percig száguld, és míg a Plútóhoz elér, még két és fél órát utazik. Ez már emberi ésszel alig fogható fel!

S mint alant látszik, a fény a naprendszerben lévő legtávolabbi pontig is egy fényév alatt ér el.

No, akkor a fényévről néhány szó. A csillagászok a távolság meghatározására használják. Az a táv, amit a fény egy év alatt megtesz. Elképzelhetetlen távolság, de a világűr vonatkozásában nem valami „nagy táv".

Nézzük csak:
1 másodperc alatt 300 000 km (már ezt is kimérték!)
60 másodperc = 18 000 000 km (1 perc)
60 perc = 1 080 000 000 km (1 óra)
24 óra = 25 920 000 000 km (1 nap)
1 év (365nap) = 9 460 800 000 000 km (9.5 billió km)

Erről a magam készített táblázatról sok minden leolvasható. Tömegek, átmérők, keringések, holdak száma stb. Számomra érdekes volt a naprendszert így egyben látni!

A mi napunkhoz legközelebbi csillag (a Tejúton belül) a Proxima Centauri. A földünktől 4,24 fényévnyi távolságra (9 460 800 000 000 x 4,24 = 40 113 792 000 000 km.)

Később ezekről lesz még szó de most példaként: a mai, ember vezette űrhajók (a Voyager-1 – a valaha épített leggyorsabb űrszonda – elérte a 278 280 km/óra sebességet – nem ez a legnagyobb sebessége, de egyszer ezt is elérte, így ezzel a sebességgel számolva a legnagyobb sebességüket kihasználva ide eljutni mindössze 144 149 030 óra. Ez 6 006 210 nap,

16 455 esztendő! Tegyünk egy próbát, ha lenne fénysebességgel közlekedő űrhajónk.

Akkor 40 113 792 000 000 km/25 920 000 000 km/nap = 1 547,6 nap, ez 4,24 esztendő. Soha nem hiszem, hogy az emberiség tud fénysebességgel közlekedő járművet szerkeszteni. De ha mégis sikerülne, akkor ez egy megvalósítható cél lenne.

Arról még nem is szóltam eddig, hogy az űrben mekkora mozgolódás van. Valóban az örök változás helye az űr. Fekete lyukak világa, neutroncsillag, a vörös óriás, a szupernóva-robbanás keletkezése, „halála", az ütközések, mind-mind érdekes témái a csillagászatnak. És ráadásul ez a világegyetem fénysebességgel tágul is. Minden pontja mindentől.

És beszélünk már a sötét anyag világáról, no meg a sötét energiáról is. Beszélünk galaxisok ütközéséről, összeolvadásáról. A fekete lyuk különböző tevékenységeiről. Igen, itt tart ma a tudomány.

Egy kicsit „közelebb" – a Naprendszer

A Naprendszer 4,6 milliárd évvel ezelőtt alakult ki. Többé-kevésbé ezen időben alakultak ki a Naprendszer különböző bolygói is.

A Naprendszer – 4,6 milliárd évvel ezelőtt alakult ki

bolygó forgása naprendszer	a bolygók és átmérők km	távolság a naptól	keringés a Nap körül	fény útja a Naptól	holdak száma	Földhöz mért tömeg
	A NAP sugár 696000km					
58,7 nap	Merkur 4878	57.9 millió km.	88 nap	3,2 perc	0	0,055
-243 nap	Vénusz 12104	108,2 millió km.	224,6 nap	6,01 perc	0	0,815
23h56m	Föld 12756	149,6 millió km.	365 nap	8,3 perc	1 – 384000 km-re átm3476km	1,0
24h37m	Mars 6794	227,9 millió km.	687 nap	12,7 perc	2	0,107
	aszteroida öv				sziklás égitestek	több millió égitest
9h50m	Jupiter 142800	778,3 millió km.	11,9 év	43,24 perc	63	317,8
10h14m	Szaturnusz 120000	1429 millió km.	24,6 év	79,4 perc /1 óra 19p/	62	95,2
-15,9h	Uránusz 50800	2869,6 millió km.	84,6 év	159,4 perc 2óra 39p	27	14,6
17,7h	Neptunusz 48600	4496,6 millió km.	165,5 év	249,8 perc 4 óra 9 p	13	17,2
6,39nap „0"	Plutó 2500	5913,5 millió km.	251,9 év	328,5 perc 6 óra 28 p		0,0027
	Kuiper öv	a naptól szám 30-50 csill egység köz			több mint 2000 objektum	
	Oort felhő	40-50.000 CsE a naptól kb 1 fényév			több száz milliárd üstökössel	

Persze nem kezdem felsorolni az egyéb szükséges feltételeket. Ezek mind a lehetetlenségek határát súrolnák. Persze a lényegről nem is szóltam, hogy a legközelebbi csillag valamelyik bolygójára kellene eljutni, ha van egyáltalán élhető bolygója. Meg olyanokról is, hogy a fekete lyukak csillagrendszereket „nyelnek el". Magam sem gondoltam, hogy mily érdekes ez a világ, amíg jobban bele nem ástam magam. Szerfölött érdekes.

. No akkor ennyi!

Sok „tudományos-fantasztikus" irodalom feszegeti a bolygók közti közlekedés lehetőségét. Ez egy butaság, talán még a naprendszerben lévő három kőzet bolygó vonatkozásában – talán. De más csillagrendszerek vonatkozásában szerintem kizárt!

A Naprendszerünkön kívül (a Naphoz közel) mintegy 52 csillagrendszer található 16,3 fényév távolságon belül. A legtávolabbi is elérhető lenne 16,3 év múlva – odáig fénysebességgel haladva!!

Egyes tudósok csak a mi tejútrendszerünkben 50 millió csillag bolygóin tartja lehetségesnek, valamilyen élet kialakulásának lehetőségét. Egyes tudósok még azt is állítják, hogy a múltban máshonnan jött „emberek" jártak a Földön. Azt is állítják egyesek, hogy ezek a látogatók különféle jeleket is hagytak a Földön, csak mi még nem tudtuk ezeket megfejteni.

Egynémely „tudós", még olyan kérdést is feltett, hogy vajon milyen képet vágnak az ott lévő lények, ha mi oda érkezünk valamelyik bolygóra. Nem véletlen tettem ezúttal idéző jelbe a tudós szót. Válasz a semmilyent!

Készítettek már különböző „űrbéli térképeket" is. Az egyik azt mutatja, hogyan helyezkedik el 7,5 millió galaxis 10 billió fényév távolságig. Emberi ésszel ez alig felfogható, jó persze a csillagászok...

Ha csak úgy játszunk a lehetőségekkel (avagy a lehetetlenséggel?) Tegyük fel, hogy van élet mondjuk egy 1 billió fényév távolságban lévő égitesten. Akkor oda 1 billió év és vissza ugyan annyi? És hova vissza? Jó játék!

Engedtessék meg, hogy itt beszúrjak egy tv felvételi anyagot. Ez pontos idézete az elhangzottaknak. Igen érdekes.

Az emberiség, benne az összes emberrel mondjuk úgy, hogy állandó fejlődésben van. Vagyis mindig többre törekszik. Ez így első látásra rendben is van. Megszületünk, felnövünk, családot alapítunk, és elkezdjük a hajszát az örökös „mindig többért" Hisz azt látjuk magunk körül, hogy mindenki „hajt"!

Ennek már „azza" van, ennek meg „ezze" van, nekem pedig?? És működik az örökös viszonyítás! És milyen az ember? Mindig felfelé viszonyít. Mármint akinek többje van mint neki. Nem gondolom, hogy ez száz százalékos mértékben így van, de azért a többség az igen.

És az emberek ezért a „többért" való hajtás érdekében képes feláldozni a saját egészségét, nyugalmát, sokszor a családi békéjét is!

Néha eljön valamiféle eset... pont... történés, amikor sokan felteszik a nagy kérdést, de hát „miért"?

Mert az ember ugyebár gondolkodó lény. De sokszor ezt mégsem látja át. Sokszor fel sem fogja az adott helyzetet.

És jön a sokszor emlegetett válasz – mert ilyen az emberi agy! Világméretű tetteket hajt végre – mérnök – építész – űrhajós – orvos – területeken, de.de.de?? Mi is ez az igen... igen? Hát nem tudja belehelyezni magát az őt körülvevő világba?

Sokszor eltűnődtem (a médiában is feltűnt ez a téma), hogy mi az a szó ami az embert magát meghatározza?

Médiákban, bulvár újságokban ragozzák a kérdést (legszebb szó, legemberibb szó, az embert legjobban kifejező szó): szív, anya, emberi jóság, okosság.stb. Nekem ezen szavak nem sokat jelentenek. Ami az embert legjobban meghatározhatná – az a szó – a mérték! Ezt én rá tudom húzni az ember teljes mintájára. És kivételt sem nagyon találok. A mérték valóságát nem szabadna kihagyni semmiből! Az életünk is teljesen más lenne.

De mi is kell ehhez? A legfontosabb – már az ókorban is elhangzott nagy igazság – hogy ismerd meg önmagad – ez a Delphói Jósda felirata: Gnóthi Szecruton Szeauton. ez arra utal, ha ezt megteszed, tudni fogod a megoldásokat is. Mert a sorsod te vagy! Nem külső erők uralkodnak rajtad. Fogadd el magad, és el tudod majd fogadni a sorsodat is. Gyakran az amit önmagunkról gondolunk, nagyon távol van attól, ahogy a külvilág észlel bennünket.

Persze ez az önmegismerési folyamat sem egy egyszerű munka. A gyerekkori hozadékok jócskán meghatároznak bennünket. Ha ezt át szeretnénk alakítani, bizony nagyon meg kell izzadni ezen téma átformálásán. Végül mindenképp meg kell alkotni a nagy kérdést saját magunk felé. Mire is vagyok képes és a valóságban. Ha erre megadjuk a helyes, valóság hű választ, akkor kezdünk már önmagunk lenni. És ezen az úton kell nekünk tovább menni. És akkor fel lehet tenni a lényegi kérdést: mire is vágyakozzak én? Meg van hozzá minden?

Nem nemet kell válaszolni ha nem megy valami, hanem elő kell venni azt, hogy miért nem, és én azt hogyan tudom megoldani. -persze maximálisan összevetne saját képességeimmel. Kisebb nagyobb mértékben ezen mindenki átmegy, csakhogy a konklúzió nem minden esetben pontos. És ez a lényeg kulcsa!

Több helyen leírtam már, hogy az ember el tud e menni valamelyik más bolygóra? A holdon már járt – de az csak(!) a földet kísérő égitest.

Ott egy látogatás erejéig ki tudta alakítani a saját maga létfeltételeit egy rövid időre. A saját nézetem szerint itt a közelben a Naprendszer kő bolygóin is meg tud jelenni. Ott valamennyi időt eltölteni és vissza.

Ez sem egyszerű, mert valamiféle zárt burokban kell lenni, a bolygók sajátosságai miatt. Légkör, hőmérséklet, ártó sugárzások, levegő hiánya stb... Talán ez mint a tudomány végső lehetősége talán megvalósítható. Mindig is voltak, és vannak dicsőségre vágyó emberek, akik a visszanem térés lehetőségének a kockázatát is vállalják.

Merkúr – nincs állandó légköre – ami van: – argon- neon- hélium atomok – légnyomás: egy milliárdszor kisebb mint a Földé. Hőmérséklete: nap oldalon 427 Celsius fok, ellenkező oldalon-182 Celsius fok. No itt élj meg ember!

Vénusz – légköre szuper sűrű – 96,5 % széndioxid, 3,5 % nitrogén, kevés kéndioxid. A felszínen mért nyomás a földi

92 szerese, a hőmérséklet 450 celsius fok fölötti. Talán itt sincs sok keresni-valónk?

Mars – légkör: széndioxid 96% – argon 2% nitrogén 1% – oxigén nincs. Az ide való jutás (229 millió kilométer) után itt sem kecsegtető a helyzet.

Ha ebben a mi Nap rendszerünkben nem sok keresni valónk van (a többi bolygó óriási gázbolygók!). Ha mégis utazni szeretnénk bizony másik csillag bolygójára kell „mennünk"!

Ha hatalmas összegekért vizsgáljuk az Univerzumot – rendben. Ha van rá való akkor oké. A világűr megismerése az emberiség örök vágya volt eddig is, no meg ezután is. De, hogy kilépjünk a Naprendszerből emberes űrhajóval, az egyszerűen képtelenség.

És itt jön a világ mindenség „megismerésének" a tárgyalása.

Szép ez az Universum, de sosem lesz az emberek „sajátja". Ebben az Univerzumban legkevesebb 76 000 trillió csillag ragyog Ez csak egy ember által (vagyis tudós) kalkulált adat, de az is lehet, hogy ennél jóval több van. A csillagok közötti távolság is óriási, ember által ez is szinte felfoghatatlan.

A Woyagernek 80 000 évre lenne szüksége ahhoz, hogy a legközelebbi csillaghoz oda érjen. Ez a Proxima Centauri.

Esetleg a legközelebbi galaxis lenne a cél, akkor a jelenleg megtett távolságnál 500 000-szer többet kellene utaznia ennek az űrhajónak. Ha számolunk, akkor ez (80 000 x 500 000) annyi mint 40 000 000 000 esztendő. Ezzel a jelenlegi technikánkkal ugyan nem mennénk sehova. Tegyük fel, hogy létezik olyan űrhajónk, ami univerzumi utazásra képes. Ami a fellövéstől kezdve folyamatosan gyorsul. Így már másfél nap után már a Marsot csodálhatnánk az ablakból. 3 hét után elhagynánk a Naprendszert, ekkor már 64 millió kilométerrel utaznánk, de ez még csak 6%-a fénysebességnek. 1 év utazás után a Nap a semmibe tűnik és kezd fényesedni az Alfa Centauri és ekkor már 3.2 millió km/órával többet utazunk, mint tegnap.

A rádiójelek is napokig utaznának oda a Földre, és ugyanannyi vissza. Az idő tágulás a Földhöz viszonyítva elérte a kettes faktort, ami a fénysebesség 80%-át jelenti. Itt már a tér és az idő elcsúszik. De az űrhajó még mindig csak gyorsul. Elértük az út felét, innen már lassítani kell, ha leakarunk szállni az Alfa Centaurin, ami 4,4 fényévre van.

3,5 év alatt érnénk oda, míg az otthon maradottak 6 évet éltek. Ha innen vissza indulnák, 7 évet utazva –oda-vissza, a földön lévők 12 évet öregedtek.

És mi van akkor, ha itt nincs mit nézni? Mármint az Alfa Centaurin – vagyis annak valamelyik bolygóján? Pl. ha nincs ott semmiféle élet. Akkor tovább kell menni.

A legközelebbi gázfelhő aminek elmegyünk a széléhez, mi magunk 13.5 évet öregszünk, mire vissza érünk szeretteink több mint 60 évet öregednének.

Ha ennél is tovább mennénk a következő buborékban tett látogatásunkhoz mindössze 22 év kellene. Visszatérésünknél a Földön igen nagy változást tapasztalnánk. A Föld ugyanis 6 évszázada várna ránk.

Már az előző 60 éves eltolódás is megdöbbenésre adna okot. A saját gyermekünk is meghalt már öregségben, pl. ha 20 évesen hagytuk ott. No de 6 évszázad? Itt már a fantázia lép be.

De ez a műsor asztrofizikusa űrbéli tudása alapján még tovább vitte az elképzelhetetlent.

Ha a tejútrendszer (ez a mi galaxisunk) minket is fogva tartó spirálját az Orion húrt is elhagyjuk majd a szélétől hazatérünk 31 évünkbe kerül, ha a galaxis szélét is szeretnénk meglátogatni, ez 45 évet tartana oda és vissza a földre.

A 100 000 fényéves utazásunkból visszatérve a Földre, 100 000 év telik el a Földön. És még csak a saját galaxisunkban jártunk.

Míg te a 60-as éveidben jársz, a Földön 100 000 év telt el!. Tudnánk e még valakivel egyáltalán beszélni? Avagy van e még ember a Földön?

A fantázia tovább vitte az előadót. Mi történne, ha ennél is tovább merészkednénk? Mondjuk egy másik galaxisra? A hozzánk legközelebb eső galaxis az Androméda. 56 éves utazás alatt kellene eljutni oda (Mi pedig 112)

Visszatérésünkkor egészen biztosan nem lelnénk embert a Földön. Ugyanis a kékbolygó 5 millió évet öregedett.

Ha meg még tovább fantaziálunk, és az élet meghosszabbítást is feltalálták már, a Földön ahonnan indultunk.
Ha a következő galaxisra lenne kedvünk elmenni a Virgora – 67 év oda vissza. Ez már 1 milliárd év öregedést jelentene a Földön. Már egy, még létező valamit találnánk. Se víz, se levegő, meg se semmi.!
Innen már mehetnének az űrhajósok akármerre.

Itt már van egy másik tényező is. Mivel az Univerzum közel fénysebességgel tágul, innen már nincs tovább hova menni. A körülöttünk levő tér jobban tágul, mint ahogy mi haladunk. És ott találjuk magunkat az örök sötétség közepén!
Nesze neked ember – hova törtetsz? Nem a tied az egész világ! Maradj csak a Földön! És a sok megtermelt pénzed ne ágyúkra költsed!
Gondolod hogy ez az üzenet eljutna mindenkihez, egy csapásra megváltozna minden? Semmi...semmi...! Mert ez maga az ember!

Itt jut eszembe egy jópofa kabaré jelenet. Törőcsik Mari, Bodrogi Gyula, és Benedek Tibor játszották. Törőcsik és Bodrogi bemegy a hivatalba, a házasság kötés előtti „egyeztetésre". Először az összeveszejtő bizottság elé kerülnek. Az összeveszejtő (Benedek Tibor) elmond a másik félnek minden olyan tulajdonságot a másikról, ami már vérlázító (a leendő férj kocsmába jár, lóversenyezik, üti a nőket stb) Ezt a leendő feleség szörnyű felháborodással kommentálja. Majd jön a leendő feleség, aki pletykás, nem tud főzni, szórja a pénzt és hasonló – a leendő férj is nagy felháborodással hallgatja az elhangzottakat. Mindkét fél el is ismeri a róla elmondottakat. Mindkét fél maximális haraggal el is fordul egymástól.
Erre az összeveszejtő oda fordul az anyakönyvvezető felé – a felek teljesen összevesztek, és nem kívánnak házasságot kötni.
Az anyakönyvvezető oda fordul a párhoz és megismétli az előbb kimondott eredményt, hogy akkor nem lesz házasság kötés?
Egyszerre a két fél: de lesz!!! Az anyakönyvvezető: de hát miért? A házasulandó pár ismét egyszerre: Mert szeretem! Hát ez az ember teljes valójában!

Vagyis hát itt áttérhetünk egy másik érdekes témára. Utaltam rá, hogy az én mostani megítélésem szerint (lásd előzőek) az ember a világűr ismeretek alapján nem tud másik lakott bolygóra eljutni. Miért is?

Mert lehet (lehet?) tegyük fel lehet, hogy az ember megalkotja a fénysebességgel haladó űrhajót. Fel nem foghatom, hogyan, – de tegyük fel! Ha egy-két űrhajós el is indulna valahova – oda meg is érkezik – és ott mihez kezd? Ő a földi élethez idomult fizikai szervezetével. Ha ott egy kicsit is másféle élet létezik – máris veszve van! Az ő fiziológiája képtelen lesz napok-hónapok alatt az ottani léthez igazodni – akkor meg minek ment oda??

Ha ott pl. az élet nem szén alapú, nem levegővel lélegzenek és ehhez hasonlók. Jó-mondjuk, hogy előre felkutatták az ottani lehetőségeket és ez az eredmény lakhatóvá minősiti azt a bolygót. De ha mondjuk egy férfi és egy nő megy oda – akkor ezek hogyan szaporodnak, mert mégse kihalni mennek oda?

Mégiscsak gondolkodó lény lévén (már aki?) az ember vajon lenne-e így is vállalkozó a biztos halálba? Megítélésem szerint lenne – a hátra maradottaknak óriási reklám! No meg ide professzor szintű hatalmas tudás is kellene.

Hát ez így csak játék a szavakkal.

Mert ugyebár, ha a szükséglet az örökös szkafanderben való élés lenne. Meg az sosem hibásodna meg? A közelben nem tudunk a földihez hasonló bolygót, ha van is az nagyon messze, itt meg az odaút megvalósíthatatlan.

Az Alfa Centauri – 3.34 fényév (fénysebességgel 8 év).

A mai technikai színvonalon: 9 460 800 000 000km/278 000 km/óra=34 031 655 óra – 3 884 esztendő – és máris a fantázia világában vagyunk! Ha nem éppen a „közelben" van az a lakható hely az oda út is 50-100 esztendő még fény sebességgel is!

Hamarabb kihal az emberiség a földön, mint fénysebességgel működő űrhajót építsen (ha létezik ilyen?). No meg akkor a fő kérdés, hogy egyáltalán hova???

És mi van a mi kis bolygónkon – a Föld

Jó sokat kalandoztunk, talán jó lenne már két lábbal állni a Földön. Ez a mi saját, belakott bolygónk.

Ezen a „sárgolóbison" éljük az életünket. Ki amilyent tud. Móricz Zsigmond mondása jut eszembe. „mindenki úgy él, ahogy tud, nem pedig ahogy szeretne". Ez a témakör egy későbbi fejezet része lesz, maradjunk mi most a Földünknél.

A Föld kb. 4,6 milliárd évvel ezelőtt „csomósodott" össze az itt kavargó porból és gázokból.
Izzó gázgömbbé alakult. És az évmilliók csak úgy röpködtek. A földi nap az 18 óra volt. És ez lassan – no hát igen lassan – kezdett növekedni a mai 24 óránkig. Kialakultak mindenféle vulkánok. Szóval fortyogott az egész bolygó – de a millió évek csak teltek és egyre teltek.
Mi már ezt a nagyon változó világot is beosztottuk különféle földtörténeti korokra.

Természetesen ezek is kötődnek valamihez.
A Föld „kialakulása „úgymond" több lépcsőben valósult meg.

Földtörténeti korszakok

Őskor (archaikum) 4600 millió év
Előkor (Proterozoikum)
- 2600 millió év Alsó Protezoikum
- 1900 millió év Középső protezoikum
- 1600 millió év Refeikum (felső protezoikum)

Ókor (Peleozoikum)
- 580 millió év Kambrium
- 520 millió év Ordovicium
- 450 millió év Szilur
- 420 millió év Devon
- 375 millió év Karbon
- 285 millió év Perm

Középkor (Mezozoikum)
- 240 millió év Triász
- 195 millió év Jura
- 135 millió év Kréta

Újkor (kainozoikum)
Harmad időszak
- 65 millió év Paleocén – Eocén
- 37 millió év Oligocén
- 25 millió év Miocén
- 12 millió év Pannon

Negyedidőszak
- 2,5 millió év Pleisztocén (jégkorszak)
- 11 700 év Holocén (jelenkor) jelen tudásunk szerint ezelőtt kezdett kialakulni.

A föld szerkezete: kívülről befelé haladva a hőmérséklet egyre nő. A belső hő egy része rádióaktív anyagok bomlásából származik.

A föld szerkezetét a gömbhéjak sora adja.

Földköpeny 2850 km mélységben ér véget.

Külső mag – 1800 km vastag, folyékony fémekből áll.

Belső mag – kb. 4700 és 5100 km között húzódik, a belső mag szilárd vasból és nikkelből áll. Ez úszik a felette levő folyékony anyagon. Dinamó elv!

Az élet a földön a keletkezéstől számítva kb. 1 milliárd év múlva jelent meg, (egysejtűek). Azt, hogyan alakult ki az élet a földön több elmélet létezik.

A kémiai változások egy véletlen formája az élő anyag megjelenése volt.

Mások szerint valamilyen meteorit földi ütközése hozta a Földre az életet.

Van egy ősnemzési elmélet is.

Létezik a vallási elmélet, mely szerint az Úr teremtette az életet a Földön.

De az egysejtűek, kétsejtűek, több sejtűek, növények, állatok után, megjelent maga az „ember" is.

Több értelmezése van annak is, hogyan alakult ki az ember. A mai tudomány álláspontja szerint a legelső emberszabásúak úgy 2-3 millió évvel ezelőtt jelentek meg. Egy tanulmány szerint a földön a pleisztocén időszakban (2,5 millió évtől 12 000 évig hat eljegesedési hullám követte egymást, mely szerint az utolsó 110 ezer éve kezdődött, és 12 000 éve ért véget.) Ez most hogyan illeszthető össze az emberiség történetével? Hát ezt már nem tudom. 8 000 éve már volt a kínai civilizáció!!!

Mindegy itt vagyunk! A Föld genetikai felmérése azt hozta, hogy valahol Afrikában volt az első, igazi őshaza, ahonnan az emberiség szétterjedt a Földön. Tudom, ma már semmi sem biztos, kőbe vésett elméletek dőlnek meg naponta, amíg ezt is megdönti egy másfajta elmélet. Mindegy vagyunk.

Sokáig úgy gondolták, hogy a Föld lapos, és e körül kering a nap. De voltak akik rájöttek, hogy ez így nem igaz, és a heliocentrikus világnézetet hirdették. Sokan életükkel fizettek az új elmélet hirdetéséért. (Giordano Brúnó 1548-1600 – megégették, Galilei tanai visszavonása mellet élete végéig házi őrizetben volt – katolikus egyház 1992-ben érvénytelenítette az ítéletet.

Elődeink barlangban éltek, halásztak vadásztak, gyűjtögettek és családi közösségben éltek. És hatottak rájuk a természet jelenségei. Eső, a szél, a villámlás, árvizek, villám-gyújtotta tüzek stb... És ők ezt sehogy sem tudták értelmezni – mi is lehet az? Így teremtették az isteneket. A Földön mindenfelé mást és mását, ahogy gondolataik ezt megalkották. Természetesen el kezdtek félni mind ezektől, nem tudván arról semmi valóságosat. Később már gondoltak arra is, hogy ezeket az „isteneket", ki kellene valahogy engesztelni.

Így jöttek sorra (a világon számtalan formában) az áldozatok bemutatása. Pl. az inkáknál való áldozat bemutatása, úgy zajlott, hogy a kiszemelt áldozat (persze ő nem tudott róla-sőt előtte valamilyen növény levével elkábították) szívét olyan gyorsan kellett kikapni az áldozatból, hogy azt felmutatva még dobogjon. Erre külön „szakszemélyzet" volt kialakítva.

Háború...háború...! Az emberiség örök idők óta együtt élő valamilye. Azért valamilye, mert meghatározhatatlan ennek valódi emberi szükséglete. E témakörből emberek ezrei, tízezrei élnek meg (jól rosszul, mert nem ez a kérdés). A történelem mint tantárgy – amióta világ, a világ – a háborúk, forradalmak történetéről szól – jó részben! Hogy mi ennek egyes esetekben a valódi szükségessége – meg sem kisérelem meghatározni. Ha végig nézzük az emberiség „ebbéli" tevékenységét, igen sokszor meghatározhatatlan a valós, igazi ok.

De mégis... mégis...! Talán már az emberiség genetikájába bele van kódolva a háborúzás szükségessége?

No itt két felé (vagy több?) válik a meghatározás alanyainak a „személye". Egy hasonló esetet vázoltam fel az udvaromon lévő lányom barátnőjének az esetén. Csináljunk valami rosszat, valami kárt. Ez a világ „bele van építve". Van aki mások hatására válik ilyenné, lesz ilyen. Van aki kényszer hatására válik „gyilkoló gépépé".

De vajon hol költözött bele az emberiségbe ezen hajlam?

Még az ősközösségi társadalmakban a teljes egyenlőség „volt a divat". Gyűjtögettek, vadásztak, halásztak. Mindenki egy formán részesült a javakban. De mint az lenni szokott (az emberi fajnál különösen!) elindult valami, ezt a valamit nevezzük most fejlődésnek.

Voltak családok, akiknek jobb hely jutott a vadász terület formájában. Olyan helyet találtak egyesek, ahol több a hal. Vagyis könnyebb megszerezni a szükséges élelmet. Ugyebár ezáltal egyes családok úgymond megerősödtek. A gyengébb körülmények között élők pedig törvényszerűen gyengültek.

De mi lenne, ha mi is ott vadásznánk, ahol bőven van vad és több a hal arra felé, ahol „úgymond" nem a mi területünk van? Ugye máris alakul a helyzet. Pedig ők a puszta „betevő" után indultak el. El indultak, de azon a területen ugyebár már „voltak". Az ott lévőknek meg kellene védeni a „saját területet". Az éhezőket pedig hajtotta első sorban az életben maradás kényszere. Kell-e tovább ragozni a háborúzás első előfordulásainak témáját?

Itt kezd értelmet nyerni a „megvédem magam" természetes szüksége. És ekkor kezdett a világ bonyodalmasabbá válni. A férfiak vadásztak, a nők otthon látták el a családi teendőket, ellátták a lakhely és a család szükséges dolgait.

És ha várható volt egy másik csapat támadása? Igen itt kezdődött a társadalom elemi csíráinak a kialakulása. Többen jobban megvédjük magunkat. Tartunk egy őrszemet az otthon levők között, pl. aki jól fut, és rögtön értesíti a távolban vadászókat.

Szóval a korábban külön élő családok kezdtek kisebb közösségeket alkotni. Nem sokat, csak annyit, amennyit a közös lét megkívánt. Mivel lassan változott a világ, mind jobban megkellett védeni azt a keveset is ami volt, kezdtek kialakulni a rátermettek köre. Ahol keményebb legények lettek a csoportban, az is lassan előjött, hogy azt kevés más által megszerzett javakat el is lehet venni.

Mondhatnám lassan megszületett az ember – ember elleni cselekedete. Persze ez a folyamat évszázadokat, évezredeteket is vett igénybe.

Így kialakult a néha véres konfliktusokat eredményező ellenségeskedés. Ha pedig kialakult egy ellenséges viselkedés valakivel, valakikkel szemben, bizony az meg is maradt. Sőt el tudom képzelni, hogy egyes esetekben állandósult is az ellenszenves viselkedés háborúzási szünetben is. Jelentős szerepet töltött be az elkülönülés, a csoportosulás folyamata.

Amíg az emberek életformája az állandó vándorlás volt, addig könnyen felépíthető, majd szétszedhető hajlékokkal rendelkeztek. De amint egy jobb helyre (vadászmező, hal stb) ért egyik másik csapat, már előjött a tovább nem menni szükséglete. Ez pedig stabilabb, célszerűbb építményeket eredményezett.

Eleinte kör alakú építményeket (jurta) csináltak, mert ezeket könnyű volt felállítani, majd szétszedni. Ezt a természetből szerezték be, natúr formában.

Ágasfák a vázszerkezet, állati bőrök a borítás. Állati szíjjal dolgozva – fák megerősítése, bőrök összefogása – hamar megvolt a megfelelő szállás. Oldalfal, kupola képezte a fal és a mennyezet szerepét, ami mind bőr volt. A tetején hagytak egy kis lukat, ez volt a kémény. A füst általában felfelé száll, a többi fantázia dolga. Egy össze nem fűzött bőr darab pedig az ajtó.

Amint kezdtek letelepedni úgy vált problémássá a jurta. Ugyebár a szaporodás miatt volt úgy, hogy kicsi lett a jurta. Ezt viszont bővíteni sehogy sem lehetett. A kör formát átalakítani eléggé macerás volt. Így lépett fel a másfajta „építkezés" igénye.

Ez akkor vált már úgymond szükséggé, amikor kezdtek az akkori emberek termelni. No persze ez akkor még igen kezdetleges tevékenység volt, de már termelésnek volt nevezhető. A létszám növekedés szükségessé tette a minél több élelmiszer előállítását. Bár még eljártak vadászni, de termelésbe fogták a vadbúzát is. Ez mindenképp megpecsételte a vándorlás szokását. Ehhez helyben kellett maradni. Ez a helyben maradás hozta a következő lépcsőt, az állatok megszelídítését. Ezt a szükséglet alakította ki. Így lett a farkasból a kutya, a vadmacskából a házi macska. A vagyon megvédéséhez kellett a kutya, mivel gabonát termeltek és tároltak, így az egerek ellen kellett a macska. Itt már egyfajta (persze nagyon ősi) gazdálkodásról beszélhetünk. A vándorlás végleg megszűnik, a család egyre nő, új megoldásra volt szükség a családi létezés tekintetében.

Ez magával hozta a „lakás" formájának a megváltoztatást. A kerek formáról át kellett állni a szögletes formára. Ez átalakítható, bővíthető. És ezeket a házakat, most már szögletes formában, úgy össze-vissza kezdték megépíteni.

Feltalálták a sártéglát, ahogy ma mondjuk a vályogtéglát. A sarat összegyúrták, és azt mindenféle szálas növényi részekkel megerősítették. Ebből készült a falazat, míg a tető fagerendákból, amire jött mindenféle sár réteg, amit vastagon befedtek száras növények tömegével.

Érdekesség, hogy az ekkor elkészült első házakon nem volt sem ajtó, sem ablak. A tetőn hagytak egy nyílást, azon közlekedtek, a házak tetején. A luk alatt volt egy létra, azon mentek le és fel. Mivel a „házak" elég szorosan voltak egymás mellett egyes helyeken, volt úgy, hogy a házak tetején gyalogolva jutottak el a saját ház lejárójához. Ismét ez a luk töltötte be a kémény szerepét is. Szóval a „lakók" a házak tetején közlekedtek. A fenti állítást számos régészeti feltárás is bizonyította.

No még annyit, hogy ezen korok emberei a halottaikat ezen lakások padlója, vagyis a föld alá temették el. Így élték az életüket néhány centiméterre az oszló-bomló halottak tetemei felett.

Ez a halászó, vadászó, de már a magokat újra elvető emberiség élet formája igen lassan fejlődött. Maga az a tény, hogy földművelésről beszéljünk igen sok időbe került. A változás fokozatos volt. Az emberiség korai fejlődése a Közel-Keletre tehető. Lassan kezdtek kialakulni egyfajta város kezdemények. Bár ezek még csak egy helyen lakó, társadalmat még nem alakító ember tömeg volt.

Ezt mutatja az, hogy ebben az időben még semmilyen közösségi jellegre utaló építmények nem voltak, sem vallási, sem társadalmi megfogalmazási értelemben. Nem volt úgymond „főtér". Nem volt főnöki építmény és így tovább. Nem voltak utcák sem. Legfeljebb szemétdombok voltak az épületek között. Ez még az egalitáriánus közösség korszaka volt.

Ebből a kezdeti világból a folyamatos fejlődés (szaporodás) hatására úgynevezett városok kezdtek kialakulni. Egyfajta rendezettség kezdett kialakulni. A mindennapi élet viszonyok persze követték az akkori kor primitív viszonyait.

A sokat emlegetett fejlődés mindig hozott valami újat. A házakon lettek ajtók, ablakok, még ha azok egyszerű kivágások voltak is.

Így alakultak ki a Közel-Keleten a valamelyest városnak nevezhető képződmények. (AIN GHAZA, vagy CATA HÜYÜK)

Ezekben a korokban az un. fejlődés jobbára nem egy tudatos cselekvések sorozata volt. Inkább a véletlenek sorozata változtatta az akkori emberek életét.

Végül is lassan kialakult a földművelés. A helyben való letelepedés általánossá vált. A helyben való gazdálkodás elindította a valóságos civilizáció kialakulását.

A háziasítás nagy mértéket öltött. Kialakultak a Földön a sajátságos háziasítás eredményei.

A tyúkot a mai Pakisztán és India területén háziasították először. A lovat Európa és Közép-Ázsia határán tették először háziállattá. A lámát Peruban, a méheket Egyiptomban fogták be saját ellátásuk kielégítésére.

És innen Krisztus előtti 10 000 évre tehetjük a vagyon kialakulásának a kezdetét. Ez is eleinte az állatok számának tekintetében alakult ki.

Korábban az ember egynek érezte magát a természettel. Vagyis annak gondolta magát az őt körülvevő világgal, a fákkal, az állatokkal stb...

Ide be kell szúrnom egy korábbi nagyon jellemző emlékemet. Írországban jártunk. Látogatást tettünk egy igen érdekes helyen. Ez a Bunratty (remélem jól írom) kastély és skanzen volt. Ha jól emlékszem volt kettő őskori építmény hasonmása megépítve. Ez egy kb. 10 – 12 méter hosszú építmény volt. Egyik végében az istálló rész volt, teljesen hűen kialakított formában. Egyik végében valami jászol féle, kicsit kijjebb valami trágyalé elvezető csatorna. A helyiség másik végében pedig lakott a család a földön kialakított fekhelyeken.

A helyiség végében a tető alatt volt kialakítva a gyerekek helye egy bemélyedésben. Jól kitalálták, az a kevés meleg levegő feljebb jobban érvényesült.

A tető a környező lápokból kivágott tőzeg lapok voltak. A falak kőből, a tetőzet anyaga fából állt. Volt egy kezdetleges tűzhely is kialakítva. A kiszárított tőzeggel tüzeltek is.

De amint kialakult a vagyon megjelenési csirái, az ember felé helyezte magát az általa birtokolt lényeknek. Eleinte csak annak a néhány jószágnak a tekintetében.

Lassan megtanult birtokolni. És még valamit: megvédeni az általa birtokolt „vagyont". Megvédeni a sajátjainak tudott jószágokat más emberek ellen, megvédeni más állatokkal, és az időjárással szemben. És ugyanez vonatkozott a mezőgazdasági tevékenysége vonatkozásában is.

Ez sem volt egyszerű, mivel már a háza tájától több kilométerre is volt saját területe.

Így a vagyonok gyarapodásával arányosan változott a „társadalom" szerkezete is.

Természetesen ez a vagyonosodás nem volt egyenletes. Lettek vagyonosabbak, és lettek kevésbé azok. A vagyonosabbak lettek az alakuló társadalom első „vezérei". A korábbi vadászatoknál is volt „vezér", aki összehangolta a vadászatot, de ez csak arra az egy eseményre vonatkozott. Ez a kialakuló újabb rend kezdi megteremteni az újfajta vezetőket. És ez állandósulni látszik. Míg a vadászat „vezérszerep" nem járt semmilyen előnnyel, addig ez az újfajta vezér szerep már némi javadalmazással járt. Vagyis elmondhatjuk, hogy kezd kialakulni a társadalmi rétegezettség.

Ugyebár a vezér szerepet a legvagyonosabbak töltötték be, nekik a szavuk ért a legtöbbet.

A városok kezdtek egyre jobban kialakulni, ezeket pedig vezetni kellett. Így alakult ki egy fajta vezető réteg. A későbbiekben pedig az alsóbb vezetők rétege, majd a kiszolgáló személyzet rétege.

Innen egyenes út vezetett egyfajta szakmai gárda kialakulásához is. A fejlődő építkezésekhez szakemberek kellettek már. Kőműves, ács, kovács stb.

A kialakuló hatalom hamar megszervezte a maga fizikai biztonságának a lehetőségét is (testőrség).

Elszaporodtak a konfliktusok is, ezt is rendezni kellett, ezekhez meg bírók kellettek (még ha megválasztottak is).

A régi időkben persze az ilyen embereket bármikor elzavarhattak is. De nem oly soká ez is rendeződött. Sok-sok beosztás öröklődővé vált.

De azért abban a régi korban is egy faluvezérnek sok mindenhez kellett értenie. Értenie kellett az újra elosztáshoz, a viták elcsendesítéséhez, az ünnepek szervezéséhez stb. Sőt ha tovább lépünk láthatjuk, hogy sok falu „szakosodott"(egyes termékek készítése – kereskedelem-vámszedés stb.)

Sőt nagyon kellett érteni az önvédelemhez, avagy akár el kellett néha sajátítani a hathatós hódítás ismérveit is.

Ki kellett alakítani az igazságszolgáltatás kezdeti rendszeréti is.

A falu vezetéshez létre jöttek az alsóbb szintek is.

Újra a vallás – miért is kellett?

S itt valahol belép egy valami, ami az emberiséget elkíséri a mai napig: ez a vallás. Az előbb említett „ősi faluvezérek" között is megjelenik a vallás képviselője, és kap egyre nagyobb szerepet az emberek életében.

Tehát fejlődés, (vagy valami olyan!) és a világ kezd nagyon bonyolulttá válni.

Az ember felfedezte a fémeket, az írást, a hatalmat, és a háborúkat. Mondhatnánk úgy, hogy kialakította a civilizációt, megkezdte a közéleti szereplést.

Mi is lett lassan az ember konkrét szerepe az alakuló társadalomban? Nehéz kérdés!

Megpróbálok a továbbiakban valami érthető választ adni, hogy mi is „lett" az ember, a társadalom kialakulásától kezdve a mai napig? Megpróbálom mindezt saját ismereteim által, és főleg mindent tudományosan is alátámasztva bemutatni.

És máris egy elcsépelt mondás jut eszembe „A jó pap is holtig tanul, mégis bután hal meg".

Vagyis minél jobban a dolgok mélyére hatolunk, annál bonyolultabbá válik a világ.

Igen sokat gondolkoztam azon, mi is az ember? Még tovább ragozva milyen is az ember és miért olyan, amilyen? Szinte megválaszolhatatlan kérdésbe ütköztem. Stabil-e az emberi agy? Miért olyan az ember viselkedése amilyen, és milyen hatásokra változik és milyenné? Minden cselekvése tudatos, avagy néha nem az? Cselekszik-e önmaga az ember, a homo sapiens – a gondolkodó ember? Meddig terjed az emberi akarat mértéke, és mit képes céljai elérése érdekében megtenni? Egyforma-e minden ember az alapokat illetően? Van-e külön egyszerű, és külön bonyolult ember? Hű, de sok izgalmas kérdés. Azt már előre látom, hogy erre képtelenség megválaszolni, főleg jól és helyesen!

De én ezt egy jó játéknak tekintem, a képességeim felmérésének a lehetőségét.

A tökéletes tudományosságra nem törekedhetek – erre nincsenek meg a képességeim. A könyvírói lehetőségeim is szűkösek.

Nekem tetszik amit csinálok, nem is mások szigorú megítélésének a kedvébe akarok járni!

Hallottam olyan kijelentést (melyet sok kritikus eset láttán magam is gondoltam), hogy az ember a legfejlettebb állat a Földön.

Szoktuk is használni ezt a kifejezést több szörnyűséges eset láttán, avagy hallatán. Ebbe akartam egy kicsit „bele búvárkodni". A hogy is van ez világát egy kicsit megismerni.

Ezen kis enyhe szabadkozás után gyerünk bele a sűrűbe!

Szeretnék jó néhány ember cselekedeteinek a megértéséhez minél közelebb kerülni. Mert pl. az emberi típusok is jelentősen eltértek egymástól.

Volt egy római típusú ember és volt egy görög típusú emberiség. Ezek mind más világnézet, gondolkodás forma volt. Mindamellett, hogy ezeknek pl. a személyi szükséglete közel hasonló volt (testi-lelki). De az a világ (a testi-lelki) egészen különböző volt, amit az akkori történelmi kor is jócskán meghatározott.

Tehát a nagy téma amit én kutatok a magam módján: mennyire stabil egy emberi jellem. Könnyen elintézhetném annyival, hogy semennyire!

De azért a kérdés messzire nem ennyi csak!

Inkább továbbra is az emberrel szeretnék foglalkozni. Ezen esetben méri a csillagok távolságát, figyeli a kozmikus zajokat, meghatározza egyes objektumok összetételét.

Tegyem ide a mai világképet. No meg öldösi egymást halomra. Jelenleg zajlik az ukrán-orosz háború – folyik vér bőven!

Van egyfajta vallási világkép.

Náluk az van, hogy „ne kételkedj semmiben". Fogadjátok el az Úr akaratát. Esetleg az én szándékaim mások mint az Úré?. Ja, hogy azt honnan lehet tudni? Hát a templomban megmondanak neked mindent. Minden veled történteket levezetnek az Úr akarata vonatkozásában. De ha ez valóban így van, hogy a mindenható küldi ránk a velünk megtörtént összes jó és rossz eseteket is.

Ha ez egy fátum, a nincs más kérdése, akkor minek a sok könyörgés? Ha rossz sors vár rád – és ez az Úr akarata – minek könyörögni? Minek az örökös bűntudat állapotát fenn tartani?

Van valahol a templom kertben egy emlékmű. Rajta ez áll: „nagy dolgot tett velünk az Úr" Malenkij robotra elhurcoltak száma:514, visszatértek száma 358. Akkor mi a nagy dolog? Hogy förtelmes körülmények közé vitte az Úr ezen embereket, avagy, az hogy „ennyien" mégis visszatértek. Hogy a visszatértek átélték a poklok kínjait – és életük végéig viselik ezen sérelmek terheit, ez a nagy dolog? És akik vissza sem tértek? Szóval, hogy is van ez? Szóval ez az Úr nagy tette?

Jó...jó tudom ezt az emlékművet emberek állították. Talán azt is lehetne mondani, hogy kellően nem gondolták át a szavak súlyát. De hogy azóta (sok-sok esztendő!) senkinek sem jutott eszébe a fentieket valóságosan átgondolni?

Itt most nagyon ki szeretnék hangsúlyozni valamit.

Mint már nem fiatal „jóember", talán már ismerem ezen világ „működését"! S talán valamelyest tisztán látom az emberi világ működését is. Igen sok Isten félő ember van. Én mindegyiknek megadom a szabad választás szabadságát. Mindenki abban hisz amiben a saját világa testesül meg.

Szóval nem kívánom semmikor a vallásos embert megbántani. De akkor engedtessék meg nekem, hogy én is leírhassam a saját gondolataimat, senkinek a meg nem bántási szándéka mellett!

Tudom mi az én „bajom" – tisztában vagyok vele! Mindenkor a kemény racionalitás mentén tudom látni a világot. Nem amit más mond, nem amit nem tudok elfogadni (mert az értelmetlen), határozza meg a látásmódomat.

Egy döntő mondás következik – tessék nagyon figyelni – amennyiben valaki elmagyarázza nekem a vallás világát (hogy én is értsem és elfogadjam, akkor én leszek a „leghűbb muzulmán". És nem úgy hogy ez van (eszed-nem eszed) tessék elfogadni a „megkérdőjelezhetetlen téziseket!"

„Ércsük" – kedves kollégáim?.

Nem úgy mint egyszer hallottam, hogy az Úr azt veri, akit szeret. És ezt nem az utcasarkon hallottam!! És az esetleges megtérítésnek nálam itt a vége.

Tanultam pszichológiát, tudom nem ilyen egyszerű a kérdés. A szülő is néha megveri a gyermekét, pedig szereti. De itt egészen más a kérdés, no meg a szülő nem is „mindenható"!

No meg az eddigi élet tapasztalatom azt mutatja, hogy a legtöbb embernél az élete folyamán több a verés, mint a kedvezés! Erre máris egy saját életből vett példa.

Megtaláltam végre éltemben az „igazit". Ő is én bennem ugyanezt. Elég idős korunkra alakult ez így ki. Volt párom vallásos volt. Néha én is elmentem vele a templomba, mert Ő sem volt bigott vallásos azért. Összesen 10 évig éltünk együtt. Ő minden este pl. elmormolt egy imát magában. Elvittem – szándékosan – Csíksomlyóra is. A hegyre, meg a templomba is. Éreztem, hogy ez neki fontos. A hegyen is odaállt az oltárral szemben, és imádkozott egyet.

Meg van még a fénykép is erről. 5 évi együttlét után jött a RÁK, (a fentebb említett téma). Az élet fintora, hogy épp a mai napon van 3 éve, hogy eltávozott az élők sorából. Ő, a vallásos (Pesten való, 5 évi gondos kezelés ellenére) 66 évesen elköltözött az örök „hómezőkre", én meg a nem vallásos 76 évesen még élek.

Csak megjegyzem, hogy ennek a kedves társamnak, előtte sok éven át borzalmas élete volt az iszákos, förtelmes férje mellett. Jöhet a kérdés akárkitől is?? Hát akkor miért hagyta?

Mert örökös félelemben tartotta, hogy megöli, ha el mer válni. Hogy mégis sikerült (a segítségemmel) annak külön története van – de ez most mellékes! És akkor megint kérdezem, hogy az Úr lelkes szolgáló lánya ezt érdemli?

Ez az Úr nagy igazsága??

Már hallani vélek valaki „hozzáértőt", hogy épp engem büntet az Úr ezzel. No ne mondjak már erre semmit! Biztos lenne, aki ezt nekem megtudná magyarázni, én pedig nem tudnám megérteni!

Az már történelmi axióma, hogy a háborúk története jórészt vallásháborúk története.

Az első, meg a második világháború kissé más, de ebben is felfedezhetők a vallási elemek.

Egy történelmi filmben láttam egykor, hogy felsorakozik egymással szemben két sereg, a szemben levő domboldalon. Mindkét hadsereg előtt áll egy – egy pap és szorgalmasan emelgeti magasba a keresztet és az Úr nevében biztatja harcra a sereget. Persze a harc megindulása előtt gyorsan hátra vonul mindkettő. Mi volt a csata végeredménye, már nem is tudom, mert a filmnek egészen más mondanivalója volt, mint amit én megjegyeztem.

Hiába csak kikívánkozik belőlem a gonosz szellem. Míg az előző filmben levő csata zajlott, addig az Úr fentről nézte a mérhetetlen öldöklést. És vajon melyik csapatnak szurkolt?

Mindkettő az ő nevében ment halomra gyilkolni egymást.

Egy csata borzalmairól (úgy általában) a későbbiekben még szólok.

Tehát a vallás??

Mint korábban írtam ennek kialakulási előzményeit, úgy azóta is ott van a legtöbb ember életvitelében. Kinek csak úgy „szőrmentén", kinek nyakig benne lévőn. Újra megjegyzem, ez mindenkinek szíve-joga. Ki hogyan éli meg, hogyan gyakorolja, mit ad érte, mit kap tőle. Ezt csak egyes emberek vonatkozásában lehetne értelmezni. Van azért aki könnyedén veszi, de az én megítélésem alapján a többség a meditációk talaján áll: mikor cselekszem jót, és mikor nem? És ez kihat a legtöbb ilyen ember mindennapjaira is.

Ma Magyarországon a vallás nem kényszer (volt amikor az is volt). De olyan eset is van több (saját tapasztalat!), hogy jobb ebbe a körbe tartozni. Mivel ma úgymond „menő" vallásosnak lenni, így sokan sorakoznak fel ebben a körben. Beszéljünk sok politikusról pl??

Persze több ország is van, ahol a vallás a terror alapját képezi.

Most jutott eszembe, hogy olvastam egy újságban (tudom az újság nevét, de nem írom ide – reklám?) hogy Afganisztánban többször voltak hatalmon a tálibok. És vallási fanatizmust vezettek be. Úgy zárójelben: ez egy esztelen alakulat! Ugyanis ott kötelező a napi ötszöri imádkozás, valamelyik templomban.

Egy borbély nem tudta időben befejezni a borotválást, és 5 percet késett a templomból. Eredmény, a vallási rendőrség szétverte az egész üzletet. Ott ez teljesen elfogadott helyzet. A piszok borbély nem tudja a rendet. A mi borbélyunk csak a józanságot követte, és oda lett az üzlete.

Még ma is ezek vannak hatalmon. Egy friss hír. Mivel a lányok ezen uralom alatt nem tanulhatnak bizonyos iskolákban, mérges gázok terjengenek ezen iskolákban. Azért ott is keresik az elkövetőket! Magán akció? Sőt mostanában volt a hírekben, hogy felszólítottak számos nőt, akinek valamilyen vállalkozása van, azonnal számolja fel azt. Most ebből elég is ennyi.

Továbbra is a vallás!

Nincs is olyan ember szerte a világon, aki valamilyen formában nem találkozott volna vele. Miért is alakult ki ez az ősidők óta meglévő az emberrel együtt létező valami. A z ősember – aki akkor még félig emberi félig még állati adottságokkal rendelkezett természetesen félt a földön előforduló jelenségektől, nem ismerve azokat. Mondhatjuk, hogy ez akkor természetes is volt, hogy nem ismert semmit.

Ha sok természettel kapcsolatos filmet nézel – mint ahogy én is – nem valami csodás dolog a természet részének lenni. Az ősember is örök félelemben élt. Bárhonnan jöhetett a veszély: égből, hátulról, szemből, bármelyik barlangból, mezőről. Szükség volt egyszerre mindenfelé figyelni. Az évszázadokon, évezredeken bizony megélt mindenfélét, árvizet, talán földrengést is. És ez a felsorolt számos nem ismert valami (nekik valami) bizony kárt tett az emberekben is.

De amint az ősember „eszesedett", és kezdett valamelyest gondolkodni, hát próbálta a maga módján értelmezni a látottakat. Miért dörög az ég, próbált erre is valamiféle, maga alkotta magyarázatot adni. Néha embert is eltalált a villám – hisz jórészt szabadban tartózkodtak, ha épp nem a barlangban. Bizonyára valaki haragszik rájuk. Jó lenne aki a villámot (tüzet, árvizet) küldi rájuk azzal jóba lenni, keresni annak a kegyét. Bizony az akkori idők embere egészen, (vagy csak félig) ki volt téve rengeteg borzalomnak, pusztításoknak. Mint már többször utaltam rá, lassan kialakult maga a vallás. Eleinte nem volt ez egységes (mondjuk, ma sem az, de régen, egészen összevissza világot jelentett.

A legtöbb (mondjuk úgy pusztai nép) megteremtette magának a maga istenét. Ez szinte az egész világon így alakult ki.

A már társadalomba szerveződött emberiség első vallása legtöbbször az volt amit a császár számára kötelezővé tett. Ez érthető is mivel az akkori császárok magukat istennek, de legalábbis annak a helytartójának mondották magukat. De már ebben az időszakban jelentkeztek a próféták. Akik magukat felkent hit szónoknak, mi több egy alakuló vallás meghatározójának hitték, sőt némelyik ennek még hangot is adott. Az időszámítás kezdetén az akkori világ (Róma fennhatósága) uralta a területén lévő vallás meghatározását.

De hát jöttek a próféták, akik nem egészen a császári előírás szerinti vallás gyakorlásra buzdították a „népeket".

Mivel igen nagy területet fedett le a Földközi tenger környékén Róma fennhatósága, az eleve természetessé kezdett válni, hogy ezek a nem mindenben összetartozó kultúrák bizony nem mindenben értettek egyet a főhatalommal.

Ha már az emberi agy milyensége körül kutakodok, talán tegyünk egy gondolati utazást abban a témában – mekkora is lehetett ez a Római Birodalom? Talán járjuk körbe ezen óriási terület széleit, hogy képet kapjunk a nagyság méreteiről. Ez a birodalom Traianus császár korában – 117-ben – volt a legnagyobb. Induljunk Nyugat felől és tartsunk kelet felé.

Hispánia – Lusitania = ma Spanyolország és Portugália
Aquitania – Gallia = ma Franciaország, Belgium és Hollandia egy része, Britannia több mint fele.
Noricum = ma az Alpok északi része, Németország egy része + Svájc, + a mai Ausztria.
Pannónia = ma Magyarország egész Dunántúli része.
Dacia = ma Románia és Macedonia.
Armenia = ma Örményország, Azerbajdzsán.
Assiria = ma Mezopotámia (a Tigris és az Eufrátesz köze.
Babilonia = ma Nagyjából Irak területe.
Mezopotámia (másik része) = ma Irak és Törökország vidéke.
Judea = ma jórészt Izrael.

Most mindenki gondolatban lássa maga előtt Magyarországon a Duna vonalát a Dunakanyartól Pozsonyig és ezt az egyenest hosszabbítsa meg enyhe emelkedő vonallal Anglia Keleti középső feléig.

Továbbá a Duna vonalát jobb felé egészen Azerbajdzsánig (a Kaspi tengerig) itt pedig enyhe lejtéssel húzza a vonalat. Majd innen lefelé a függőlegestől kissé balra tartva Egyiptom alsó határáig, és innen húzza a vonalat Afrika északi partvonala mentén (hol kijjebb, hol beljebb) egészen az Atlanti Óceánig. (Magyarországon a Tiszántúli felső részén volt némi üresség!) Hát... ami ezen belül volt – az volt a Római Birodalom.

Úgy időszámítás után 300-400 körül elkezd erjedni valami. Jönnek sorba a próféták, no meg a római birodalom is elkezd gyengülni. Nem véletlen, hogy ezzel egyidőben kezdenek feltűnni a fontosabb próféták és kezdik meg munkálkodásaikat. S mi több egyre gyűlik ezeknek a hallgatóságuk is. Amelyik nagyobb területet jár be annak kezd nőni jobban a tábora.

Tekintsünk bele kissé jobban ebbe a világba.

Jézus előtti idők, egyéb vallások

Sokan nem is látják elég tisztán, hogy miért is Jézus a mai világ szentje?

Miért éppen „Ő a minden"?

Időszámítás után 30 évvel később Bethlehemben egy Jézus nevű ember hirdeti a szeretet és a megértés evangéliumát. Ekkor csak néhány követője akad, de kétezer évvel később övé a világ leghatalmasabb, közel 3 milliárd hívet számláló vallása. Jézus korában viszont volt több hasonló elveket hirdető próféta is. Ez a kor az egymással versengő próféták ideje volt. Új vallási szereplők jelennek meg. Ezek egy része jóval ismertebb és elfogadottabb volt Jézusnál.

A tirannai Apollónius, az egyik legerősebb riválisa. Hasonló esetei vannak, mint Jézusnak. Születése, csodatevései stb... Neki gazdag pártfogói is vannak. 8 nappal a halál után egy lányt feltámaszt. De akkora népszerűséget, mint Jézus nem tud elérni. Mondhatjuk azt, hogy ez a gyenge marketing munka rovására volt írható. Mi a különbség a kettő között? Az, hogy Jézus a szegények prófétája volt, Apollónius a módosabb rétegé.

Egy másik próféta a sorban Simon mágus, aki szintén nagy karriert futott be. Erős vetélytársa volt Jézusnak. Kortársai Messiásnak hívták. Neki még jó 300 évig voltak követői.

Így tűnt fel egy Heléna nevű hölgy is. A bukott lányok eszményét és javulását testesítette meg... Ő nem tudott sok évig „tündökölni".

Abban a korban tűnt fel egy másik próféta: Tiberius. Mindenfelé őt imádták. Ez akkor kiterjedt az egész birodalomra. Nem véletlen mivel Tiberius maga volt a császár. Így már az sem véletlen, hogy Jézus szembe került a birodalommal. És még Ő is – az Istencsászár – jó 300 évig benne volt a köztudatban. Mivel Jézus is magát királynak nevezte, Róma ezt már nem tűrhette. Innen eredt Jézus elveszejtésének az igénye.

Van még több próféta jelölt is. Simon Barkochba. Ő „jelentkezett be" Jézus helyére, Jézus eszménye ellen időszámítás után 125-ben. Ő a harcok embere volt. És küzdött Róma mindenhatósága ellen. Felszabadítja Judeát. Magát Messiásnak nyilvánítja (felkentnek) Jézust megtagadtatta embereivel, magát nevezete a megváltónak is. Barkochba legyőzi a hatalmas rómaiakat is. De mégis eljön számára a szükségszerű végzet. Időszámítás után 135-ben végül győz a császár, és elpusztítja az egész zsidóságot. Embereket, városokat.

Van még próféta jelölt, ez kultusz formájában nyert terek. Ez a Mithrát legenda. Az előzmények szinte teljesen ugyanazok mint Jézus történetei. Szűztől születés, menybe menetel, csoda tevések… stb. A Mithrát követők száma akkor sokkal több volt, mint a Jézus követők száma. Igen népszerű volt a katonaság és a hivatalnokok között. A Ő kultúrája honosította meg a kenyér és bor kultuszát. Ma is vannak viták ebben a témában, hogy melyik volt előbbi a Jézusé, avagy a Mithrát kultuszé? Ennek a kultusznak volt egy nagy „hibája", hogy csak a férfiakra vonatkozott. Talán ez vezetett ezen kultusz hanyatlásához.

Van még kultusz bőven.

Ilyen volt az Ízisz kultusz. I.e. 200 után ez is elterjed az egész római birodalomban. Iziszt, mint szűzanya tisztelik. És az akkori nők a szüzességüket neki ajánlották fel. És nem teljesítették a férjek elvárásait. Az anya karján a gyermekkel a görögországi Izisz kultuszból ered. De már ezt a vallást is 500-ban betiltják.

Jézus korában feltűnt János Apostol is, mint hitvalló. Abban a korban jóval ismertebb volt Jézusnál is. Őt Heródes egyszerűen kivégeztette. Punktum! Az ő hívei egy része beleolvadtak Jézus híveinek a sorába. A megmaradt hívek elvonultak Irak csücskébe, és nem fogadták el Jézust Messiásnak, - lásd Kelemen kijelentései. Ők lettek a mandeusok, nekik továbbra is János volt a Messiás.

Utólagos fejlemények is előjöttek. 1945-ben az egyik barlangban papirusz tekercseket találtak. Ez egész más színben festette le Jézust. Ebből derült ki, hogy abban az időben létezett egy más vallás is - ők voltak a gnosztikusok. És ez még nem az 1953 ban megtalált Kumráni tekercsek témája! A gnosztikus keresztények azt mondták, hogy nem lehet az Úr fia, akit csak úgy keresztre feszítenek. Ilyen akkor nem történhetett. Ezért ők egy másfajta Jézust imádtak. Az akkori Jézus világ sokkal szervezettebb volt mint a gnosztikusoké, így az lassan kiszorult a köztudatból.

Nem utolsósorban egy komoly tényező megfordítja ezen vegyes próbálkozások történetét. Sőt valójában el is dönti ez a továbbiak alakulását.

Nagy Konstantin, aki gyökeres változást hozott a vallási világ fejlődésében. Ő egy látomást látott (már megint ez a földöntúli világ!), hogy „ebben a jelben győzni fogsz". Ez pedig a kereszt volt. És mit ad az ég - győzött a csatában. Az a tényező ezen az elméleti síkon már nem is érdekes, hogy hatalmas serege volt.

És ez a Nagy Konstantin (i.sz. 306 - 337) 312-ben legyőzi Maxentius (306-312-ig császár) seregét, és mindezt az égi látomás közreműködésének tudta be. Mit tesz ilyenkor minden nagy ember? Akinek kezében van a világ sorsa? Kiemeli a kereszténység eszményét (ebben látta a jelenséget és győzött), elkezdte felszámolni a többi vallásos csoportosulásokat. Bár ekkor még nem egyértelmű volt a Jézus féle egy isten hit.

Pl. Liciniussal kiadja (mármint Konstantinus) a milánói rendeletet, melyben a keresztény vallást egyenrangúvá tette a birodalom többi (a császárság által elfogadott) vallásával. Ő maga is kinyilvánítja a keresztény vallásának a szimpátiáját. Holott abban a korban nagy tábora volt még a pogányságnak is!

Annyi előjogot kapnak a keresztények tőle, hogy nyilván valóvá vált az ők vallásgyakorlása, adófizetési mentességet kaptak, sőt bizonyos anyagi forrásokhoz is hozzájutottak.

Ha lehet mondani, hogy valójában innen indult el a keresztény vallás kiteljesedése. (Nagy Konstantinnak köszönhetően). De ugyanakkor ő rá is telepedett az egyházra. Ő szabta meg, hogy mely hittételeket kell megtartani, és melyekről kell elfeledkezniük. Konstantin teszi törvényessé a kereszténységet. Utódja, Teodósius császár pedig a többi nem keresztény vallást törvényen kívül helyezi. A többi – korábban felsorolt vallási formációk – templomait keresztény templomokká alakíttatja. A felsorolt eszmerendszerek egyes hittételeit beépítették a keresztény vallás eszmerendszerébe, az általuk feleslegesnek vélt részeket egyszerűen kiirtották. Így lett a korábban kialakult sokféle és sokszínű vallások „összerendezése" után a kereszténység a császárok vallása.

Ilyen „indítás" után nem nehéz meghatározni a mára kialakult eszmevilág későbbi beágyazódásának okszerűségét.

Hogy ebben a nem egyszerű vallási világ kialakulásának létre jöttében milyen szerepe lehetett a valódi Úrnak?? Így volt megtervezve, kellett úgy 400 esztendő, hogy valami rendeződjön?

Tehát a fentiek után a keresztény egyház megerősödik és mind a mai napig megtartotta kivívott helyét a világ jelentős részén. A mindenféle kereszténynek (több fajtájuk van!) mondott hívek száma megközelíti a 3 milliárd főt.

Persze ez a fenti (3 milliárdos) szám is igen sokrétű felekezetből tevődik össze. A katolikus egyház feje a Pápa. Ő Rómában székel, innen irányítja a a világ katolikus felekezeteinek rendszerét. Az egyház eszmerendszereinek módosítása, működési rendjének kialakítása, a dogmák változása (abortusz, fogamzásgátlás, eutanázia stb.) a zsinatokon dől el. A fenti kérdések eldöntése még várat magára.

Az egyház működési sémájának ismertetését most mellőzöm - talán ebben az írásban nem oly annyira lényeges, van miről másról is beszélni.

Azért már megtanultuk, hogy a Római kereszténységben mit mond Jézus „Én vagyok az Út, az Igazság és az Élet". Senki sem juthat el az Atyához, csak általam. (Ju14,6) Ez a tutti!! De van utalás arra is hogy van más vallás is. Akkor azok kin keresztül jutnak az Úrhoz?? Elismerik „árnyékban és képekben", de Istent keresik a többiek is.

Minden időben ez az Úr keresés a legfontosabb témák között volt.

(A zsidóság.)
Érdekes hogy miért nem Judea lett a vallás valódi központja? A biblia szinte csak erről szól. Köreiből származik maga Jézus, az apostolok, az első keresztények. Le van írva hogy a zsidók Isten kiválasztott népe, innen származik maga Jézus is. De valahogy ezt így hozta a történelem. Számos viharok és egyebek, talán ebbe nyugodjunk bele. Avagy minden a Nagy Konstantinnak köszönhető?

Tudjuk, hogy a legnagyobb vallási közösség a kereszténység. Egy 230 országot átfogó felmérés alapján a számuk 2,2 milliárd. A világ népességének 32 százaléka.

De meg kell jegyezni a pontosság kedvéért, hogy a Római Katolikus egyház alá tartozó hívek száma 1,2 milliárd. Így kb. 1 milliárd azon hívek akik nem Róma fennhatósága alá sorolják magukat. A más „fajta" keresztények tábora is jelentős. Úgymint: baptista, metodista, presbiteriánus (református-evangélikus), lutheránus a pünkösdi, a nazarénus mind egyetemlegesen kereszténynek nevezi magát. És ezen kívül léteznek még számos alfajai is a kereszténységnek.

Tehát a gyűjtőfogalom a kereszténység, és ezen belül van a Római katolikus egyház a maga 1,2 milliárd hívőt számoló népességével.

Ezenkívül vannak nem jegyzett egyéb kisebb vallások is

Melyek a többiek:
- 1,6 milliárd iszlám (muzulmán) (23%)
- 1,0 milliárd hindu (15%)
- 500 millió buddhista (7%)
- 14 millió zsidó (0,2%)
- 400 millió egyéb (6%) (sinto, törzsi, bahái, tao, wicca stb)
- 16% nem kötődik semmilyen valláshoz (ez kb 1,36 milliárd)

A Magyarországon bejegyzett egyházi közösségek száma: 232! Ennek könnyű utána nézni a neten. Ott van minden.

Az iszlám
(jelentése: engedelmesség, önmegadás)
Külön fejlődés történetük van. Prófétájuk Mohamed. Mohamed köreiben is ismert volt a kereszténység és maga Jézus is. Szent könyvük a Korán. Na, védik is ennek az eszméjét. Ennek a tekintélye miatt ölnek, gyilkolnak, a vélt vagy valós védelmében. Igen sok eset került nap világra például a közelmúltban Pl. a gúny rajzok miatt Párizsban ezért kiirtották a Charlie Hebdo teljes szerkesztőségét. Gúnyrajzot jelentettek meg Mohamed prófétáról.

Ma is szerte a világban szinte naponta robbantgatják fel saját magukat az öngyilkos merénylők mindezt a „Korán" védelmében. Fő elterjedési területük főleg Ázsiában van, de megtalálhatjuk őket a világ minden táján. Igen sok esetet tudnék még felsorolni ebben a témában, de főleg nem ez az írás szándéka.

A hinduizmus.
A hagyomány szerint Tamás Apostol vitte el a keresztény hitet Indiába, és alapított keresztény egyházat. Ez nem a Nyugati értelemben vett vallás, hanem általános világnézet, életmód és

rendszer volt. Ez meghatározza az egyén és a közösség életét. Fő gyakorlási módszere van, ez a meditáció.

Buddhizmus
Ázsia egyik nagy hatású, immár világvallásnak mondható bölcseleti rendszere a buddhizmus. Történetileg a hinduizmus köréből bontakozott ki. Alapítója Gautama Szidharta volt, aki egy megvilágosodott ifjú herceg volt, később a Buddha nevet vette fel. Fő működési gyakorlatuk az aszkézis, a meditáció.
    A szerzetesi életideált állítja példaképpé a követőinek.
    A tökéletes szabadság állapotát keresik.
    A buddhizmus és a kereszténység radikálisan eltérő nézeteket vall és ezt fogalmazza meg fő tanaiban.

Természetesen megvan a saját fejlődéstörténete saját bibliamagyarázata a fenti vallásoknak. Ez oly nagy anyag, hogy azt részeiben is feldolgozni nem tudom, ez szinte lehetetlen lenne, nem is ez az írás célja. Ez hozza azt is, hogy a templomi szertartásaik is jó részben eltérőek.

Egy szertartás bemutatása

Feljegyeztem egy ilyen szertatás módját. Én a naiv „istentelen" sehogy sem értem. Hát persze, hogy ez az én bajom, majd idővel meg is ver engem ezért az Úr!

Csak beszúrom itt az én ifjonti eseteim egyikét. Mondtam én akkor ilyet is meg olyat is. És mondá erre az én jóanyám (nyugodjék békében!) ... Hej meg ver az Úr egyszer majd téged.(ezt valami kemény mondásom után mondotta!). Erre én: az Úr csak úgy „szokott" verekedni. És ezt hogyan és mivel teszi. No és mikor? Jó anyám erre nem mondott semmit, csak hogy majd meg látod, ... meg látod! Mint minden embernek nekem is voltak kellemetlen helyzeteim ebben az életben. Talán ezek voltak valamelyest? Hát ezt nem tudom.

Tehát a szertartás – nem cikizni akarom, csak leírom.
3 pap az oltáron végzi a szertartást. Van ott 3 kehely, azt hol letakarják, hol leveszik a kisebb kendőt róla. Közben lengetik a füstölőket is. Közben szüntelenül mondják, kántálják a saját szövegüket. Természetesen az Úrhoz való viszonyukat, hol könyörögnek ezért, azért.
Kérik a bűnbánat feloldozását, mert csak így kerülnek az Úr jobbjára. Miért nem a baljára, nem tudom. Hol van az Úr, mert ha a jobbjára kerülnek, akkor ez valami meghatározott helyet jelent. Közben bocsásd meg a mi vétkeinket. Minden tizedik, huszadik mondat után elhangzik. De akik ott vannak a templomban azoknak mi a bűnük? Azok mind kivétel nélkül bűnösök? Van ott egy tálban apróra vágott kenyér ez legalább tízszer letakarásra kerül, és a takaró levételére. A füstölő pedig szüntelen leng. Teljesen jóhiszeműen kérdem, ez mi célt szolgál? Jó...jó. hát persze nem tudhatom, ha nem vagyok benne a liturgia tudományába.
Rendben, de akkor is mi a hatása mindennek?

Az ott lévő emberek, pedig mélyen elmélyülten hallgatják a szertartást. Bizonyára rájuk mégiscsak van valamilyen hatással ez az egész. Én elfogadom azt a tézist is, hogy az ember nemcsak a kenyéren él. De mi az a „nem kenyér"? Nekem erre megvan a magam sajátságos véleménye. Az én válaszom, hogy maga az emberi agy! Az emberi agy pedig egy nagyon különleges „szerkezet". Talán az ember leginstabilabb része, mármint működését illetően. Egy nagy méretű sejthalmaz, mely sokszor különleges dolgokra képes, sokszor pedig nagyon primitívre.

Sokszor ez az agy nem tud feldolgozni eseteket. Sok embernél ez a feldolgozás hasonló helyzetekben is lehet sokféle. Az agyba elképzelhetetlen információ van bezsúfolva (kapacitásának még így sem használja a tizedét sem), ennek ellenére mégis igen sokszor hoz rossz döntéseket. Vajon miért? A válasz lehetne igen rövid is: mert gondolkodó lénnyé vált. Ebből pedig nem jutott egyenlő mértékben minden embernek!

És így jönnek sorba a különböző konfliktus helyzetek. Csak egy példa: én sokat dolgozom, (szóval én sokat!), de ott van a Józsi, Pista, Mari, Juci közel sem annyit mint én, mégis többet keres. Ők sem többet, és nem is jobban, de akkor mégis miért...? Van kinél ez túlságosan be is vésődik az agy egy részébe. És némely agy el kezd tévelyegni. Nem tud helyre vergődni. Nem tud tisztán látni. Egy ilyen fenti eset (egy a sok közül!), mételyezi az agy tisztánlátásának a lehetőségét. Aki sok esetben kerül a fenti helyzetbe önkéntelenül is keresi a „megnyugvás pontokat". Ha kis időre is beáll a lelki béke, egy kis megnyugvás időszaka. Kell az a kis önmagam „kikapcsolása". Az ilyenkor bekövetkező önfeloldozás is. Lehet ebből a belső szuggesztív átformálódásból hamarosan újra visszatér az előző állapotba, de akkor is...

Miért van ott az első sorban a köztudottan nem tisztességes vállalkozó a legjobb ruhában? És néha még a neve is elhangzik, mert jelentős összeget adományozott? Esetleg a nem tisztességesen szerzett pénz lelki rahabilitása folyik? Itt a legtöbb ember kilép a köznapi életben megélt valóságából. És jönnek számolatlanul a felkínált megtérési ajánlatok. No de ez sincs csak úgy ingyen. Valld bűnösnek magad, akard megbánni bűneidet, és mi adjuk hozzá a keretet. Könyörgés, megbánás, irgalmazz – könyörgés, megbánás, irgalmazz! Az én nagy kérdésem: de mi van ott belül? Mit lát az egyén bűnnek, mit és azt mennyire súlyosnak. Egyáltalán emlékszik-e minden bűnnek mondott dologra?

Hallottam, amint mondják, szóval, tettel és gondolattal. Az agy egy örökké működő „szerkezet", teljesen éjszaka sem alszik. Bizony abban kavarog minden. Sokszor még a „tulajdonos" szándéka ellenére is. Ugyebár sokszor lehet olyat hallani, hogy nem tudok szabadulni a gondolattól (akármilyentől!). És mennyire tudja az egyén azt szabályozni? És akkor örökké ott lehet a gondolati vétkezés esete. Akkor minden percben képződik megbánni való gondolat?

Vajon a leghűségesebb vallásos ember mentesül az ilyen gondolatok megszületésétől? Avagy minden percben születik ilyen, és máris van mit megbánni – bűntudatot tartani, könyörögni – irgalmat kérni?

De hát a templomban az ige jobbára a bűnösökről szól. Ha ott vagyok vádolnak. S ha nem megyek be, honnan tudom tetteim súlyát, mi az ami bűnbánatot „követel"? Jó, nem öltem embert, akkor hol a cselekedeteim súlyának mértéke? Lásd korábban Al Capone esetét. Ha jól tudom a bűneim elvételének a módja az imádkozás. Csak zárójelben – ha úgyis tud mindent az Úr akkor én miért soroljam magam bűneit (azt a kis semmi eseteket) és kérjem a bűnbocsánatot. Ha valami megtörtént, azt már úgysem lehet semmissé tenni. Az életben millió olyan eset van, amikor valamit nem jól teszünk. És ekkor nem is lehet egyebet mondani, hogy bocsánat. Avagy bocsánat nem így akartam, gondoltam. Az esetek többségében ilyenért (gondolom én) nem kell bemenni a templomba.

Oly sok szerencsétlen sorsú, szegény ember van az én olvasatimban, azt is az Úr „csinálta"? Szóval ez az előbbi ember bemegy a templomba, mit tud kapni?

Tudom... tudom jó szót, azt is tudom, hogy az is „valami"! Az ide vonatkozó tétel, hogy higgyél az Úrban és minden jóra fordul. Ez az agy legnagyobb csapdája! Hány embernek fordult meg gyökeresen az élete, mert szórta a keresztet magára? No de mi van a folyamatossággal? Aki vallásos azok jó része egész életén át az. És jönnek a bajok nyakra főre???

Ez az előbb említett nagy agyi tévedés, az átverésének a kérdése. Ismeretes, hogy nagy emberi bajok beköszönte után sokan itt próbálnak ments várat keresni. A hirtelen jött Úrhoz fordulás hány embert mentett meg a biztos haláltól (előre haladott rák, és egyebek). Bizonyára az én ismereteim szűkössége miatt, én egyet sem ismerek. Hát van persze néhány megmenekülés a halál elől, amikor az a nagy baj gyógyítható (nem sok). Írjam a magam esetét? Világossejtes, rossz indulatú veserák! Ez van a papíron azóta is! Jól hangzik ugye? De ez olyan fajtájú volt, hogy kialakult a vesén egy góc, amit Flaskó tanárúr szétszóródás mentesen kivett. És azóta nyoma sincs az egésznek. Akkor most kinek hálálkodjak?

Az én magán véleményem, hogy sok esetében egy jó pszichológus többet tud segíteni, mint a...(nem írom le!)
Ez a vallás téma előttem egy önámítás. Én jó (hűséges, odaadó, hithű...) gyermeke vagyok az Úrnak, ő majd megoldja minden gondomat bajomat. Aki kiveti magából az önmagam ura vagyok gondolatot, annak ez a jó megoldás.
Egyet nem tagadok, hogy igaz. Hallottam egy emberről amint mondotta vala: Ha bemegyek a templomba én úgy megnyugszok. Ezt el is hiszem. A környezet, a nagy csend, talán egyfajta biztonság. Sok embernek ez is számit. Jó...jó de onnan ki is kell majd jönni...

A biblia

Egyszer már megtettem, hogy átolvastam a bibliát – próbáltam megérteni, akkor nem sikerült. Akkor és most is a tárgyi világ értése, átlátása alapján tudom szemlélni ezt a meglévő világot. Nekem a zöld az zöld (ezen is lehetne vitatkozni többféle formában), de akkor is zöld. A kétszer kettő pedig (sok mű született e témában (film-Zenthe Ferenccel és Ferrari Violettával, vers Radnóti: „a kétszerkettő józansága hull rám") nekem még mindig négy!

Próbáljuk hát átnézni a bibliát, az én szemüvegemen át.
Jó. A fentieket én mondom, de mit mond saját magáról a hittan?
Én végig olvastam a bibliát, ó-szövetség 1027 oldal, új-szövetség 356 oldal. Aki ezt ugyanúgy megteszi, az előtt én megemelem s kalapom. Általában nem járok kalapban – hát akkor szimbolikusan. Én kivonom magam a súlyos megjegyzés terhe alól, ha azt írom, hogy több volt amit nem értettem, mint amit megértettem. Fogjuk rá, hogy ez az én hibám. Avagy tovább ragozva a kérdést,

nem vagyok eléggé képzett ehhez a témához. Én még ezt is elhiszem. Egy közeli hozzá tartozómnak feltettem egy kérdést.
Ugyebár lesz a feltámadás – igen lesz bizony.
És mikor lesz az – azt még nem lehet tudni.
És mindenki felfog támadni majd akkor? – Igen, fel fog.
És mindenki a saját fizikai valójában mint halála előtt volt? – Igen úgy.
És mindenik a saját halála előtti házában? – Hát... talán.
És ki fog ezeknek enni adni, mert leszünk ám borzasztó sokan? – ???????
És hol fognak ezek este nyugovóra térni (egy házban akár több generáció is élhetett) lehet el sem férnek ott? _ hát ezt én nem tudom.
Volt még egynéhány hasonló kérdés – a másik oldalon teljes tanácstalanság.
Talán ezeket olyantól kellene megkérdeznem, aki ebben a témában teljesen képzett, kompetens a válasz megadására.

És itt véget ért a beszélgetésünk, nem akartam a „válaszolót" teljesen zavarba hozni – pedig Ő volt a (ma is!) teljesen vallásos, ezt az életet élő ember.
Még azt szerettem volna megkérdezni, hogyan vagy Te a teljesen „hithű muzulmán", hogy nem tudod a körülötted lévő világnak a legfontosabb kérdéseit megválaszolni? Amit mondanak (a gyülekezetben – ahova jár), az van és az teljesen el van fogadva, minden gondolkodás nélkül? Erre már nem került sor. A lényeg előttem mindenképp „ki lett mondva".
A vallásos embernek az teljesen eretnek dolog, – gondolom – hogy olvastam Leo Taxil Szórakoztató Bibliáját is.
Persze van a bibliának tetemes elfogadható része is. Józsué nemzé Izsákot, amióta világ a világ nem tudnám, hogy ez valaha is másképp lett volna. Csak ezt nem tudtam, hogy a sok olvasott esethez miért kellett legtöbbször földöntúli segítség.

Menjünk sorjába – vala a teremtés. A világ – az Univerzum (ma már eléggé bizonyított módon 14.6 milliárd évvel ezelőtt kezdett kialakulni. A Föld (a Naprendszerrel együtt) kb. 4.6 milliárd évvel ezelőtt kezdett kialakulni. A földi biológiai élet kb. 3.8 milliárd évvel ezelőtt jelent meg a Földön. (legelemibb egy sejtűek) Kőzetekben zárt fosszíliák vizsgálatából a tudósok erre következtettek.

Vízgőzből és gázokból elektromos kisülések hatására több szerves molekula is keletkezhetett, így jött létre az óceánokban az „ősleves". Bár a mai tudósok azt sem zárják ki, hogy valamilyen meteor becsapódása útján jött létre az élet a földön.

A MIT, a Harvardi, oxfordi, Cambridgi egyetem kutatói a világ több mint 3600 emberének modern és ősi genomjából származó adatai alapján készítették a családfát, amit mindenki genealógiájának neveznek.

Fajunk Afrikában alakult ki, kb, 150 000 évvel ezelőtt és innen terjedt el szerte a világon. Ezek az őseink akár 1 millió évvel ezelőtt is élhettek. A mai becslés szerint az Afrikából való kivándorlás úgy 72 000 évvel ezelőtt történt.

Itt megindultak a több fajta találgatások, hogy nem ez volt az őshaza. Arra is vannak tudományos magyarázatok, hogy a neandervölgyi ős ember egy másfajta kialakuló emberi faj képviselője volt.

Vissza az Úrhoz. Bizony sokáig kellet néki unatkozni, ameddig emberi lényekkel kellett volna törődnie. Ha azt nézem, hogy mikor kezdett emberi tudattal létezni a mai ember – hát az úgy 100 000 évvel ezelőtt lehetett.

A feltételezett 14.6 milliárd évből levonva ezt a 100 000-et, hát bizony volt unatkozni való – persze a naprendszer vonatkozásában. Tudom, létezik még az Univerzum is!

Az Univerzumban csupa por és gáz volt – durván 10 milliárd évig, amire kezdett valami világrendszer kialakulni. Számomra ez bizony piszok unalmas idő lehetett volna.

Miután az Úr elég sokat unatkozott, hát elhatározta, hogy teremteni fog. Mint mindenható elintézhette volna egyetlen mozdulattal, de Ő beosztotta ezt 6 napra. De mivel évmilliárdok alatt teljes sötétségben volt, tehát mondta, hogy „legyen világosság". (Vajon kinek mondta – mert hisz így van írva?) „És lőn világosság". „És látá Isten, hogy jó a világosság". Mint mindenható ezt nem tudta volna előre? Ezután első gondja az volt, hogy „elválassza a világosságot a sötétségtől". Miért – ez nem volt automatikus a Föld forgása által? „És nevezé Isten a világosságot nappalnak és sötétséget nevezé éjszakának, és lőn este és lőn reggel" (Mózes első könyve 1 4-5). De hogy kinek vagy minek kellett is bármit is nevezgetni? De hát a biblia a hívők szent könyve, és ők ezt így hiszik!

De, hogy is van? A mai emberek minden kritika nélkül elfogadják, hiszik mindezeket. Holott ezeknek mindnek térben és időben kellett történnie. Akkor még napok (ezek a csillagok), bolygók és mások még nem is léteztek. A napok teremtési tennivalóit nem sorolom fel, azok úgy jöttek egymás után, vizek és a földek elkülönültek, hogy hajtson füvet a szárazföld stb...

És lőn világosság, de hogyan? Akkor még nem voltak csillagok, melyek fényt adhattak volna. Majd később gondolta hogy teremti a Napot nappalra, és a Holdat éjszakára. Ebbe most ne menjünk bele, hogyan is működött a nappali és az éjszakai fényosztás. „És helyezte Isten azokat az ég mennyezetére, hogy világítsanak a Földre". De mi van a Naprendszer többi „résztvevőivel", no meg az Univerzum többi csillagaival? Tudom ... tudom, hogy amikor a Biblia íródott, akkor még a csillagászati ismeretek szinte nem is léteztek

Talán már itt akár meg is állhatnánk?

Ugyebár a fentieket (és másokat is) Isten lelke sugallta Mózesnak. Hogy mennyire volt pontos (esetleg tárgyszerű) a közlés nem tudni. Ha pontos is volt, abból mit értett meg Mózes? De hogy majd a későbbiek folyamán látni fogjuk – a Biblia a „tévedések vígjátéka"! Az úgy javarészt az emberi értelem alapján értelmezhetetlen egyszerűen sok értelemben felfoghatatlan.

Avagy a biblia egyes emberek tudattalan alkotása? No de ha számomra értelmezhetetlen, akkor hogyan fogadjam el azt szentírásnak? Imádjak valamit amit az annak követeli, vagy csak ajánlja mindegy, ha nem tudom konkrétan és egyértelműen, mit is kellene? Ha nem látom annak valóságos tartalmát, akkor minek kezeljem?

A templomokba állandóan ezt olvassák fel, az ott lévők áhítattal hallgatják, és hiszik az abból felolvasottakat. Mert, ha nem hinnék ugyebár minek mennének oda? Avagy önként és tudatosan teszem ki magam ilyen önámításnak? Eszembe sem jut az elhangzottak valóság tartalmának a vizsgálata? Amit mondanak vakon hiszem. Avagy hiszem a hihetetlent? Én tudok erre saját meghatározást írni, de majd később.

A Biblia az én megítélésem szerint ellentmond a fizikának, a csillagászatnak, de még az emberi pszichológiának is. Mindez mellékes? Itt jutunk el az emberi agy lényegének a megismeréséhez.

Egy kutyát, ha oldalba vágnak, az elrohan onnan. Megjegyzi azt a helyet, no meg az elkövetőt is, és többé arra nem megy (avagy nagyon sokáig). Ez sem egyszerű, de ezt most ne ragozzuk tovább.

Az ember? Itt már érdekessé kezd válni a téma. Ha „érdekem, hogy ne fájjon", akkor vicsorgok, és úgy teszek, úgy élem meg, hogy nem fáj. Az ember tud ilyet. Ha érdeke fűződik hozzá, még vissza is megy arra a helyre! Ad abszurdum, még méltatni is képes a megverőt Ilyen az ember. No tartsunk mértéket – és mondjuk, hogy sok esetben!

De vissza a Bibliához. Az meg sohasem merült fel – legalább is én nem tudok róla – hogy ezt az írást egyfajta zsinórmértéknek tekintsék, avagy egyfajta elv gyűjteménynek. Elismerve annak számtalan lehetetlenségét. Avagy egyfajta eszmeforrásnak tekintsék. Ez esetben kivédhető lenne az abban foglalt számtalan abnormalitás. Nem . nem az sérthetetlen!

Megfigyeltem hosszú évek alatt, ha én valakivel szemben kifejeztem értetlenségemet, akkor én voltam a dolgokat át nem látó, sőt ebben a körben tájékozatlannak titulált ember. Pedig én sokszor „csak kérdeztem". Ezen fenti emberek szemében amit az Úr mondott az szent és sérthetetlen.

De sokszor elmondtam már – most is itt a helye: ha valaki létezne aki elmondaná a biblia lényegét az egészet aprólékosan, hogy azt én is valóságnak higgyem el, és tudatosan éljem meg – másnaptól én leszek aki a templomok első soraiban foglal helyet. Ezt még ma is tartom!

De valahogy a fizikai képtelenségeket, az ember pszichés anomáliákat le kellene magamban győzni. E nélkül üljek ott és agyamban az elhangzottak teljes mássága forog folyamatosan?

Tudom ... tudom a lélek megnyugvása. Oké, ezekkel a szavakkal, „tényekkel"? Az agyi túlterheltség szüksége megkívánja számos esetben a csendes magába fordulás, elmélyülés szükségességét. Sok ember úgy véli itt (már mint a templomban) kapja meg ezt a lelki kiengesztelődést.

Talán annak ellenére, hogy konkrétan ott mit hall. Kétségtelen, hogy a templomok miliője kivált bizonyos, „itt jó helyen vagyok" szindrómát. A templom méreténél, kialakításánál, belső kialakításánál fogva felkínálja sok embernek a menekülés érzetét. A történelmi korokban számtalan esetben ide menekültek a lakosok bizonyos veszélyek elől. Az is ehhez tartozik, hogy nem mindenben teljesült ez a védelmi funkció.

Hogy ott benn, liturgia alatt mi hangzik el? Sok minden!

Majd a túlvilágon milyen jó lesz. A rossz elnyeri méltó büntetését, én pedig elnyerem a lelki üdvösség állapotát. Csak úgy megkérdezem, hogy a mise alatt létezik egyetlen hívő is aki magát nem a jók táborába sorolja? Újra csak utalok Al Capone esetére – ő sem rossznak tartotta magát!

Az emberi agy tehát egy nagyon képlékeny „valami" – állapítsuk meg újból.

Vissza Mózeshez!

Persze, hogyan is tudhatott volna valamit is az Univerzumról? Bár az Úr súgta neki az írnivalókat. Tudott-e írni Mózes? (Krisztus előtt 16. század – Krisztus előtt 14. század Alsó-Egyiptom.) Jó, ... tudott írni, de hogy mikor született azt elfelejtette leírni.

Szóval Mózes írásaiban leírja az akkori világ, teremtés utáni megjelenését. Természetesen sok-sok tévedéssel. Pl. a folyók egyáltalán nem ott vannak ahol leírja. A hegyek sem! Az a tér amelyet megnevez majdhogynem egészen másképp festett akkor is, ma is.

De nekünk ez már fel sem tűnik.

Majd elkészült Ádám, majd belőle egy borda kivételével elkészült Éva. Miért nem gyúrt egy másik földcsomót, mint Ádámnál? Sár-gyúrmázhatott volna még egyet, és nem kellett volna Ádámot megcsonkítania. Avagy mindenható suhint egyet és már kész is van Éva. Hát ez az én földhöz ragadt gondolkodás módom!

Mindegy – folyik az ihaj-csuhaj jó élet a paradicsomban (még ma is oda kívánkozunk), amikor megjelenik a kígyó. Ez a kígyó az ördög képében jelent meg. Hogy miért nem csapta agyon az Úr az elsők között a saját konkurenciáját?

És ez a kígyó megszólalt Éva nyelvén – tudott így!! Bizonyára héber kígyó volt.

A biblia tartalmaz még egyéb pajzán utalást is Éva és a kígyó között, de most ne menjünk el ebbe az irányba. Tessék bibliát olvasni!

Szóval jött a kígyó, vagyis hát csúszott-mászott. Megkísértette Évát, az meg ráállt a kísértésre. Leszakajtotta az almát, és oda adta Ádámnak – az meg beleharapott – és már készen is volt a baj. Mivelhogy az Úr épp ennek a fának a termését tiltotta megkóstolni. Hogy erre mi okból volt szükség. Mikor ott volt a kert összes gyönyörű gyümölcsfája. No de ha az Úr mindenható, (mert ugyebár az) eleleve tudta, hogy mi fog bekövetkezni, vagyis szándékosan tette az embert földönfutóvá?

Ennek a kiűzetésnek (mármint a paradicsomból) van jó sok leirata a bibliában. Szinte az egész egy értelmetlen szöveg. Csak Mózes könyvét kellene idéznem.

Persze először a kígyó és Éva eszmefuttatást végeznek az alma leszakítása, avagy nem leszakítása tárgyában.

Újabban vannak olyan biblia magyarázók, akik ezt a társalgást hihetetlennek vélik. Nocsak néha felbukkan némi józan ész is? De azért az alaphelyzet mégis megmaradt, olyan formán, hogy az ördög bújt meg a kígyóban. Szerintem ez még rosszabb fordulat, mint ördög nélkül.

Mert akkor az Úr megteremté magát a kígyót is? Megteremté a maga ellenségét is? Egyre bonyolultabb! És ezt tanítják mindenfelé mint a kiűzetés alap helyzetét. Hogy a mai ember örökké átkozza az ős szüleit a földön lévő összes rossz miatt. Bezzeg, ha a paradicsomban maradhattunk volna? Végül mégis az Úrhoz pattan vissza a labda. Vagy nem teremtette volna a kígyót (benne az ördögöt), avagy nem tette volna tiltottá azt a bizonyos fát?

A mai írások szerint sehol sem szerepel, hogy Lucifer (az ördög) fellázadt volna az Isten ellen, de Mihály arkangyal legyőzte őt. Ott áll a szobra Veszprémben a Tűztorony előtt! No megint az én gyarló gondolkodásom. Miért riogatják mégis a mai korok embereit magával az ördöggel – mert, hogy az legyőzetett Mihály által?

Azt sem értem, hogy a mai hitszónokok miért nem alakították át ezt a fenti témakört mai, sokkal elfogadhatóbb formában. Jó, ez sem az én dolgom.

Az Úr pedig kiosztotta a maga büntetés nemeit a renitensekre, a tiltott fáról való evés miatt. Mindenki magkapta a magáét.

A kígyónak: „csúszó-mászó légy láb nélkül (eddig ugyan milyen volt??) és edd a föld porát" –így vagyon írva! Azóta a kígyók port esznek?

Évának mondotta: figyelem, mint eddig is, most is pontos idézetek vannak ide írva ezen sorok közlésekor. „Felette igen megsokasítom viselőséged fájdalmát, fájdalommal szülsz magzatokat, és epekedel a te férjed után, ő pedig uralkodik te rajtad" (3, 16). Ekkora marhaságot, ugyan mit is mond ez így egyben? Addig (ha lehet hinni a teremtés történetnek), szülés, mint olyan addig nem is volt az akkori Földön! Szegény Éva azt sem tudhatta, hogy minek néz elébe.

Ádámnak: „átkozott legyen a Föld te miattad, fáradságos munkával élj belőle életednek minden napjaiban. Töviset és bogáncs kórót teremjen teneked, és egyed a mezőnek füvét. Orcád verítékével egyed a te kenyeredet (hol volt akkor még a kenyér sütés??), míglen visszatérsz a földbe, mert abból vétettél, mert por vagy te s ismét porrá leszel" (3, 17-19). Ő is megkapta a magáét.

Az ezeket író valaki, (egy akkor próféta?) egyrészt tudattalansága, másrészt marhaságai miatt, hogyan lehetett próféta?

És még ezeket hiszik ma is az emberek milliói. És még komolyan is hiszik.

Az Úr tehát jól megbüntette az elkövető hármast – a kígyót, Évát, és Ádámot. Vagyis az ők elkövetett bűneik miatt nehéz az életük a Föld millió és millió lakosának. Az Úr pedig jót mosolyog, mert ugyebár ő idézte elő mindezt??!!

Bár rossz volt az akkori emlékező tehetsége, mert előzetesen az almából való vétkes evést a halállal való lakozás beteljesüléséhez kötötte. És mégis itt vagyunk a földön, és úgy ahogy elvagyunk. Ha eszel az almából – meghalsz! Kíváncsi lennék arra az esetre, ha Éva és Ádám nem eszik a tiltott gyümölcsből?

De ettek – és mégis itt vagyunk?

He nem esznek akkor hallhatatlanok lettek volna (így van írva!)? Azóta a bolygón hányan lennénk ma, és mit csinálnánk, mert az édenkert kiterjedt volna az egész földkerekségre? Csak a fű, fa, vagy az állat öregedett volna meg, és pusztult volna el, de Ádám és Éva nem, és akkor mi sem?

De menjünk tovább. Érdekesek a biblia további történetei is: ez nemzé azt, az meg nemzé ezt. Bizonyára a vérfertőzés abban a korai korokban ismeretlen volt. Csak ma hoz létre (a legtöbbször) abnormális egyedet?

Ádám 130 éves volt amikor Séth született. Jó strapa bíró „gyerek" lehetett. Persze akit az Úr saját kezűleg gyúrt össze a felkapott sárból! És ezen új gyerek születése után még 800 évig élt. (ki nem hiszi járjon utána én is az „írásból" vettem!

Ez a Séth viszont 912 évig élt. Semmi öregkori látás gyengülés, nagyot hallás, derék fájás!

Talán, ha a templomban lévők ezeket hallják (mint a biblia igéje) komoly csodálattal adóznak a régiek felé. A szent biblia szavait csak nem vonják kétségbe?

Methusélák 187 éves korig önmegtartózkodásban élt, de azután bele húzott és képes volt még élni782 évet, és bizonyságot adni férfiúi erejéről. Nekem a fele is sok lenne!. Ha a hívők ezt hallják és kibírják röhögés nélkül??

S a fentiek le vannak írva mind Mózes könyvében. Gyanítom, hogy a mai szent misék témájában ilyenek nem hangoznak ma már el.

Hogy azóta nem volt egy teológus, vagy akárki, aki nem akarta volna az egész bibliát egy kissé modernizálni – átírni?? Mert a bibliában a fentiek mind benne vannak a mai napig.

Persze voltak azért teológusok, akik átvizsgálták az évek számának a valódiságát és mindenképpen 12 hónapos év jött ki.

A maiak sem engednek abból, hogy a biblia Isteni mű, a szentlélek közvetlen sugalmazására íródott, minden szava merő igazság, a legtökéletesebb színtiszta igazság. A kígyó megrontja Évát. Van olyan olvasat is, hogy ténylegesen is. És 135 évesen nemzé, meg ilyenek! És továbbra is, és azóta is ott ülnek a templomban és hiszik az összes … nem írom le!

A mai hittudósok, papok és mások is, nem engednek a 48-ból. Persze, ő dolguk. No itt elindulhatna az agyunk, hogy a fentiek is a mai korban élnek, és nem hiszik a sok sületlenséget, de ha nekik ezt kell mondani??

Több ezer éves vallás az alapjaiban nem omolhat össze. Amúgy ez a vallás teremtett számos világhírű alkotást, mármint rendelte meg az alkotóktól. Építészet, festészet, irodalom stb.

Több helyen olvasható, hogy az Isten haragra gerjedt, ezért ezt tette, meg azt tette. De bennem csak mindig az merül fel, hogy ha mindenható akkor miért nem előzi meg a bajt, minthogy utólag „haragra gerjed"?

Olvasom a bibliában (a Károli Gáspár féle 1896-ban kiadott 2,9 kilós – megmértem – könyvben).

VI.5. „És látá az Úr, hogy az embereknek gonoszságok sok volna a földön és az ő szívüknek minden indulatja és gondolatja szüntelen csak gonosz volna" Én máris válaszolnám, ha akkor élek, látod öreg mit alkottál, avagy mégsem vagy mindenható?

VI.6. „Megbána ezért az Úr, hogy az embert teremtette volna a földön és az ő szívében bánkódik azon". Mint egy szerencsétlen mai ember a földi adottságok közepette, bánkódik a saját sorsán? Ez lenne az én Istenem?

VI.7. „És monda az Úr: Eltörlöm az embert, akit teremtettem a földnek színéről …mert bánom, hogy azokat teremtettem". Nocsak itt tartunk, vissza a babaruhát?

És jött az özönvíz. Ez is felemásra sikeredett. Noé megmaradt és tovább szaporodott. Akkor ez egy teljesen új emberi kezdet? Innen számolva lett maga az emberiség? Elődök eltakarítva (a bűnösök) és jött az új generáció?

Sehogy sem fér a fejembe, hogy miért kellett az özönvíz, ha az élet folytatásához szükséges minden kellék megmaradt a hajón. Az oroszlán nem ette meg a zergét – a maláriás szúnyog nem csípte meg Noé családját, no meg az ottlévő állatokat sem. Ha el akarta pusztítani a földet az Úr, akkor miért rakatott Noéval a hajójába „mindenből kettőt"? Kíváncsi lennék, hogyan zajlott az élet ezen a hajón 40 napig? Takarmányozás, takarítás, kommunikáció meg egyebek.

Mondjuk, ha a bepakolt faj bármelyik fele is elpusztul ott, az a faj kihalt volna?

Kin is akart volna az Úr végül bosszút állni?

Az Úr nagyon is földi, vagyis nagyon emberi jegyeket kezdett mutatni.

Hogy ne unatkozzék (pedig volt már elég gondja baja a földdel) teremtette maga köré az angyalokat. Stabil embereket nem sikerült, angyalokat igen. Ennek az esetnek a történetét is le tudnám írni. De ez a biblia 1027... oldalból áll, és még van szemezgetni való bőven. Menjünk tovább mert az általános összefüggéseket keresem egyébként is. No meg azt, hogy ez a témakör (a vallás) milyen helyet foglal el az emberek agyában.

Szóval ez a legszebb angyal, akit hívának Lucifernek, csúnya dolgot művelt. Aki szeretné tudni mit, az olvassa el a bibliát. Ezért őt száműzték a pokolba. Álljunk csak megy gyorsan – ekkor már volt a pokol, és nem Lucifer volt az első főnök abban? Erről a biblia (elolvastam!) nem szól! Amúgy ez a tudat, hogy van pokol a klérus minden tagjának fontos lehetett, volt mivel riogatni szegény hívőket.

Ha nem vagytok tökéletes hívő emberek, no meg ha még elkövettek kisebb-nagyobb bűnöket – irány a pokol! És ott mi vár rátok? Jaj erről még beszélni is szörnyűséges!

Ennek is volt többféle változata: kénköves pokol, forró olajban főzés, meg ehhez hasonló emeletes marhaságok. Igen.igen még ma is vannak akik hisznek ennek a létezésében.

Van egy pajzán vonulata is a bibliának. Ez Enékh könyvéből derül ki Hogyan járnak le az angyalok a földre és hogyan választanak párt az emberek legszebb lányai közül. Nahát ilyet! Ezt lehet?? És aki nem volt eléggé szép az csak földi emberrel volt kénytelen szeretkezni, nem pedig angyallal – no ezt már én teszem hozzá.

Hogy is van ez? Az angyalok végül is „földi formájú" angyalok? Milyen érdekes, hogy (most néztem utána) a nép nyelvben van olyan hely, ahol a krumplinudlit angyalbögyörőnek hívják! Valaha mégis lejártak aprócska angyalok a földre – a krumplinudli méretéből kiindulva. Ennek az aktusnak a sikerességi magyarázata nem az én kompetenciám.

És megint jött az Úr beavatkozása, az angyalokat eunuchokká változtatta. Hú, de mozgalmas ez az égi világ! Fuccs a rendszeres földi kéjelgéseknek! Nem világ fejlődés történet, de ezeket megint a biblia tartalmazza! Az angyaloknak három fokozata van (hú – de bonyolult!). I. Gergely pápa egyszerűen ebbe sorolta őket. Érdemes elolvasni. Különben ez a Gergely milyen alapon avatkozott bele az Úr dolgába?

Már sokadik ismétlés, hogyan is lehet mindezeket kritika nélkül elfogadni?

Hogy van az Úr Isten, azt valahogy a híveknek bizonygatni kellett, de így?

Bizony van még tovább!

Az Úr látá, hogy míly gonoszak az emberek (mondjuk, ha jónak teremtette volna őket?) és haragra gerjedt (nem először!), mint a halandó emberek. Eldöntötte, hogy elpusztítja őket (tudom erről már írtam, de ez más kontextus lesz).

„Noé igaz, tökéletes férfiú vala a vele egykorúak között. (G 9). A Jó Isten ellátogatott hozzá (én beszúrásom: honnan, hová?), hogy figyelmeztesse a katasztrófára, amelyet tervezett – nem ott termett, avagy föntről leszólt. (Szakmai megbeszélés)

Az „Isten saját kezűleg zárta be a bárka ajtaját" (7, 16) Ha én jól gondolom, hogy ehhez fizikai erő is kellett, ezt pedig izomerő nélkül lehetetlen, avagy elővette egyre ritkábban gyakorlott mindenhatóságát, és bevágta azt az ajtót.

És elpusztula minden mint azt előbb írám.

Egyébként ez az Úr nem egy „stabil gyerek". Elgondol valamit, majd visszavonja. Haragra gerjed, majd ugyan ebben a témában megbékél. Eddig sem értettem sokat, ez legfeljebb eggyel nő. Ide látogat, majd oda (pl. Ábrahámhoz), egyezkedik erről, arról. Ezt ígér, azt ígér!

Akkor, hogy is van ez? Aki kételkedik, olvassa el ezen részeket. Elrendeli a férfiak körülmetélését, mert ez lesz a szövetségük jele. No ne mán!

Én bizony nézek sok vallási műsort is (pl. Püspökkenyér és ehhez hasonlók) – tájékozottnak kell lenni. Ők hiszik a Messiást, de engem még nem tudtak számomra elfogadható módon meggyőzni erről.

Ja, ők is képviselnek valami hatalmi ágat (melyből megélnek), nekik ez az eszme hirdetése úgymond kötelező!

Persze ezen a szinten már nem kerül szóba (a műsorban) a fentebb írt sületlenségek áradata. Ott már mindenben a finomított változat kerül a nézők elé, de a lényeg az mind marad!

Persze ezer szállal kötődnek az emberek mindennapi életéhez (esküvő, temetés, iskolai oktatás, stb...) Jelentős a karitatív tevékenységük is. Ott vannak a világ szinte minden katasztrófájának a kezelésében.

Most jutott eszembe (talán máskor nem biztos, hogy előjött volna) édesanyám temetése. A mama – élete vége felé évekig járt templomba – így temetése egyértelműen egyházi jellegű volt. Nagyon emlékszem a búcsúztató pap beszédére. Így az Úr, meg úgy az Úr. Dicsőítés, fenyegetés, a földi ember minden ebbéli megítélése stb... Megszámoltam, hogy beszédében négyszer – mondom négyszer – hangzott el a Zsuzsanna testvér neve (csak így!) De, hogy mikor született, vannak-e gyerekei, férje, mit csinált életében – semmi! Hát erről ennyit!

Akkor – ha már családi jellegű említést tettem, egy másik eset. Nem önéletrajzot kívánok semmiképp írni!

Mi a helyzet a jó apámmal? No ő nem volt vallásos. Több esetet is elmesélt a papokkal – no meg a vallással kapcsolatban is. Egyszer egy uradalmi tanyán járt, nem ott dolgozott csak ott járt. Beszélt egy koldus szerű szegény emberrel. Ez az ember ezen a papi birtokon dolgozott. Éhes volt, és jó apámat kérdezte, nem-e tudna adni neki valami harapnivalót. Jó apám mondá neki (ha már bibliai történeteket mesélek), de hisz itt dolgozik a tehén istállóban, igyon egy csomó tejet. A válasz: azt nem lehet, a múltkor ittam, észrevették, és nagyon megvertek. Igen a papoknál szolgált. Valószínű, hogy ilyen máshol is előfordult, ja, de azok nem a papok voltak! Ha az életszerűséget vizsgálom, akkor az sem valószínű, hogy minden papi birtokon ilyen volt az élet.

Ha már a családiasságnál tartunk: én jártam hittanra – ekkor 1955-öt irtunk. Ez nagyanyám kérése volt. Talán még a kommunizmus sem dühöngött annyira akkor. Én még délelőtt-délután jártam iskolába. Egyik héten 8 – 12 között, másik héten 13 – 17 között. Szóval jártam hittanra, az osztályból hatan-nyolcan. De mi ezért tizenkettőre érkeztünk az iskolába, az egy órás hittan miatt. Persze a többiek e közben a folyosón gyülekeztek. És hogyan? Erősen zajongva! A pap egyszer kiszólt, hogy csend legyen! Kissé az lett, de a zaj egyre csak erősödött, hogy jövögettek a 13 órás kezdésre a többiek. Megint kiszól, már nagyobb hanggal – megint kissé csendesedett a kinti csapat. De egy óra felé már itt volt mindenki, a zaj meg a tetőfokán.

Ekkor a pap kirohant és úgy elpáholta őket, amelyiket elért, (már az Úr nevében!), hogy jajgattak utána! Vajon csodálkozni kell-e azon, hogy én ilyeneket írok most? Később fogom a nagy összefoglalót írni ebben a témában, de most csak ennyi! Én nem vallás ellenességet szítok, az eddig leírtak mind konkrét tényeken alapulnak. Az idézetek a biblia szószerinti kimásolásai. Egyszer-kétszer sajnos (bánom már egy kissé) beszóltam jó anyámnak, úgy 20 éves korom táján, az Úrral kapcsolatban, és mondta vala, hogy az Úr megfog verni ezért egyszer (mármint a mondottak miatt). Én szintén válaszoltam, vagyis kérdeztem: Ő ilyen verekedős??

Vissza Ábrahámhoz.

- monda az Úr: „ha találok Szodomában a városon belül ötven igazat, mind az egésznek megkegyelmezek" (keresnie kellett mert fejből nem tudta)

- És feleli Ábrahám és mondá: immár merészkedem mondani az én Úramnak, noha én por és hamu vagyok: ha ötven igaznak talán öt híja lesz, elveszted-é az öt miatt az egész várost? Nem vesztem el, ha találok
- ott negyvenötöt. Mint a piacon – egyezkednek! És látta Ábrahám, hogy kihez beszél, vagy valamiféle hangot hallott? Milyen nyelven... de ezt hagyjuk. Egyezkedni általában szemtől szemben szoktak. De még nincs vége. A társalgás ugyanilyen hangnemben folytatódik (29 – 32 vers) Ábrahám igyekezett újabb eredményeket kicsikarni: a kívánt negyvenöt igazról negyvenre, majd harmincra, végül húszra térnek át. De végül tíz igaznál már nem adja alább a Jó Isten. Ez az utolsó szava.
- És elméne az Úr, minek utána elvégezte Ábrahámmal való beszélgetését. Jól kivitázták magukat.
- No meg akkor ki is az az „igaz"? Mi erre a definíció? Ha csak tíz igaz van abban a városban, a többi gonosz, akkor mi légyen?
- Csak ide kívánkozik még egy eset, mert ez átmutat a mába. Lót családjáról van szó. (Mózes első könyve 14 és 18-19 rész. Csak úgy szabadon írom, nem a biblia sorai szerint. Megjelentek az angyalok Lót családjánál és közölték: öszszepakolni mindent és ki a városból! „Mert a város kiáltása nagyra nőtt az Úr előtt, és az Úr küldött minket (ítélet végrehajtók?), hogy elveszítsük ezt". Mivel késlekedtek az angyalok megfogták az ő kezeiket, és kivezették őket a városból. Az Úr irántuk való irgalmából eredően ezeket megkívánta menteni. (A kiváltságosok! vagyis az Úr szeme előtt való jók!) Az angyal figyelmeztette őket, hogy hátra ne nézzenek. „És bocsáta az Úr Szodomára és Gomorrára kénköves és tüzes esőt az égből". A kis rendetlenkedőkre, akik nem tudták az illemet.
- Annyi, de annyi esetet írtam már le eddig, mi lehet még érdekes? Jó... Lót felesége hátra nézett és sóbálvánnyá változott. Honnan lett ott só – ez nem volt szép tőlem! De hogy a mellette menő férjének nem lett semmi baja az viszont érdekelne hogyan lehetett. Nem is ez a lényeges – egy hihetetlen esettel több és akkor?

- Viszont magam láttam a Tv-ben egy olyan műsort, ahol komoly teológusok magyarázták el úgymond a mai kornak megfelelően az esetet. Megpróbálták teljesen „érthetően" lefesteni az ottani esetet. Megpróbálták az eset egy részét történeti oldalról megközelíteni. Tudományos alapon levezetni. Kitört egy tűzhányó, az borította be a környéket. Kissé benne volt ebben az Úr haragja is, meg a természeti jelenség is. Jó sok értelmezhetetlen tényről hallgattak. Pl. Lót felesége amint hátra fordult, olyan fényhatás érte a szemét, hogy elvesztette a látását. Próbálták megfelelő múltbeli korba helyezni az esetet, fizikai hatásokkal magyarázni az ezeket, vagyis a mai korra átültetni, vagyis elfogadhatóvá tenni. És a biblia szövege a sóbálványság?
- Lehet, ha konkrét kérdést tettem volna fel e kérdésben – bizonyára van mai kornak megfelelő válasz. No meg az is jó segítség lenne ilyen esetben, hogy az akkori emberek nem kellően figyeltek meg az egyes dolgokat. Kevés ismeretük volt bizonyos kérdésekben – meg ehhez hasonló. Amúgy ezek mind igazak, csak némely esetben a megfogalmazás nem pontos, de a leírt ige az szent!

Van egy saját elméletem is: hogy a nagyon régi korok próféta jelöltjei próbáltak nagy okosságokat megfogalmazni. És ezen „szövegelések" közé bekeverték egyes korok jelenségeit. Mármint természeti jelenségek, árvizek, vulkán kitörések, földcsuszamlások eseteit. Persze ezek nagyon távoli féligazságok voltak, de jól mutattak egyes szövegekben. Sok esetben beszűrődnek a szövegek közé bizonyos elmeállapoti tévelygések is. Ezen esetek (mondjuk a korábbi próféták, avagy próféta jelöltek) egyfajta kitörési pontként is szolgáltak az ilyen hajlamú embereknek. Abban a korban – mármint az időszámítás kezdete körül, és innen számítva még négy, ötszáz évet. Ebben a korban indult be kezdetlegesen az írásbeliség. Eleinte kézírásos formában, és a nyomtatás feltalálásával nyomtatott formában is.

Több tv műsort láttam (szinte csak ilyet nézek) amiben a mai tudomány alapján hogyan lehetett az ókori csodák, események megtörténte.

Csillagászok kiszámították, hogy a Jézus születése idejében egy nagy üstökös volt látható az égen. Az akkori agy értékelése: az Úr jele az égen!

Szóltunk Lót atyafiról is, nem is tudom leírjam-e a vele kapcsolatban a bibliában található történetet?

Üsse kavics, mégiscsak a bibliát idézem!

Mózes első könyve, XIX. rész (szó szerinti idézetek).

31. „És monda az ő nagyobbik leánya a kissebbiknek: A mi atyánk megvénhedett, és nincsen e földön férjfiú ki mi hozzánk bejöhetne az egész földnek szokása szerint."

32. „Nosza adjunk inni a mi atyánknak, és háljunk vele, és támaszszunk magot a mi atyánktól."

33. „Adának ezért inni bort az ő attyoknak éjszaka, és bémenvén a nagyobbik hála az ő attyával, ő pedig nem érzé meg, sem azt mikor mellé feküdne, sem azt mikor felkelne".

Másnap este megint leitatás, az öreg ebből sem vesz észre semmit, és hál a másik lányával. A lányok teherbe esnek, és megszülék gyermekeiket. No akkor most nekem kellene mondani valamit. Sok mindent tudnék, de inkább hallgatok. Most akkor Lót a megszületett gyermekeket fiaimnak, vagy unokáimnak nevezé? És vajon az Úr ezt teljes mértékben helyeselé?

Hát nem mondom, hogy a magról (ondó) ennyit beszélni, mint amennyi ebben a bibliában van?

Az elején tartunk még a bibliának (1027 oldalból – 24-dik oldal), de ha százszor nem olvastam már erről, akkor egyről sem.

Itt van ez a Jákób eset, kufircol össze-vissza. Hol ezzel, hol azzal (le vagyon írva!) és azt mindenki helyesli. Na hát...! Ez a „jóember" mindent elkövetett a biblia szerint (előkereshető) hogy az 10 embernek is sok lenne! No meg, hogy ki kivel szinte válogatás nélkül – meg még elcsábította mostoha anyját is, és vele hált.

Nem is tudom, mit mondjak (írjak) József esetére. Testvérei kútba lökik, de jönnek kereskedők, akik a testvéreitől megveszik Józsefet. Ma is használatos prédikációi fordulat.

Ennyi volt Mózes I. könyve. Összesen V könyve volt.

Az első könyv átolvasása eredményeképpen alakult ki a fenti jegyzet halmaz. A lényeget leírtam. Van Mózesnek még négy könyve. De ezek (áttekintve azokat is) akkora marhaságok, hogy arról ülve lehetne nyalni a Holdat! Nem az, hogy túlzások... nem... nem... Ezek mind címeres baromságok. Ha valaki nem hiszi ezen kemény értékelésemet, az járjon utána! Én utána jártam – úgy rendesen, és ez a véleményem.

Egymást érik az ilyen-olyan közösülések leiratai meg ilyenek. Ez a biblia, ezek lennének a legfontosabbak?

Mózes 40 évi vándorlása. Aki hüledezni akar, az olvassa el. Én elolvastam!

Utána meg a millió utasítás, számba vevés, meg egyebek. No ne tessék fellélegezni, azok is mind baromságok!! És tele vannak folyamatos csoda tételekkel – és milyenekkel?

Jehova egészen addig megy, hogy arra is kioktatja népét, miként illik háború idején székelni (23. 12-14). Jól értették, még arra is utasítást ad, hogyan is sz... jon a háborúzó fél. Ne tessék mosolyogni... így van leírva.

A tisztán látás miatt soroljuk fel az ó-testamentom (igen – tom, így van írva!) könyveit.

Érdemes tanulságokkal gazdagodik az ember fia!

Mózes könyve I – V. könyvek

Jósué könyve

Bírák könyve

Rúth könyve

Sámuel könyve I – II.

Királyok könyve I – II.

Krónika könyve

És innen a könyvek sora: Esdrás, Nehémiás, Eszter, Jób, Zsoltárok, Példabeszédek, Prédikátor, Énekek éneke, Esaiás, Jeremiás, Ezékiel, Dániel, Hóseás, Jóel, Ámós, Abdiás, Jónás, Mikeás, Nahum, Habakuk, Sofóniás, Aggéus, Zakariás, Malakiás.

Ha végig nézzük ezen könyvek tartalmát az alábbiakat állapíthatjuk meg. Kb. a Királyok könyve terjedelméig a lehetetlen, felfoghatatlan cselekedetek, esetek sora jön sorra. Benne a szereplők szex-beli cselekedeteivel. Innen mintha (már mint Esdrás könyvétől kezdve) lassan a fantasztikus, emberileg fel sem fogható történések mintha kezdenének elmaradozni. Innen mintha életszerűbbek lennének a történetek. Természetesen a fantasztikus, csodás elemek továbbra is megmaradtak.

Pl. Jób könyvétől kezd főszereplővé válni a Sátán, de továbbra is születendnek gyermekek (ez mindig felszínen van!) akár attyja magjaitól, avagy megbecstelenítés formájában. Ezt a témát mindig felszínen tartják.

Korábban az emberek elöljárók által vitatkoztak, oda-vissza fenyegették egymást, itt már a feltétlen odaadásról szól az írás. Ezért, ha ver, akkor is szeret filozófiáját igyekszik az írás sulykolni. E részben van Jób panasza is, melyet más irodalmi művekben is feldolgoztak. Sőt magam hallottam egy műsorban, hogy ez a része a bibliának volt kedvence Mensáros László kiváló színésznek is. Itt valahogy kezd megfogalmazódni Isten létének a kérdése. A hozzá való viszony – a mit kapok – mit adok témája.

A zsoltárok könyvében szinte csak az Úr dícsérete található. És elkezdődnek a könyörgések – amik mind a mai napig megvannak. Belépnek a tanítások is. Az Úr... az Úr... mindig csak az Úr!

De az ennek a magja, annak a magja továbbra is meg van.

Majd jönnek a Salamonnak a bölcs mondásai – haladunk az időben – már Mózestől idáig jutottunk. Itt előjönnek a valódi bölcseletek. Itt Salamon a fiához intézi ezeket (a mi István királyunk is tett ehhez hasonlót).

Egy régi saroktétel: „Még a bolond is mikor hallgat, bölcsnek ítéltetik, aki ajkait megtartóztatja eszesnek". (Példabeszédek: XVII. rész, 28). Talán innen ered a mai mondás: Ha hallgattál volna, bölcs maradtál volna.

Ez a Példabeszédek rész már előhoz némi emberi valóságos helyzetekre utaló megfogalmazásokat. Ezek az az intelmek, melyek egy része, ma is megállja a helyét. Itt persze minden emberi „JÓ" mind istentől való. Ezért hála, alázat, stb. Bejönnek „valóságos" emberi fordulatok is. Példabeszédek XXVII. rész 15: „A sebes záporeső idején való szüntelen csepegés és a morgó asszonyember egyaránt vagynak". Ez igen, – micsoda természeti hasonlat!

Ésaiás könyvében az Úr (Mózesnél Jehova, itt már simán Úr), a Seregek ura fogalomba megy át. Kerestem ennek az okát, de nem találtam.

Szóval vala eddig az Úr, meg még valami szellem, aki beszélt is néha. És az eddigi történések jórészt a zsidók földjén történtek. Persze, volt ott egy kis Egyiptomi kaland is (bevonulás – kivonulás) Feltűnik Krisztus neve, csak úgy (Ésaiás LXI. 1.) és magát ajánlja. Mennyi mindent meg fog tenni majd. A saját maga szerepét akként határozza meg (LXI. 1.). Az Úr istennek lelke vagyon énrajram, ezért kent meg engem az Úr, elküldött engem, hogy a szegényeknek Evangéliomot hirdetnék"

LXIII. 5. Mikor pedig én látnám, hogy senki nem volna a népnek segítője, és álmélkodnám, hogy senki nem segéllené őket, szabadulást szerzette nékem az én karom, és az én haragom segélle engem.

LXIII. 6. És megtapodom a népeket az én haragomban, és megrészegítem őket az én búsulásomban, és földhöz verem az ő erősségeket.

Vagyis hát bejelentkezett Krisztus a nép szolgálatára.

Hogy az Úr a jótéteményeit direktben is intézhetné, avagy a gonoszságot eleve megakadályozná, az fel sem merül.

Jeremiás könyvében előkerültek a Próféták is. És sorakozik az emberek rossz téteményei, az Úrtól való elhajlásuk, és sorakoznak a „kiérdemelt" büntetések sorai is.

Ennyi gonoszság fajtát még életemben nem láttam. Mennek az ígérgetések, fogadkozások mindkét részről. Az Úr folyamatosan saját magával riogatja kiválasztott népét.

Amúgy mondjuk mi van a szibériai pusztákon? Ott nincs gonosz ember, akivel foglalkozni kellene. Mert a fentiek mind Júdeára vonatkoznak. Mondom én.

Feltűnnek a hamis próféták is.

Sok-sok oldalon soroltatik a zsidó nép nagy bűne. Sőt van egy olyan fejezet, amelynek alcíme Jeruzsálem vétkeinek lajstroma. (Ezékiel XX, rész)

No fene már itt tartunk: az Úr már listát vezet az embereknek, vagyis Judea népének szörnyűséges tetteiről. Embernél sem szerencsés, ha valaki gyűjtögeti a sérelmeket, de a „Mindenhatónál"? Miért éppen Jerusálem van nagyon a bögyében?

Ez már sok – folyamatos bűnfelsorolás és folyamatos és kegyetlen elpusztítás – ez vonul végig Ezékiel könyvén. A jövőbe vetítve a szörnyűségeket.

Mivel is foglalkozik ez az Úr? Hóseás könyve II. rész 1.pont.
"pereljetek a ti anyátokkal, pereljetek: mert nem én feleségem ő, én sem vagyok férje neki: vesse el ezért az ő kurvaságát az ő orcájáról, és az ő paráznaságát az ő mejjéről". Már elnézést – ennek az Úrnak nincs különb dolga, mint egy ember (egy nő?) dolgaival foglalkozni. Ilyen mélységig?

Az Úr nonstop feddi a népet (Hóseás IV. rész, alcím)

Ámós próféta könyvében az Úr azt részletezi, hogy mily borzalmas világot fog küldeni Izráel népére. És alaposan ezt ki is részletezi! Ezt csinálok, azt csinálok. Még egy ilyen határozatlan Úrat. Évekig fenyeget, leírja, hogy milyen borzalmakat fog küldeni a népre. És mi van a mindenhatósággal? És ez a szent biblia, szent szövege!.

Bizony mondom néktek, hogy én már nem tudok érteni mindent, de ez a Jónás? Az Úr Ninivébe küldi – kiküldetési nyomtatvány kiállítva – hajót bérel. Az Úr nagy vihart küld a hajóra (ez már maga egy kész átverés) pedig tudja, hogy Jónás azon van.

Ő magát a tengerbe dobatja (a hüje), a vihar eláll – jött a nagy hal bekapta. (Nem rágta szét, csak bekapta egészben). Ott 3 nap, 3 éjen át tartózkodott (igen tartózkodott – emésztőnedvek mit neki). Ezen tartózkodási helyéről könyörög Jónás az Úrhoz – és mit ad az ég – még szóvá is teszi: a te kérésedre indultam útra.

11. "És parancsola az Úr a halnak és kiveté Jónást a szárazra" . Aki ennek az egésznek a lényegét nekem elmagyarázza, az előtt megemelem a kalapom.

Hány, de hány könyv, fejezet, rész kezdődik azzal, jaj azoknak...

Ennyi fenyegetést, mint amennyit az Úr az emberek fejére szórt?? Bár közben volt bőven (erre-arra) számtalan apró bosszú (büntetés). Tűzvészek, állat vészek, árvizek, de úgy látszik az emberek (Izráel népe) mégsem vette komolyan az állandósult fenyegetéseket.

Még egy idézet (Aggeus próféta könyve I. rész 5.)

"Most azért, ezt mondja a Seregeknek Ura: Gondoljátok meg jól a ti dolgaitokat." Ez az örökös egyezkedés!

Zakariás könyvében (VIII. rész 2.)

„Ezt mondja a Seregeknek Ura: Nagy búsulással megbúsulta a Sionért és nagy haraggal megharagudtam érette" Erre nem tudok tényleg mit mondani – de ez van leírva a bibliában szó szerint.

Nahát ennyi volt a biblia Ó-Testamentom része – 1027 oldalon. Kérem a részvétet, hogy ezt én teljesen elolvastam – napokon át!

Az előző részben alig volt utalás (szó szerint csak Krisztus meghatározás volt) Jézus Krisztus személyére.

Az Új Testamentom (igen – tom!) könyvei.

Máté evangélioma,

Márk evangélioma,

Lukács evangéloma

János evangélioma

Apostolok cselekedetei

Pál levele a Rómabeliekhez

Korinthusbeliekhez I.

Korinthusbeliekhez II.

Galacziabeliekhez

Efézusbeliekhez

Filippibeliekhez

Kolossébeliekhez

Thessalónikabeliekhez I.

Thessalónikabeliekhez II.

Timótheushoz I.

Timótheushoz II.

Títushoz

Filemonhoz

Zsidókhoz

Jakab Levele

Péter I. Levele

Péter II. Levele

János Apostol I. Levele

János Apostol II. Levele

János Apostol III. Levele

Júdás Apostol Levele

János Jelenései

Nem tudom, hogy ezen irományt – amit most én készítek – valaki valamikor elolvassa-é. Csak megjegyzem, hogy Bibliát, mint ismeret forrást olvastam el. Kíváncsi voltam, hogy a mai Isten félők milyen forrásból merítkeznek. Mik a hitbéli alapjuk. Milyen ismereteken alapszik az ők teljes szellemi oda adásuk ebben a témában. Magam részéről a válasz meg van. A konkrét válasz nem a bibliában, hanem az emberi agyban van – de erről majd később.

Meg is kezdődött az Új Testamentom olvasása.

Ez nemzé azt, az nemzé ezt 11 pontban felsorolva. Azt hiszem, ennek a második résznek a taglalása igen rövid lesz. Meséből és hihetetlen össze-vissza beszédből eddig volt bőven. És nagyon ismételni nem szeretnék.

Megjelent az Úr Angyala – innen az Angyal szó nagybetűs – József előtt és mondá neki „ne félj elvenned Máriát feleségül, mert ami őbenne fogantatott a Szent Lélektől vagyon" A lélek ugyebár az maga levegő és teherbe ejt egy földi nőt? Nekem az előzmények után már semmi sem hihetetlen!

21. „Szülsz pedig fiat (irányított család tervezés!), és nevezed annak nevét Jézusnak, mert ő szabadítja meg az ő népét annak bűneitől".

Az én kérdésem: és mi van a többi néppel? Azt hiszem innen már fölösleges a pontos bibliai meghatározás leírása. Sok ember előtt ismert a megszületés körülményeinek a leírása. Napkeleti bölcsek, fényes csillag.

Máris jött a baj, Heródes máris keresé a gyermeket. Jött az Angyal és inte Józsefet, hogy nem mehetnek haza, irány Egyiptom. Újszülöttel, teljes ellátmánnyal szekéren? neki a nagy világnak? (GPS koordináták ismerete – tudom én is gonosz vagyok – de én csak elképzeltem az egészet.) És ott is volta Heródes haláláig. Biztos munka, családi ház (kerttel, jószágokkal várt reájuk?!

Heródes amikor megtudta, hogy kicsúszott a keze közül akit keresett „levágata minden gyermekeket kik valának Bethlehemben, és annak minden határiban, két esztendősöket és azoknál kisebbeket" – idézet bezárva!

Hogy egy király ennyire hülye legyen, hogy egy-két hét, hónap alatt megnőne a gyermek. Avagy két évig irtották a gyerekeket, hogy mire végeznek, ne maradjon ki senki?

Meghalt Heródes – jött az Angyal, közli mehettek haza Izráelbe. De hiba került a kommunikációba. De jött az új intelem, nem mehettek Júdeába, mert Heródes utódjával is baj van. Isteni intés – irány Galilea (Palesztinának a Jordántól nyugatra eső legészakibb tájegysége).

És jövének a bölcsek, és ők már tudták (honnan?), hogy Jézus a zsidók királya. És pedig Keresztelő János keresztel, mind aki útjába esik, mind. Jézus pedig felnőtt, erről a tényről a biblia nem sokat mond.

Máté evangélioma III. rész 13.-ban azt írja „Akkor eljöve Jézus Galileából a Jordán mellé Jánoshoz, hogy megkereszteltetnék ő tőle". És akcióba lépe az ördög is. (előkerült valahonnan.)

Máté IV. rész (5). „Akkor vive Jézust az ördög a szent városba, (égi hajtású űrjárművel!) és helyezteté őtet a templom tetejére". Ez meg ugyan micsoda?? Gondolom út közben jól kibeszélték magukat – egyeztették elveiket stb... Talán azt is, hogy a templom tetején fog landolni? Majd „magas hegyre vitte, és mutatá neki e világnak minden országait". Igen jó szemük lehetett mindkettőjüknek!

(9) „És monda neki: Mind ezeket neked adom, (úgy tudta, hogy minden az övé!) ha leborulva tiszteléndesz engemet". Miért, ez a világ mind az ördögé volt! És mi volt akkor az Úré?

Ettől függetlenül elindult Jézus mindenfelé, és elkezdte a szüntelen prédikációkat. Jó szónok lehetett. Tanítja a népet (azt a butát!). A legtöbb tanítás így kezdődött, hogy „boldogok a szegények, éhezők, szidalmazottak, (12) mert a ti jutalmatok bőséges lesz a mennyekben"! No most ha boldogok a fentiek, még akkor is, ha az van nekik ami, akkor minek a jutalom még pluszban a mennyekben? Hát a fene érti ezt!

Ezek után jön a sok "bizony mondom néktek". Nem tudok mást írni, mint a sok esztelen marhaságok sokasága. Egy – kettő például.

(29.) „Hogy ha a te jobb szemed azt míveli, hogy megbotránkozol, vájd ki azt, és vesd el tőled, mert jobb neked, hogy egy a te tagjaid közül elvesszen, hogy nem az egész tested gyehennára vettessék" – szó szerint így vagyon írva. Hát ez már a marhaságok netovábbja! Ha mégis tévedtél, akkor ragaszd vissza szemedet! Esetleg mi lehet ennek az átvitt értelemben való magyarázata? Én nem tudok ilyet kitalálni!

Menjünk eggyel tovább. (30). „És ha a te jobb kezed megbotránkoztat téged, vágd el azt, és vesd el tőled, jobb néked, hogy a te tagjaid közül egy elvesszen, hogy nem mind a te egész tested gyehennára vettessék".

Tényleg lenni kell valami normális másfajta értelmezése ennek a sok marhaságnak, mert ez így abszurdum. Esetleg abban a korban csupa félszemű, és félkarú emberek szaladgáltak a világban? Ezek a fenti szószerinti idézetek, mind a biblia része, onnan idéztem!

Kíváncsi lennék, hogy egy hittudós a fentiekre hogyan válaszolna? Avagy a másik kérdés – miért nem érthetőbben került – az általam nem tudott halvány utalás valamire – érthetőbben bele a szövegbe.

VI. rész (3). „Mikor pedig te osztogatsz alamizsnát, ne tudja a te bal kezed, mit cselekszik jobb kezed" Most, vagy én vagyok hülye, avagy aki ezt leírta! Nem mondom, hogy én hittanilag művelt vagyok, de a szavak, mégiscsak szavak. Mit kellene most is a szavak értelmén túl gondolni?

Előjövén (már én is bibliai szóhasználattal élek!) egy lényegi kérdés.

VI.8. „.. mert jól tudja a ti Atyátok mi nélkül szűkölködtök, minek előtte ti kérnétek ő tőle".

Hát akkor ... hát akkor?

(9) „Ti azért imádkozzatok, és jön a mai teljes „Mi Atyánk".

Tud mindent, csak egyszerűen nem adja amit kértek – ennyi!

Tovább a biblia folyamán – Jézus sorra műveli a „csudákat". Meggyógyít mindenkit, aki útjába kerül. Meg a halottat is feltámasztja. Ugyan minek??

A pusztában jól lakatott öt kenyérből és két halból „500 férjfiakat, asszonyok és gyermekek nélkül" – ez is így van írva! Mi ez a diszkrimináció?

Mind e közben néhány igazhitűn kívül csak romlik, és egyre romlik, egyre gonoszabb lesz a világ. És jön a végzetek ideje.
Összegyűlnek a Papifejedelmek Kajafás házába. Tanácskozván Jézus megöléséről. Miért is – talán ők sem tudták. Judás elmegy a papifejedelmekhez Jézus kezükbe adatása ügyében. Ők pedig rendelének néki 30 ezüst pénzt. A tanítványok menének Jézushoz megenni a húsvéti bárányt.

Aki ismeri a konkrét történetet, annak jó, aki nem Máté evangélioma XXVI. rész, XXVII. rész.

A történet végén van amit nem nagyon értek. Vége a megfeszítésnek (46) „Kilenc órakor pedig felkiálta Jézus nagy szóval, ezt mondván: ELI, ELI LAMA SABAKTANI! azaz Én Istenem, én Istenem, miért hagytál el engemet" Hát nem ő készült tudatosan a megfeszíttetésre? Korábban minden erre utalt. Mindent tudott előre (el is mondta mi vár rá, és ő lesz az emberiség megváltója) – és akkor miért volt a „miért hagytál el engemet".

Ez eddig a Új Testamentom része volt. Máté és Márk evangélioma.

Egy másik evangéliomban a Jézus felkiáltás így hangzik: Eloi, Eloi, Lamma Sabaktani. Ez azt példázza, hogy a biblia többi könyvei gyakorlatilag az előző események más formában való ismétlése. Bizonyos adalékok jőnek ezután. Pl. az előző fejezetek nem szóltak arról, miért ment a szent család Názáretből Bethlehembe? Augusztus császár nép számlálást rendelt el és (ezért ki, ki az ő városába!), vagyis Galileából Jude tartományba, Bethlehembe kellett mennie.

Lukács evangélioma részletesebben leírja az eseményt, mint az előzőek. Ez írja le, hogy János evangélioma hozza azt elő, (amit eddig nem olvastam), hogy a keresztfát Jézussal vitetik. Hoppá... hoppá...

Nicsak micsoda fordulat. A biblia szerint az Úr mindenható, Jézus (Isten fia) szintén a számos lehetetlen csodatevés után annak kell mondani. A fizikai világban nincs számára lehetetlen.

Apostolok cselekedetei III. rész. Péter és János megy a templomba, előtte egy kéregető koldus, aki sánta.

(6) „Péter pedig monda... A Názáretbeli Jézus Krisztusnak nevében mondom, kelj fel és járj".

(8) "És felszökvén, áll vala lábain és jár vala" Én már nem csodálkozom semmin, Jézus kölcsönadta varázserejét? Egyre erősödik azon véleményem, hogy „voltak vala" valamikor egyes túlbuzgó írogató emberek, és írták a sok zagyvaságot.

Ez mind rendjén is lenne, csak hogy az egész földgolyó vallásos rétege ezeket szent írásnak tartja. E szerint élnek, gondolkodnak – igaz ez mind a biblia része. Mint látható, tele van ez az írás is a bibliából vett idézetekkel. Féld az Urat, és mi (a főpapi rend) uralkodunk a ti tudatotok felett. És mutatjuk a helyes utat. Valójában nagyobb hatalom a vallás (katolikus, muszlim stb...) mint a polgári világ hatalmasságai.

Voltak itt számos csetepaték, de a legtöbbjénél kiderült, hogy a legtöbbnek vallási háttere volt.

Ha nagyon elgondolkodunk, még a nácizmus is egyfajta vallás volt.

Tovább olvasgatva a cselekedeteket, látjuk, hogy Pál is meggyógyított egy sántát: „állj fel a te lábaidra egyenesen". Ez lehetne egy előző eset is más személlyel?

Ezek a próféták járkáltak folyvást, és térítettek, és művelték is a saját csodáikat.

A történet folytatása? Jézus halálának igazolása. Pál levele a Rómabeliekhez V. rész. Ő váltotta meg a mi bűneinket. Ezt meg vétképp nem értem, egy régi ember (jézus – valahogy az Úr gyermeke, meghalt – lásd korábban!), így az utána következő nemzedékek bűnözhetnek, előre meg van váltva az ő bűnük?

Értünk feszíttetett meg bűneink miatt. A saját gyermekem által nincs tovább bűn? Sehogy nem fér a fejembe? Avagy csak én gyanakodom ezen történetek valódisága, ma is élő elfogadottsága miatt?

Már régóta gondolkodom azon, hogy kellene egy pozitív gyűjteményt összeállítani a biblia történeteiből, amit én annak gondolok. Bizonyára én vagyok elfogult, avagy a bibliát nem értő, de nemigen találtam ilyet. Már az, hogy az élet rendje a természetes formában zajlik, azt nem nevezném valami pozitív dolognak. (megy, ahogy megy!).

Van egy csomó – nekem – blőd megemlítés Pl. „a paráznaságnak eltávoztatásáért minden férjfiúnak tulajdon felesége legyen és minden asszonynak tulajdon férje legyen". Egy ilyet minek leírni, amúgy meg hogyan is kell ezt értelmezni? A társadalom egysége a családon, ebben a férj – feleség kapcsolatán alapszik – talán hozzá lehet tenni (na legyen), hogy ezek legyenek hűségesek egymáshoz. Ezt akárhányszor le is lehet írni, de a valóság???

A bibliában a fentiek ellen való vétőknek, van bőven elmarasztalás. Sátán kísértése esetén való fenyegetés. Utána pedig egy csomó házasságbeli eset, természetesen melyek kedvesek az Úrnak. Pl. Pál levele a Thessalónikabeliekhez, szigorúan felsorolja a mit csináljatok és mit ne – tételeit. Vagyis az embernek egy dolga van félni az Istent, és minden időben.

Így a végén, a biblia alapos átolvasása, áttanulmányozása után, sajnos nem lettem okosabb, talán butább sem!

Az utolsó levélben sikerült engem teljesen összezavarni. Az emberi bűnöket az Ördög adja nekem, az Úr pedig ezeket szépen sorba megbocsájtja. Hogy is van ez – az írás ezt mondja??!! Mint említettem, próbáltam minden részben valamilyen pozitív dolgot keresni – de nem sok jött össze!

Persze sok olyan dolog is van amelyekkel egyetértek. Számos általános magatartás formák vannak leírva – természetesen ezzel nincs mit ellenkezni (nem mintha csak ezt szeretném!)

Pl. itt van a tízparancsolat, ezt Jahve adta Mózesnek a Sínai hegyén, 40 napos böjtje után, két kőtáblára írva:

Bizonyára a kőbe vésés minden kelléke ott megtalálható volt.

I. Uradat Istenedet imádd, és csak neki szolgálj!
II. Isten nevét hiába ne vedd!
III. Az Úr napját szenteld meg!
IV. Atyádat és anyádat tiszteld!
V. Ne ölj!
VI. Ne paráználkodj!
VII. Ne lopj!

VIII. Ne hazudj, és mások becsületében kárt ne tégy!
IX. Felebarátod házastársát ne kívánd!
X. Mások tulajdonát ne kívánd

Igen... igen ezek között van több olyan is amelyek a mai társadalmi rendszerekben, mint büntetési tétel is szerepel. No meg ki nem tudja, parancsolat nélkül is, hogy ezeket megtenni bizony (fokozattól függően) börtön!

Érdekes, hogy így egyben (ne adj Isten a mai formájában!) a bibliában nincs meg! (Különböző helyeken egyes hivatkozásokban!)

Megint csak a kis ördög motoszkál bennem – a valódi vallásos ember mit csinál a háborúban? (Öl, vagy nem?)

Elgondolkodtam, hogy miért is kellett az emberiségnek a biblia? (Túl azon, hogy jöttek csőstül a próféták, és mind „színre akart kerülni").

Amúgy meg amikor az emberi faj kezdett egy kicsit észhez térni, hát kellet valami fenyítő eszköz!

Ezt mutatja (vagyis igazolja) az a tény, hogy az Új Testamentom vége felé kezd az írás valamelyest valós társadalmi helyzetekhez igazodni. Az Ó-Szövetség jórészt az akkori erősen korlátolt emberek (próféták) sokszor téveszméken alapuló kinyilatkozásai.

Tehát Jézus feltámadott (sőt utána nem sokkal élő emberként is megjelent) és mind a mai napig kifejti a hatásait. Egy rövid megjegyzés szól erről, de ezen időről már történetek nem szólnak.

Ma is avatnak szenteket. És egész bizottság igazolja az avatandó szent csodatevéseit. Megint hozzam korábbi nézeteimet. Mire képes az emberi agy? Elhiszi a bárhol előforduló mai csodákat is.

Ilyen az emberi agy, sok esetben nem is igényli a teljes bizonyságot. Egyszerűbb elhinni dolgokat, mint annak alaposan utána nézni. No meg az eddigiekben felsorolt fenyegető hivatkozások esetén mégis az van, hogy jobb félni!

Így most, végig érvén a biblia minden fejezetén kellene valamiféle összefoglaló. Bár úgy vélem, az eddig leírtak alapján minden világos.

Hogy is van ez? Van a biblia és a legtöbb vallásos embernek ez a minden!

Közeli rokonom (saját húgom!) teljesen ennek a rabja, így vannak ismereteim az ilyen emberek világáról. De kezdjünk el egy kicsit másképp is gondolkodni. Vajon el lehet választani a bibliát a vallástól? Jól értetted, nem írtam el. Mondjuk a biblia írogatni szerető emberek, az akkori kornak megfelelő irományai. De ennek ellenére van-e a Jó Isten? Vannak kérdések melyekhez jól jön az Isten léte, tudata. Vajon mi irányítja ezt a kerek világot, ki szervezi ennek a mozgását. Valóban létező az a mondat, hogy „és teremté az Úr a napot és a csillagokat"... meg a többi.! Miért is keletkezett az Univerzum? Erre ma még földi ember nem tudott egyértelmű választ adni.

A mai csillagászati tudományok legnagyobb koponyája (szinte ismeri a fél Univerzum minden ismeretét) Michio Kaku professzor egyszer csak azt mondja, hogy van Isten (két hete láttam a tv-ben). Annyi minden ismeretet összeszedett, hogy nem tudott tovább gondolni saját korlátain túl. Nem találta a miértet, és lőn a megoldás – hát az Isten! Itt át kell menni azon mai gondolkodású „megítélések" utcájába, ahol esetleg találunk valami fogódzót, avagy, ha nem tudunk tovább menni, lezárjuk a ismeretink végét, magával az Istennel. Ez a világhírű tudós (sok előadását, vagyis megnyilvánulását láttam!), mindent meg tudott magyarázni az Univerzummal kapcsolatban.

Szinte átlátta az egész Univerzum lényegét, és egyszer csak nincs tovább! Gondolom, hogy az lehetett, no, de mi van azon túl? Térben, időben, a világ szerkezetében, és az a fölötti mozgásban! Pontosan nem tudom az okot, én is csak feltételezek. Ezen a bizonyos falon túlra én sem látok!

Jöjjön egy kis pozitív kicsengés is. Mit is adott a világnak maga a vallás? Úgy a kereszténység, mint a keleti vallások egyaránt. Nehezen idézhető a vallási építészet teljes köre. A csodával határos építészeti remekművek. Aki járt a Vatikánban – mindenből a legcsodálatosabbat „megkapja". A Sixtusi kápolna ezek netovábbja – láttam – erről beszélni nem lehet (mit is tudnék erről bármit is írni?) ezt látni kell! Persze nem lennék én, ha nem tenném hozzá, hogy évszázadokon keresztül hogyan is sikerült ennyi vagyont összehozni. Szó szerint összehozni a világ minden tájáról!

Bár sokszor gátolták a fizikai világ fejlődését. (pl. Giordano Bruno személyében)

De amit világméretben megalkottak, az fenomenális. Nélkülük a Föld szegényebb lenne. Nem is szólva a kultúra egyéb területén való alkotásokról. Iskolák megalapítása, fenntartása, művészetek pártolása stb...

Akkor hogyan is kellene állást foglalni?

Mintha én is eljutottam volna egy pontig –(mint már az ókorban Archimédész – „adjatok egy fix pontot és én kifordítom sarkaiból a világot" Talán nem szükséges „lefordítani" magyarra a fenti sorokat, érthető mindenki számára.

Vannak megoldandó kérdések a világban, de a legtöbbet magamnak kell megoldanom – ezt már én mondom! Lehet innen-onnan segítséget kérni, szerezni, de a legtöbbször magamnak kell meghatározni a lényeget. Innen máris tovább pattan a labda. Ugyanis az igazságok jó része ember függő. Más az igazság ennek, és más az igazság annak! Így megint visszajutottunk a fő témához, az emberi agyhoz. És annak nagy kérdéseihez. – ez pedig az, hogy ez az „agy", mennyire képes megismerni a tárgyi világot? És a szellemi világot is!

Mert a kettő nem ugyanaz. Ennek a végső konklúziónak a leírása még nagyon messze van. Sajnos (vagy nem is annyira sajnos!) és úgy vélem nem rendelkezem földöntúli erővel, mint Sámson felkapott egy szamár állkapcsot és ezzel a rögtönzött husánggal az őt őrző ezer filiszteust mind agyon csapta. Más formában meg az a beszéd képesség sincs meg bennem, mint Szent Ferencben, aki prédikált a madaraknak, hogy azok értették. (Mekkora képesség!)

Én a magam helyét, csak egyszerű földi mivoltomban, lelkemet a saját világ felfogásomban tudom értelmezni. Én képtelen vagyok a megdicsőülésre – mert azt sem tudom, hogy mi az. Az Úr jobbjára sem tudom magam odaképzelni. Se élve, sem holtom után nem fogok tudni repülni az angyalokkal. De hát ez az én bajom. Én nagyon is földi teremtmény vagyok – egy egyszerű gondolkodó lény. Ezért vannak a föntiekben nagyon is e-világi kérdések. Én a túlvilágot sem tudom elképzelni, mert ahhoz nekem rögtön tárgyi dolgok csatlakoznak, olyan mint az, hogy hol, és miként, meg mikor?

Egyszer megkérdeztem egy hitben élőt. Hogyan is lesz az a bizonyos feltámadás? Ahogy én itt most itt állok ebben a földi mivoltomban? A válasz, hát persze. És én rögtön kérdeztem tovább. Mindenki egyszerre fog feltámadni? A válasz – igen! És ez a ház, amely jelenleg az enyém, akkor megtelik az előttem élők (3-4 generáció) sokaságával? Ki vallja akkor magáénak ezt a házat? Válasz: a csend!

Ebben kik és hogyan feküsznek le este. Ki ad enni ennyi embernek, (hisz hús-vér emberek lesznek ott) no és meddig lesznek itt? Ha én akkor már nem leszek, melyik öltönyömben jelenek meg ott, amiben eltemettek? CSEND... CSEND- mármint a válasz! És hová leszünk a feltámadás után? Mert ugyebár ha maradunk itt a földön, bizony minket etetni, itatni, mosdatni kell! Utána újra megszűnünk és végleg, avagy várjuk az újbóli feltámadást: Akitől kérdeztem igen megrőkönyödött, alig tudott szóhoz jutni. Mert ugyebár a Föld jelenlegi lakossága 8 milliárd ember. Az eddig éltek száma mondjuk ennek a négyszerese (per sacc), ez hol fog egyáltalán elférni? Ezért is írtam korábban, hogy van bőven dolguk a papoknak – ha egyáltalán ilyet merészel valaki megkérdezni. Persze a legtöbbjük vakon hiszi a hallottakat.

Gondolom a mai hit szónokok (papok, püspökök, s mások) ma már a mai világ szükségleteihez igazítják a mondanivalójukat. Az Ó-Szövetség eseteit ritkábban hozzák fel, azt is „korszerűsítve", és gyakrabban az Új-Szövetség eseteit, ami a bibliai leiratában is sokkal konszolidáltabbak.

Az ismeretes, hogy a Föld legbefolyásosabb embere a Pápa! Számtalanszor béke teremtői minőségében is feltűnik némely háborúzó felek között. Az is kétségtelen, hogy igen nagy nimbusza van a világ nagyobbik felén.

Hát kérem szépen, kinek a pap, kinek a papné, nekem meg ez az írás!!!

Végül is a kereszténység pozitív hatásait elfogadom, de sajnos az Úrral van még némi számvetésem!

Ha tud beszélni, majdcsak elcsevegünk valahogy.

Egy mai templomi szertartás pontos idézete

Hogy így a múltat ilyen alaposan „átnéztük", pillantsunk bele egy mai eseménybe, legyen ez egy komplett templomi Isten tisztelet pontos hangrögzítős felvétele.
Indul a felvétel.
Üdvözlégy Mária, kegyelemmel teljes, az Úr van te veled, áldott vagy te az asszonyok között és áldott a te méhednek gyümölcse, Jézus. Asszonyunk, Szűz Mária Istennek szent Anyja imádkozzál érettünk, bűnösökért most és halálunk óráján. Ámen.
**** Ez a fenti szöveg elhangzott ugyanolyan formában még kilencszer (vagyis összesen tízszer).
Majd utána:
Mi atyánk, ki a mennyekben vagy!
Szenteltessék meg a te neved!
Jöjjön el a te országod!
Legyen meg a te akaratod, amint a mennyben, úgy a földön is!
Mindennapi kenyerünket add meg nekünk ma!
És bocsásd meg vétkeinket, miképpen mi is megbocsátunk az ellenünk vétkezőknek!
És ne vígy minket kísértésbe, de szabadíts meg a gonosztól Ámen.
Könyörögjünk!
Urunk Istenünk a te egyszülött fiad életével, halálával és feltámadásával megszerezte nekünk az örök élet jutalmát.
Add meg nekünk, hogy e titkokról a boldogságos Szent Szűz Mária szóljon, add meg nekünk, hogy a szent olvasóval meg emlékezzünk.
Higgyük amit magukba foglalnak és elnyerjük amit ígérnek. A Krisztus, a mi urunk által.
Az Atya, Fiú, és szentlélek nevében.
Megemlékezés a Máriákról, az elsőkről és az elhunytakról – sok-sok dicséret!
Most vizsgáljuk meg lelkiismereteinket és bánjuk meg bűneinket, hogy méltóképpen ünnepelhessük az Úr szent titkait.

– Gyónom a mindenható Istennek, és néktek testvéreim, hogy sokszor igazán vétkeztem, gondolattal, szóval, cselekedettel és mulasztással.

Én vétkem… én vétkem… én vétkem… Imádkozzatok érettem Urunkhoz Istenünkhöz.

Bizalmasunk nekünk a Mindenható Isten, bocsássa meg bűneinket, és vezessen el az örökéletre.

Könyörögjünk!

Mindenható Istenünk, add, hogy mindazok, akik a boldogságos Szűz Mária dicsőséges szent nevét tisztelik, az ő közbenjárására nyerjék el irgalmasságod jó téteményeit. A mi Urunk a te fiad a Jézus Krisztus által aki uralkodik a szent lélekkel egyetértésben.

Gyertek hozzám, akik megkívántak engem és teljetek el gyümölcseimmel, mert lelkem édesebb a méznél, és birtoklásom a lépes méznél.

Emlékezetemben él minden.

Olvasmány Sirám fiának könyvéből.

Jó illatot fakasztok én, mint a szőlő és virágomból dús gyümölcs terem. Anyja vagyok én a szép szeretetnek, az Isten félelemnek, a hitnek. Nálam van az út és az igazság, az élet minden reménye. Jertek hozzám mind akik megkívántok engem, és teljetek el gyümölcseimmel. Mert lelkem édesebb a méznél és birtoklásom a lépes méznél. Emlékezetem él minden idők nemzedékeiben. Akik engem esznek meg, inkább éheznek, akik engem isznak még inkább szomjaznak. Aki reám hallgat az meg nem szégyenül. Akik értem fáradnak, nem esnek bűnbe. Akik fényt derítenek rám, örök életet nyernek. Ez az Isten igéje.

Evangélium Szent Lukács könyvéből.

Abban az időben Isten elküldte Gábor angyalt, Galilea Názáret városába, egy szűzhöz, aki jegyese volt egy férfinak. A Dávid házából való Józsefnek, az ő neve Mária volt, az angyal belépett hozzá és így szólt: Üdvözlégy kegyelemmel teljes, az Úr veled van. Áldott vagy te minden asszonynál. Ennek hallatára Mária zavarba jött, és gondolkodóba esett, hogy miféle köszöntés ez? Az angyal azonban folytatta. Ne félj Mária, és kegyelmet találtál Istennél. Mert gyermeked fogant, és fiút szülsz, és Jézusnak fogod őt nevezni.

Az Úristen neki adja Dávidnak trónját. Uralkodni fog Jakab házán mindörökké. És uralmának soha nem lesz vége. Mária ekkor megkérdezte az angyalt: hogyan történhet ez meg, mikor én féfit nem is ismerek. Az angyal ezt válaszolta neki: szent lesz az ki tőled születik, Isten fiának fogják őt hívni. Lásd rokonod Erzsébet is gyereket fogant öregségében, sőt már a hatodik hónapban van, bár magtalannak tartják az emberek. Istennél semmi sem lehetetlen. Erre Mária így szólt: Én az Úr szolgáló leánya – történjék szavaid szerint. Ezután az angyal eltávozott. Ezek az evangélium igéi.

A Mária név eredetének jelentése, története. Utalás arra, hogy Isten Máriát mennyire szerette.

(Újabb könyörgések)

Imádkozzunk a szent szűz közben járásáért.

Imádkozzunk testvéreim, hogy áldozatunk kedves legyen a mindenható Atya Isten előtt (én: és mi van, ha nem?)

Urunk Istenünk tekints felajánlott ajándékainkra, hogy szívünk, amit a szentlélek megvilágosított a boldogságos mindenkori szűz Mária nevének a segítségül hívásával, mindenkor Krisztushoz, a te fiadhoz ragaszkodjék, egyedül vele éljen, és mindenben csak neki akarjon tetszeni, aki él és uralkodik örökkön örökké. Ámen az Úr legyen veletek.

Emeljük fel a szívünket. Adjunk hálát Urunknak, Istenünknek. Méltó és igazságos, méltó és üdvös. Hogy mindig hálát adjunk néked.

Mi Urunk szentséges Anyánk, mindenható örök Isten. Az ő nevében van mindnyájunk üdvössége. Az ő parancsára minden térd meghajlik a mennyben, a földön és az alvilágban.

Te előre látó jósággal úgy rendelted, hogy Szűz Mária neve is gyakran hangozzék fel a hívek ajkán. És mint ragyogó csillagra bizalommal tekintsenek rá a hívők szükségeiben bizalommal fussanak oltalma alá. Ezért mi is hálát adunk néked, az angyalokkal együtt hatalmadat magasztaljuk és újjongva zengjük.

Valóban szent vagy Istenünk, minden szentség forrása.

Kérünk szenteld meg ezt az adományt, árasztd rá szent lelkedet, hogy számunkra a mi Urunk Jézus Krisztus teste és vére legyen.

Mielőtt ő önként átadta magát a szenvedésnek kezébe vette a kenyeret, hálát adott, megtörte, tanítványainak adta, és így szólt: Vegyétek és egyetek ebből mindnyájan, mert ez az én testem, mely értetek adatik.

Vacsora után ugyan úgy kezébe vette a kelyhet is, majd ismét hálát adott, majd oda adta a tanítványainak, majd így szólt: vegyétek és igyatok ebből mindnyájan mert ez az én vérem kelyhe, az új és örök szövetségé. Ez a vér értetek és sokakért kiontatik a bűnök bocsánatára. Ezt cselekedjétek az én emlékezetemre.

További könyörgések.

Könyörgés mindenért

Majd imádkozás, majd a miatyánk.

Elköszönés a szokott módon, mindenféle könyörgésekkel.

Több Mária dal: Mária szüzek királynéja, Könyörögj érettünk

Magadra veszed a világ bűneit, Uram irgalmazz érettünk!

Hát kérem szépen – ez volt egy templomi szertartás rövidített leírata. Előzőekben mondtam olyat, hogy ma már azért kissé másnak gondolom a szertatások kivitelét. Úgy értve, hogy nem az Ó-Szövetségi alapokon, hanem már a mai világ követelményei szerint. Hát tévedtem – ez a templomi felvétel ugyanolyan eseményt mondott el, hogy az akár több száz évvel ezelőtt is elhangozhatott volna.

De most beidéznék egy másfajta gyülekezet – a Hit Gyülekezete – egy szórólapjának teljes tartalmát.

Egy vallási szórólap – Jehova

(Az első lapon nagy betűkkel)

Ki uralkodik a világ felett?

(Mert ugyebár valakinek azért mégis kellene a világ felett uralkodni)

- Isten?
- Az emberek?
- Vagy valaki más?

MIT MOND A BIBLIA?
„Az egész világ a gonosz (Sátán, az Ördög) hatalmában van" (1. János 5:19. Új világ fordítás)
Isten fia azért jött, „hogy lerontsa az Ördög munkáit" (1 János 3:8)
MIÉRT JÓ TISZTÁBAN LENNI EZZEL?
- Logikus magyarázatot kapsz arra, hogy miért van annyi baj a földön (jelenések 12:12)
- Van okod reménykedni egy szebb jövőben (1János 2:17) Hihetsz abban amit a Biblia ígér?
- igen, legalább három okból reménykedhetsz egy szebb jövőben:

Sátán uralma pusztulásra van ítélve. Jehova elhatározta, hogy véget vet Sátán uralmának. Azt ígéri, hogy elfogja pusztítani az Ördögöt és jóvá tesz minden kárt, melyet Sátán okozott (Héberek 2:14)
Isten Jézust választotta, hogy uralkodjon a világ felett.
Jézus teljesen más, mint a világ jelenlegi kegyetlen és önző uralkodója, Sátán. Mit tesz majd mint király? Isten ezt kéri: Megszánja az alacsony sorút, és a szegényt. Az elnyomástól és erőszaktól megváltja lelkünket. (Zsoltárok 72: 13, 14)
Isten nem hazudhat. A biblia egyértelműen kijelenti: „lehetetlen, hogy Isten hazudjon" (Héberek 6:18) Ha Jehova megígér valamit, az olyan mintha már meg is tette volna. (Ézsaiás 55:10,11) A világ mostani uralkodója meg lesz fosztva hatalmától (János 12:31)

MIT GONDOLDSZ?
Milyen lesz a világ, ha már nem Sátán uralkodik felette?
A biblia válaszát itt találhatod: Zsoltárok 37:10,11 és Jelenések 21:3,4.
HA SZERETNÉL TÖBBET MEGTUDNI:
olvasd ez az itt látható füzet 5. részét
... szeretnék kapni egy ilyen füzetet díjmentesen
(nyelv)
Beszélgess a Bibliáról Jehova Tanúival

... szeretném, ha meglátogatnának
a www.jw.org honlapon is kérhetsz látogatást, ill. a füzetet is letöltheted.

Ezek után jelentkezési adatok, név, utca stb...
Kérésedet juttasd el Jehova tanúihoz:
Amerikai Egyesült Államok – pontos cím
Magyarország – postafiók cím.
A teljes címlista megtalálható: ... Pennsylvánia
Nyomtatás és kiadás: ... Németországban.
A végén van ott még egy QR kód is ha szeretnéd megnézni a „miért jó tanulmányozni a Bibliát" című filmet, használd a kódot.
Hát ennyi a szó szerint idézett szórólap tartalma.
És a kérdéseim: – van bőven.

- Ki uralkodik a világ felett – mert most valaki uralkodik?
- Jött is a válasz, hogy a Sátán, vessző Ördög. no ez most egy valaki két néven avagy más-más? Tudom kekeckedés, annyira nem is fontos. Akkor most az egész világ úgy ahogy van az egy gonosz valami. És ez a gonosz valami mindenkire szörnyű hatással van?
- Míg Jézus nem „jött" addig minden ilyen volt? És majd jön Isten fia, és lerontja az ördög munkáit. No akkor most csak csökkenti, avagy meg is szünteti? De mivel már jött a megszüntető, vagy lerontó, akkor miért van „annyi baj még mindig a Földön"? És akkor innen kezdve fogunk reménykedni? Csak reménykedni? Ez a biztatás ilyen volt száz éve és még ma is ugyanez?
- Az Úr (pardon itt Jehova!) azt ígéri, hogy el fogja pusztítani a Sátánt. No és mikor? Valami támpont? Ja és jön a jóvátétel. Ez van a szórólapon! Jóvá tesz minden kárt! Mi volt az a kár, és milyen lesz annak a formája?
- És jön az új uralkodó. Megszánja a szegényt. És akkor ez gazdag lesz? Mindenki gazdag lesz? És ez akkor milyen forrásból fog megvalósulni? „Az elnyomástól és erőszaktól megváltja lelkünket". Ezt sehogy sem tudom értelmezni.
- Isten nem hazudhat. Hát ez szép: Miért ez is kétséges volt?

- Lenne még több kérdésem is, de hát (tudom nagyon jól) ezek is fikciósak voltak. Ezekre válaszolni nem lenne jelentkező. Van itt egy másik megválaszolni való is. Ez egy dal. Többször hallottam ezt temetéseken főleg. Igen dallamos, fülnek tetsző zene. De nézzük azért végig.

***

Hadd menjek szövege így is, úgy is

1. Hadd menjek, Istenem, Mindig feléd,
Fájdalmak útjain Mindig feléd!
Ó, sok keresztje van, De ez az én utam,
Mert hozzád visz, Uram, Mindig feléd.

2. Ha este száll reám, S csöndes helyen
Álomra hajtanám Fáradt fejem:
Nem lesz, hol nyughatom, Kő lesz a vánkosom,
De álomszárnyakon Szállok feléd.

3. Szívemtől trónodig – Mily szent csoda!
Mennyei grádicsok Fényes sora.
A szent angyalsereg Mind nékem integet.
Ó, Uram, hadd megyek Én is feléd!

4. Álomlátás után Hajnal ha kél,
Kínos kővánkosom Megáldom én.
Templommá szentelem, Hogy fájdalmas szivem,
Uram, hozzád vigyem, Mindig feléd.

5. Csillagvilágokat Elhagyva már,
Elfáradt lelkem is Hazatalál.
Hozzád ha eljutok, Lábadhoz roskadok,
Ottan megnyughatom Örökre én!

Sokszor (igen 10-20?) meghallgattam a fenti református éneket (bár megtaláltam más felekezeteknél is), és minden esetben nem tudtam más lényeget kihámozni ebből: hogy én szegény szerencsétlen sorsú ember, küzdök a világgal, de sehol nincs nyugtom. Ráadásul a párnám is egy kődarab? És a nagy kérdésem, hogy hol van az a láb ahova én is roskadnék?

Hát persze tudom én is, hogy ez jelképes megtérés, és az is hogy az Úr lábához való roskadás, valami megbékélést jelképezne. Igen, az Úr, az Úr… de hol van ebben maga az ember. Az mind szerencsétlen, és ha roskad akkor leli meg a maga lelki békéjét?

Persze a dal, az csodaszép, talán ennek a fényében a roskadás sem olyan végzetes, vagyis a dal szerint az örök megnyugvás állapota. No de ez már a halál utáni helyzetre utal.

Ha ez egy temetési szertartás része (Többször hallottam ekkor ezt), akkor az ember előző életének hol van ebben a megnyilvánulása? Szegény párom temetésén is ez hangzott el. A temetést (jogszabály megnézésének elmulasztása miatt) nem én intéztem!

Nézzük már meg így szép sorjában, mit is tudok én ebben „látni", mert akárhogy is és csak így tudom a fentieket értelmezni.

A hadd menjek… sora. Miért is nem tud menni ez a valaki, és merre van ez a mindig feléd. Eddig nem tudott menni? Talán az irányt nem találta? Most nem viccelek, Akkor merre is tartson ez a szegény halandó? És ő mindig a fájdalmak útjain jár? És ezen akar mindig menni – hát valahogy nem értem. A sors olyan amilyen. Nehézségek mindenkinek vannak, ember e nélkül nem is létezik, ezzel együtt kell élni. Aki ezt nem így fogja fel, annak valóban szörnyűséges ez az élet. És így vánszorog valami felé egész életében? Ez valahogy nem egészen életszerű!

Ha este száll reám… Nem tudja, hol van? Valami csöndes helyen? És miért éppen követ kell választani vánkosnak? Nincs ott valami nagyobb fűcsomó, vagy egy marék szalma, avagy saját kabátja?

Mennyei grádicsok… Hát, ha valóban kő a vánkos, hát bizonyára rémes álmai vannak ennek a valakinek. De sebaj, egy egész angyalsereg integet. De ez mire jó nem tudom. Az egész föld körbe van véve angyalsereggel, mert hogy mindenhova jut belőle? Mert ugyebár, ha épp ebben a pillanatban Dél-Amerika déli csücskén is van kővánkoson alvó valaki, oda is jut angyalsereg?

Álomlátás után... Megáldani a kővánkost? Lehet... esetleg azért, hogy ez angyal látást eredményezett... talán?

Csillagvilágokat elhagyva már... Nagyon nem értem. Az egyik a kővánkos okozta csillaglátás. A másik a mennyben látott éjszakai angyalok?

A többit már tényleg nem értem. Az Úrhoz való eljutás. Akkor ő most valahol fizikailag ott van? Mert ha csak képletesen, akkor mi ez a nagy fáradozás az odáig való eljutáshoz. És van egy fizikai személy (az Úr) akinek a lábához oda lehet roskadni. És épp ha az említett Dél-Amerika táján barangol? Avagy annyi van belőle, hogy mindenhova jut. Ha oda értem és roskadoztam, akkor az Úr megcirógatja buksi fejem és ezzel minden el van intézve?

Félre értés ne essék semmiképp sem gúnyolódni akarok. Avagy minden emberi szó lényegtelen, csak a dallam, meg az odajutás képe felvázolása, vagy mi a dal, valóságos értelme? Jó lenne, ha ezt valaki elmagyarázná nekem.

Az én gondolatomban ez úgy képeződik le, hogy bizony sokunknak siralmas az élete (mondjuk ezt magamról semmiképp nem állítanám!) szükséges valami lelki megnyugvás. Akkor ehhez kell az Úr képzete? Magától nem tudja (hisz mindenható!) milyen rossz az én életem, és esedezem a hozzá kerülés végett!

Hagyjuk ezt én talán sosem fogom megérteni.

Egyet azért leszögezhetünk. Sok vallási jellegű könyvet elolvastam, ezen írogatáshoz való felkészülés tárgyában. Az egész bibliát (de úgy alaposan!), és másokat. A nagy konklúzióm mégis csak az, hogy az „írások" lényegi meghatározója az ember kicsinysége, elesettsége, szegénysége, tehetetlensége, nyomorúsága, szinte már alig emberi mivoltja.

Ja kérem ezért hát itt az „Írás" (és természetesen azt ha betartod!) itt a megnyugvás, a mindenből való kitörés áldása. Hát ha valaki e szerint él és így gondolkodik, úgy kell neki.

Én bizony másként látom ennek a fenti dalnak a szerepét a mai világban. De nehogy csak kritizáljak, megírtam a magam verzióját. Ugyanúgy énekelhető!

Mivel ezt valóban temetéseken szokták énekelni, magam is erre a helyzetre aktualizáltam a magam változatát.

Ha eljön az idő, talán nekem ezt fogják énekelni, amint megtérek – hova is???

Az élet véget ért, és nincs tovább
Gondjaink elfogytak, vár a halál
Sok örömeimnek, mindennek vége már
Hogy szép volt jól tudom, bánat sem vár.

Családom, barátim, ne sírjatok
Megtett éltemre majd, egy jót mondjatok
Akit megbántottam, nézze most el nekem
Így lesz szép végzetem, s elszálló lelkem.

Amint most elmentek, haza értek,
Legyen emlékező, néhány köztetek.
Emlékem itt hagyom, gondozzátok nagyon,
Ez lesz az üdv nékem, égi utamon.

Sokan voltak azok, kik csak adtak,
Gond nélkül távozom, éltem megszakadt.
Ti kik most itt álltok és engem gyászoltok
Ezt a dalt halljátok, ezt hagyom rátok.

Én most im búcsúzom, vár másvilág
Ahol csak csend van és, nincsen virág
Ha éppen felnéztek, a fényes nagy égre
Integetek nektek (a) búcsúnk végére.

Bizony... bizony sok mindent körbejártunk az emberi elme tájékán. Hogyan is viszonyul az ember a környező világhoz, de legfőképp önmagához. De hát kik is azok akik kiszolgáltatják számunkra a hit törvényeit? Honnan ered a hit alakulásának a módozata, milyensége?

Nézzünk szét egy kicsit a Pápák világában

Tényleg sokat gondolkodtam a vallás lényegén. Mi is ez? A mai állás szerint is van az Úr! És van annak a kiszolgáló személyzete. Úgy biz ám! Ha csak kiállna a pap (szerintem bárki is lehetne!) hogy elmagyarázza a nagyon egyszerű embereknek az Úr témáját, bizony nagyon keveset kellene „magyarázni". van az Úr és kész. A templomokban sem ennek a megkérdőjelezése van.

Régen (nagyon régen) is voltak emberek, akik nem értették a világ dolgainak a lényegét (Miért van árvíz, miért van tűzhányó, miért van betegség stb). És „termettek" mindenkor olyan emberek akik ezt „megtudták" magyarázni az előző embereknek. Nem mintha teljesen tisztában lettek volna az adott jelenséggel, de úgy tettek mintha igen. És ez így halmozódott, amíg azt lehetett mondani, hogy kialakult a megmondók rétege. Vagyis kialakult a papi réteg elődje, amely már mint világhatalmi szervezet funkcionál. Amúgy meg hogyan lehetett igazolni a „felső hatalmi" ismeretség lényegét, minthogy félelmet kellett kelteni az iránt.

. A félelemkeltés az egyház legnagyobb fegyvere. Lásd a biblia bőséges bemutatását. Nézze meg valaki a Görögországi Meteórák kolostoraiban lévő festmények sorozatát. Azok láttán még ma is az ember szörnyűségbe esik. És ez a szemlélet a nagyon régi világban (mármint, hogy félni kell) általános volt. És ha fél valaki valamitől, szinte rögtön jelentkezik az oltalmazó is. És ezek majd megvédenek engem mindenféle ártalomtól.

Régen egész praktika halmaz volt divatban. Ördögűzés, rontás levétel stb... Egy régebbi időben maga az egyház árulta a bűnök (mert mindenhol rádolvasták, hogy bűnös vagy!) megváltására szolgáló búcsúcédulákat. Kellett a pénz – ja, hogy az Atya? Az épp most nem volt fontos!

Mind ezek ellenére a Római Pápa, ma is a világ legbefolyásosabb embere.

De nézzük meg a tényleges működtető hátteret. Nézzük meg kik és mik voltak a pápák? Azzal kellene kezdeni, hogy van az Úr, és ennek földi helytartója a Pápa. Úgy gondolná az ember, hogy e két szentség napi kapcsolatban van egymással. Miért is ne, Az egész biblia szinte csak arról szól, hogy mit mondott az Úr. Ezeket a mondásokat valahogy közölte, hogy az ember, a földi ember ténylegesen megértse.

Jó, ha nem is emberi szavak voltak a végrehajtandó feladatok, valamiféle érthető közlés mégis csak kellett az információ (parancsok) átadásokhoz. Tényleg, mi is volt – és van – az Úrral való kommunikáció formája. No nem – nem, hogy egy két okos mond valamit, hogy ő beszélt az Úrral, hanem igazolható formában derüljön ki az Úr elvárásainak a lényege. Régen divat volt egy két hagymázas próféta (aki annak mondta magát) „drogos" (mákonyos) állapotban való mondásainak a felírása.

Ha régen mondjuk tényleg ez volt a közlés módja, mert, hogy ezt hitték – de mi van a közléssel a huszonegyedik században. Egy ilyet megnéznék!

Térjünk vissza abba a körbe, hogy a közvetítők? Ezek legtöbbször a „szent emberek" voltak. Ezek mióta világ a világ mindig megteremtek a földön.

Tekintsük át a Pápák világát, a kezdetektől fogva a mai napig.

Beszéljünk a reneszánsz pápák világáról, életviteléről, javadalmazásáról, egyházi hivatalok adás-vételéről, és az általuk elkövetett bűnökről! Micsodaaa...? Hát óvnak minket a bűnök elkövetésétől!! Ezek a kedvezőtlen dolgok (már a Pápák és környezetéé), már a XIII. századtól kezdve feltörtek. Ekkor már a Pápa és az érsekek, bíborosok nagy világi főurak módján éltek. Már itt előjött a régi népi bölcsesség: „vizet prédikál és bort iszik".

A XIV. századtól megszaporodtak a papi adószedők. Mindenkit megítélhet a Pápa, de őt senki! A középkorban népek, nemzetek és királyok felett uralkodott. Sőt bárkit meg is alázhatott. Óriási vagyonok felett uralkodott. Hol az ősi szegénységi fogadalom? Ez az egyház (a katolikus egyház) tett szert hatalmas vagyonokra, Bár azt is meg kell jegyezni, hogy pártolta a művészetet (Rómában főleg!), ispotályokat hozott létre, egyetemeket alapított. Most, ha rossz indulatú akarok lenni, bőven volt is miből!

Ebből a hatalmas vagyoni világból voltak kilépők. A hit tanítása szerint cselekedett Assisi Szent Ferenc. Voltak persze többen hasonlóak – a vagyonuk mindnek az egyházra szállt.

A pénz körüli huza-vonák, anomáliák végig kisérték az egész egyházat, majdhogynem a mai napig.

Az egész egyház elve volt, hogy a szentek legyenek szegények, azért szentek, de a papok főpapok nagyon is értették a pénz szerepét. És a vagyonok csak gyűltek és gyűltek Sőt volt még egy titkos kincstáruk is, amelyről csak néhányan tudtak. Ezt a titkos kincstárat többször is át kellett építeni, mert nem volt már elég hely a kincseknek. A második átépítés alkalmából a tény kiszivárgott, de a Vatikán végig tagadott. A Vatikán pénzügyi attrakcióit lehetne taglalni, de ezt most nélkülözöm.

A Pápa történelem érdekességei közé tartozik, hogy 882-ben már Pápa gyilkosság volt. Az Úr most éppen nem nézett erre a vidékre, ahol a hű szolgája volt. Akkoriban 45 Pápa közül 15-öt bocsátottak el (ezt a rendetlenséget!) további 15-öt zártak börtönbe, vagy küldtek száműzetésbe, a többiek gyilkosság áldozatai lettek. Ezt a zűrzavart! De azért mondjunk jót is.

A XI. – XVI. századi reneszánsz Pápák inkább világi fejedelemként viselkedtek. Művészetek felszabadultak, virágoztak a tudományok. (Leonardo da Vinci). Ennek ellenére volt úgy is, hogy egyszerre 3 Pápa létezett. Később is több Pápa váltotta egymást. „Többségük el járta a maga táncát". Rokont neveznek ki mindenhova, elűzik egyiket, másikat, ilyen lázadás, olyan lázadás stb...

IV. Sixtus mindent családi érdekeinek rendelt alá. Virágzott uralma alatt a megvesztegetés, a korrupció. Ugyan már Pápa bácsi, Isten helytartója!

II. Pius egy titokzatos utazáson vett részt Angliában. Hajóval mentek, viharba kerültek és Pius megfogadta, ha túléli, mezítláb megy Whitkirk-ig. Megcsinálta a fagyos, köves úton – egész életében rettentő köszvényes volt. Hiába fentről szóltak neki. Hogy problémáját felejtse rendszeresen összejárt báseli barátaival és jó nagy tivornyákat rendezett („a Szent Pápa.") No meg lett két törvénytelen gyermeke is. De rendes egy Pápa bácsi volt! Gyermekeit maga mellé vette a pápai palotába. Én meg még meg is dicsérem ezért. Hogy közben a szent élet hol van, az legyen a mai napig a mennyben tartózkodó szentlelke gondja.

De az egyensúly általában helyrebillen. A II. Piust követő II. Pál viszont a fiúkat szerette.

VIII. Ince (1484-1492) és VI. Sándor (1492-1503) már teljesen nyíltan vállalták törvénytelen gyerekeiket. No persze semmi nem tart örökké. Az előzőek után végre jött egy igazi Pápa, II. Gyula (1503-1513). Erkölcsösségéről legendák szóltak. Ő alapította meg a svájci gárdista egységet. (1506)

Volt itt egy majdnem magyar Pápa: Bakócz Tamás. Hiába osztogatta bőven a pápaválasztó bíborosoknak az arany dukátokat – de mégis vesztett.

A sor folytatódik. 1475-ben született a firenzei Medici családban Giovanni di Lorenzó. Már 3 éves korában megkezdték oktatását, felkészítését. Hiába csodagyerek volt. Alig 7 esztendős, mikor egy kolostor élére került. 13 éves korában már bíboros. (Azt a ... akármit is!) 38 évesen egyházfő.

Búcsú cédulák – aki megveszi mentesül minden bűn súlyától. De jött Luther Marton és kiszögezte a Wittembergi templom kapujára 1517 október 31-én a 95 pontját.

És jött X. Leo, és vele mindenféle földi jó, mértéktelenül. (Szép ruhák, csábító asszonyok, fenséges ételek, utca bálok stb.) Fényűző orgiák (bohócok, énekesnők, kurtizánok, akrobaták, udvari bolondok, erotikus komédiák) álarcos bállal ahol ott rohangáltak a Pápa gyermekei is. Kell ennél több? Nem is mondtam, hogy eddig a Pápákat az olasz történelmi családok adták. (Mediciek, Carafák, Gonzagák, Cornarók.). A sok pénz eléggé tudta stabilizálni ezt a (no mit is írjak) rendszert. Kialakult pénzforrások – ezzel járó fényűző életmód.

Kérdezhetné valaki, hogy hol van itt a hit szolgálata? Meg van! Meg van! A legtávolabbi végeken! Folytonos a megfélemlítés! És hát mindenki úgy ahogy tudja – szeretné megváltani a maga meglévő (nem lévő!) bűnét.

A pénz meg csordogál (mit csordogál – ömlik!) felfelé. A sok törvénytelen gyerek utódnak is jutott bőven! A falvakban meg csinálják a templomokban a sok hókusz-pókuszt, no meg az örökös fenyegetést, a jó útra térés szükségességét

A Vatikánban pedig évszázadokon az úri fényűzés uralkodott, annak minden nemű eltorzulásaival. Egy megjegyzést, mert csak kell tenni. Hogy mindaz a fenti világ évszázadokon tudjon létezni, bőven kellet tartani kémeket, orgyilkosokat, méreg keverőket (szó szerint!) a „rendszer" működéséhez.

Mi jöhet még? Talán az elképzelhetetlen? Hogy egy beszélgetésben, amit valószínűleg lejegyeztek VI. Sándor Pápa (mint ahogy ezt néki kötelességből meg kellet volna tenni) még Istenben sem hitt! Pico della Mirandola széles mozdulattal keresztet vetett – Atyaúristen – kiáltott fel. Bocsásson meg Szentséged, Ön nem keresztény! Nem, hitemre nem, csakugyan nem, felelte a Pápa. Hát itt állunk! Hogyan lehet mindezt – mármint a fentieket – a mai korban értelmezni? Hogy a múlt nem számít? Ezek az Úr gyarló szolgái voltak. Tehát minden a múltban gyökerezik, avagy nem? Jó...jó... meg lehetne változtatni, vagy nem?.De hát ugyanaz a biblia érvényes ma is, mint akkor. Meg gyilkosságok is előfordultak a Vatikánban. Lukrécia Borgia (VI. Sándor egyetlen lánya) első férje (Sforza herceg) után a második férj sem végezte szebben – megfojtották.

Ebben a könyvben van egy idézet Bembó bíboros feljegyzéseiből, ami arra utal, hogy a Lukrécia gyermekének az apja, az ő apja, vagyis a nagyapa. Hát ezt már én kétséggel fogadom. Hogy apjával és testvérével is vérfertőző viszonyt folytatott. No ez a Lukrécia (no ez már nem a vallás ügye!), harmadszor is férjhez ment – itt meg miről szóltak a pletykák (amik nem is pletykák voltak talán?), hogy apósával is szerelmi viszonyt folytatott. Na meg még mint művészeti mecénás, költőkkel, énekesekkel is intim kapcsolata volt. Szó, mi szó igen jól bírta a csaj! Bár ez már nekem is sok volt, amint olvastam az erről szóló könyvet.

Itt már felmerülhet az a kérdés, hogyan lehetséges az, hogy az egyházi körökben a pápától lefelé bizonyos mértékig, ennyire leáradt ez a romlottság. A fő elvek korábban is léteztek, sőt prédikálták is, de a felső és közép egyházi vezetés bizony elítélően élt. Hol volt akkor a szeretet, a szegények segítője, betegek védelmezője, elesettek istápolása dogma létezése? Mert hát azért a hírek lassan, de biztosan terjedtek.

Az addig jár a korsó... népi mondása itt is érvényesült. Előbb utóbb kezdett az egyház hanyatlani. És jöttek a próféták. És megjelent Jézus, aki után sok minden megváltozott.

Majd jött Nagy Constatinus (Nagy Konstantin) (306-337) és egyfajta rendet tett. (Lásd egy máshol idézett írásban).

Így az „első Pápa" Nagy Konstantin császár volt. 325-ben ő hívta össze a Niceai zsinatot, ahol lerakták egy másfajta egyház alapjait.

A Krisztus egyháza és a Katolikus egyház egymásnak ellentétes szervezeti felépítésű, más hitű, más gyakorlaton nyugvó rendszer volt. Azt, hogy hogyan lett ebből később közös nevező, azt most nem taglalnám. Egy csomó belső harc követte ezen időket. Újfent kialakult a vallás és az állam közötti vetélkedés.

A Római Birodalom összeomlása után a Római Katolikus egyház lett a császárság szellemi tovább vivője. És ez az egyház lett az igazhitű Krisztus követők és a zsidók legnagyobb üldözője és gyilkosa. Ez 30 – 65 millió ember kivégzését jelentette.!!!

Ez a szervezet (avagy micsoda?) királyokat döntött romba, népeket semmisített meg. 1600 éves létezése során szegényeket, gazdagokat, nemzeteket és országokat fosztott ki Isten nevében. Kétely nélküli vak hitet és tiszteletet követelt meg híveitől, népektől, királyoktól, államfőktől. Ezt jelképezi a hármas tiara (korona) a földi hatalmat, a mennyet, és a purgatóriumot.

Kialakult az új egyházi hierarchia. Elkülönült a császári és a főpapi hatalom, egyenrangúan, de a főpapság élvezett elsőbbséget.

Majd jött az egyház szakadás 1054-ben. Bizánc és Róma lett az új központ.

Amúgy meg ez a pápaság, másképpen a főpapság szinte mindig az állami világ fölé szeretett volna kerülni.

IV. Ince pápa (1243-1254) úgy nyilatkozott, hogy Krisztus nem csak papi, hanem királyi uralmat is alapított. Már meg is van az ideológia!

Jó kis téma lehetne a szent (ha-ha szent!) inkvizíció. Erről is lehetne egy külön könyvet írni. Azt a bődületes sok marhaságot mind feldolgozni?!

III. Ince Pápa (1198-1216) érdemes megemlíteni, hogy ő indította útjára ezt az idióta egyházi őrületet.

Hát értették az emberi kínzás minden csínját-bínját. Boszorkány égetések – az inkvizíció áldozatainak a száma egyes becslések szerint megközelíti a 10 milliót. Nagyon én sem hittem, de ez van leírva!

Egy adalék: egy teológia professzortól (Hans Küng) épp Ratzinger bíboros (nem oly rég elhunyt Pápa – utoljára nyugdíjas) tagadta meg a kutatási engedélyt, a múltra vonatkozóan, főleg az inkvizíció témájában. Már megint!

Egy jó példa a propaganda hatásaira.

Régebben – még a pogány időkben – voltak a minden tudó sámánok, avagy a mindenes „papok". Ez a pap kifejezés a régi értelemben nem a mai tartalmat jelentették. Ezeket hívták Wiccáknak. Aki egy személyben volt orvos, bíró, tanácsadó, varázsló, pap. Úgy mint a természeti népeknél lenni szokott. Ők közvetítették a „felső hatalmak" (maguk sem tudták, hogy mik – Istenek?!) és az emberek közötti „kommunikációt".

De jött a kereszténység a maga sajátságos hitvilágával, szokásaival, egyebekkel.

Ez által a régi világ minden lett, csak nem jó. Az előző papok gonoszok, és azon mesterkednek, hogy az emberek, állatok terméketlenek legyenek. És a termés elpusztításán mesterkednek. Ez időben az észből ennyire futotta!

Mivel ez nagy körben lett terjesztve, az egyszerű nép jó része még el is hitte.

Hát a propaganda hatása már akkor is érvényesült!

De az, hogy évszázadokon át ezt tették – talán még a tudatukig sem jutott el a többségnek.

De jött az új módi. Az új Pápa Nagy Gergely (590-604) elrendelte a bálványok megsemmisítését. A régi rend papjai közellenségnek lettek nyilvánítva, akiket üldözni kell. A nagy sokaság elsőre nem tette ezt, de az új rendnek volt ereje, hogy az elgondolás megvalósuljon! Természetesen egy kis idő kellett hozzá. Ilyen volt hát az „ősi" átmenet a régi világból az új világba.

Ki lett mondva, hogy aki nem tér át az új hitre (a régi megszokott hitből) az a Sátán híve. Mi lenne más? Gondoljuk hozzá a sok akkori atrocitást az új vallás vezetői részéről. Templomok tárgyai összetörve stb. A „propaganda" győzött.

A félelmek eluralkodtak. Ki akar az akkori „meggyőzés" alanyává válni?

ÉS jött ezek után a sok zagyvaság – pl a démonok üldözése VIII. Ince pápának (1484–1492) még bulla kiadása is volt a boszorkányság ellen. (Summis desiderantes affectinus), Hogy minek következtében tette ezt, leírja ami egy förtelmes indok, hogy miért tette ezt, amivel indokolta a bulla kiadását. Hát akkor erre volt képes az akkori agy!

Csak a boszorkány üldözés több mint 500 000 áldozatot követelt. Az akkori egyházi főknek ez volt a dolga. Hogy mennyire voltak korlátoltak az akkori teológusok, más tudósok? Egy példa a Malleus Maleficárumból (A boszorkányok pörölye – Kramer és Jacob Sprenger tollából):

Az V. században egy férfi, egy nemes hölgy ágyába bújt (nahát mik voltak akkor!) Előbb obszcén beszéddel akarta felizgatni (még ilyet?), majd bűnös szexuális aktusra szólította fel. A hölgy sikoltozni kezdett, segítséget hívott, a férfi pedig az ágy alá bújt (de sok színdarabnak része az ilyen) és tessék figyelni: Sylvanus püspök ábrázatát vette fel (még ne tessék röhögni, egyebet gondolni sem, pl. akár ő is lehetett). Másnap a felettes hatóságok megállapították (genetikai mintavétellel, labor elemzéssel!), hogy a csábító valójában az Ördög volt (talán Ördögh Sándor?), aki felvette a püspök alakját. Hát ez az a híres egyház, milyen pontos megállapításokat tud tenni, és hitelesen!

Ez a fenti valójában létező mű (3 részes) rámutat arra, hogy a boszorkányok képesek lidércnyomást okozni (nekem is volt már egy-két alkalmam ebben – csinos nő képében ha... ha... ha.). A boszorkányok képesek voltak lidérceket kikölteni (no ezt végképp nem értettem, hogy ez hogyan működött, de ők biztosan tudták!), továbbá paráználkodni, közösülni az Ördöggel, uralkodni a szeretett, vagy gyűlölt férfi elméje felett. Képesek a nemző erő elvételére, nemi aktus megakadályozására, amelyek következtében a férfiúi szervek teljesen visszahúzódnak az érintettek testébe, vagy elválnak a testtől. Hogy az akkoriak nem fuldokoltak a röhögéstől? – mert én már igen! És akkor ilyeneket írtak le teljesen komolyan, mint a fent leírt műben látszik. Hát ez a sötét középkor!

A leírt történeteknek, se vége, se hossza, de ennyi talán elég a röhögni valókból. Már utaltam rá, hogy ehhez hasonló események a régi írásokban ma is fellelhetők, de a szomorú, hogy a mai hitvilágban is utól érhető! Ők tudják.

No persze, az a rengeteg kínvallatásnak kitett, majd megégetett személy felől nézve, nem is volt ez valami mulatságos esemény – ugye kedves fő- közép- és alpap bácsik?

Szólni lehetne a keresztes hadjáratokról is. Sok száz literben kellene mérni az általuk kiontott vért. Szó lehetne a zsidó üldözésekről – mint az előző!!

Talán most már elég is lesz a Pápák világából. Igen sok idevonatkozó művet olvastam el ebben a témában. De ha mérleget vonok – mondjuk az 1900-as évek elejéig – hát nem sok jót tudtam írni. Nem feltétlenül az anomáliákat kerestem, de ha a lényeget kellene megragadni – mindig a leírt lényeg maradt a meghatározó.

Persze... persze, a mai papság egyértelműen más.

Fel, fel, ti rabjai a földnek...

De kérdezem – a múltat végképp eltörölni? (mint a régi elvtársak egyik dalában?) Ez így helyes? De talán lehetséges-e?

Az internacionálé fordítása.
Fel, fel, ti rabjai a földnek,
fel, fel, te éhes proletár!
A győzelem napjai jönnek,
rabságodnak vége már.

A múltat végképp eltörölni
rabszolgahad indulj velünk!
A föld fog sarkából kidőlni:
Semmik vagyunk, s minden leszünk!
Ez a harc lesz a végső,
csak összefogni hát!
és nemzetközivé lesz
holnapra a világ!
Védelmező nincsen felettünk,
se isten nem véd, sem király:
A közjó alkotói lettünk;
hát vesszen el, ki ellenáll!
Pusztuljon ez a rablóbanda,
a rabságból elég nekünk.
A lángot szítsuk, rajta, rajta!
A vas meleg, hát ráverünk.

Ez a harc lesz a végső,
csak összefogni hát!
és nemzetközivé lesz
holnapra a világ!

A gazdagoknak kedve-kénye
erőnkből szívja ki a vért,
csaló az államok törvénye,
mert minden bajt szegényre mért.
Kíndolás most a munka bére,
de már ebből elég, elég!
Szerszámot hát az úri kézbe
s ide a jognak a felét!

Ez a harc lesz a végső,
csak összefogni hát!
és nemzetközivé lesz
holnapra a világ!

Mi milliók, mi munka népe,
mi alkotunk a földtekén,
mienk lesz még pompája, fénye
s a munka nem lehet szegény.
A tőke még a húsunk marja,
de már a gyáva had remeg;
kelőben már a munka napja
s ragyogni fog a föld felett.

Ez a harc lesz a végső,
csak összefogni hát!
és nemzetközivé lesz
holnapra a világ!

No ennyi marhaságot még egy csomóban!
    Kérem innen mindenki alkossa meg a maga saját nézetét!
    Az egyház – igen, tett sok jó dolgot, mint utaltam is rá korábban. Az elmúlt egy-két száz évben az elmarasztalható ténykedés erősen visszaszorult. Ma már ott vannak a társadalom fejlődésének több formájában is (iskolák, szegény gondozás, egyéb karitatív cselekedetek) Ma is jelentős a társadalomra való ráhatása, egyfajta ember formáló erőt képvisel – persze az Úr nevében jobbára. No meg a mai működési rendjükben ma is ott van a múltnak a „hagyatéka". Más formában ma már az „emberi jó" platformján vannak.
    Azok a sok minden – amelyet többször marhaságnak neveztem – nem is lehetett másnak) már jó részt kiveszett belőlük. Igyekeznek valóságos emberi arcot mutatni. De a megfélemlítési szokásaik megmaradtak. Az Ördög is megmaradt, no meg a pokol is, meg a forró olajban való megfőzés is!
    A féld az Istent, mert... szindrómája továbbra is él.
    Az elvárás, továbbra is rendszerezett viselkedési normán alapul. Rendszeres templomba járás, rendszeres imádkozás. Azt is tudom, hogy a mai élet filozófiájuk nem ember ellenes. Az egyházi iskolák szellemisége a rendre alapul –ami helyes is.

Az meg, hogy az életszemléletük egy felső erőhöz kötődik, hát ez legyen az ilyen ember belső magánügye.

Bejártuk az egész Univerzumot (a milliomod részét sem!), kitekintettünk a saját galaxisunk vidékére, közelebb jöttünk a saját Naprendszerünkbe, míg végre megérkeztünk saját bolygónkra – a Földre.

A földön is sok mindent megismertünk. Hogyan alakult ki a Föld, ezen hogyan alakult ki az élet – persze sokszor csak hipotetikusan egyéb ismeretek híján.

Elkezdtük megismerni magát az embert a korai időkben (pl- a vallás). Így jutottunk el a mához – ez az újabb időket jelenti. Az időszámítás utáni időket lehetett volna a történelem vonalán is áttekinteni, de én a vallás világát idéztem meg. Bár azt a maga valóságos tárgyi vonatkozásában nem pedig vak hittel.

Természetesen mindig az ember mint olyan „kutatása" tárgyában. Így jutottam el a huszadik század igen mozgalmas és főleg borzalmas világához. Ezt is át szeretném tekinteni, amint mondottam már a magam sajátságos módján.

Megindult a távlati közlekedés, kialakult már egyfajta hírközlés, ami elősegítette az emberiség mozgalmas életének a kialakulását. (Lenin beutazta fél Európát, ha az érdeke úgy kívánta!)

Az első világháború még csak-csak olyan volt mint egy háború „lenni szokott". Nevezhetném hagyományosnak is. A technika még nem játszott döntő szerepet a háború folyamán annak ellenére, hogy már itt is megjelent.

Itt még szemtől-szembe gyilkolgatták egymást az emberek.

Az emberi történelem „nagyjai"

Az emberi fejlődés folyamata mehetne a maga spontán módján – talán az lenne a legjobb. De nem! Mindig akadnak feltörekvő, akarnok és sokszor zsarnok emberek. Nem kellene, de ezek a legtöbbször érvényesülnek. Ők maguk sem tudják, hogy miért teszik ezt – de úgy látszik a vérükben van. Ez csak egy dolog lehetne, de mégis sikerűl. Viszont ott van a széles nép tömeg aki nem ezt akarja, de mégis törnek fel az emberiség zsarnokai. Már is rá lehetne vágni, hogy ne hagyja. Épp az, hogy ez nem ilyen egyszerű. A zsarnokok nagyszerű meggyőzési technikával rendelkeznek és élre törnek. Kialakul a sok hasonló törtető ember a zsarnok körül. És kialakul a zsarnok működési taktikája, és ez sugárzik lejjebb és lejjebb. a nagyszámú plebsz szinte már tehetetlen.

Nézzünk szét a múlt század ezen „dicsőséges" emberei között. Akik a tömegterror atyjai voltak.

LENIN. (nem mintha megérdemelné a nagybetűs felírást, inkább a figyelembe ajánlást)

Kevés olyan ember volt a világ történelemben akit ennyit dicsőitettek volna. Pedig ha jobban megnézzük ezt a „dicsőséges" embert, rájöhetünk, hogy a róla írtak nem igazak. Még hogy nem igazak, épp az ellenkezője az igaz. De hogyan is fordulhatott elő egy ilyen helyzet?

Talán sokan tudják már, hogy a szovjet rendszer (mint minden kommunista vagy fasiszta ideológia) kizárólag hazugságokra alapult – mint elvi síkon mint a gyakorlati élet minden területén.

A tömegek abban az időben egyáltalán nem ismerték meg ezen diktátorok személyét (valós személyét) de a múltjaikat végképp. De még az ezekhez közel álló személyek is félig homályban látták a „nagyvezért".

Ez a szegény Uljanov, bár értelmiségi családból származott, jaj de szegények voltak. A kommunizmus gyűlölte az értelmiséget és a gazdagokat! Később az elvtelen elvtárs költők, írók csoda világot kerítettek a gyerek köré. Micsoda tehetség brillirozó elme, holott minden az ellenkezője volt. Egy nagyon is átlagos gyerek volt ez az Uljanov. Tartózkodó, bátortalan – ezek a szavak az időben akkor hangzottak el mikor még csak gyerek volt.

Még a mai idősebb generáció is úgy tudta, hogy a cári rendszer micsoda borzalmas kizsákmányoló rendszer volt. Ez így volt tanítva az iskolákban – sőt még én is így tanultam. A szovjet propaganda otthon is no meg a „felszabadított" területeken is működött. Nálunk is volt a pártnak (MSZMP) mindenhol a legkisebb egységéig agitációs és propaganda osztálya.

Tehát így lett a cári rendszer egy népelnyomó, kegyetlen diktatúra, holott az igazi diktatúra a szovjet rendszer volt. Aki mert komolyabb ellenfél lenni, annak több évtizedes kényszermunka tábor vagy halál volt a jutalma! Amit megsínylett az egész család. Ezek már mind ismert embertelenségek voltak. A gyereket nem vették fel az egyetemre, külföldre nem lehetett menni, az adható kedvezményekben nem részesülhettek, stb... stb.

Lenin bátyja részt vett a cár elleni merényletben. Őt felakasztották, de a család többi tagjainak semmi bántódása nem esett. A papa iskola igazgató marad, az öccsét felveszik az egyetemre és jogász lesz! Oda megy ahova akar. Senki nem akarta kivégeztetni, mint ahogy a későbbi szovjet diktatúra ezt megtette sok százezer, vagy millió esetben. Leírjam az előzőeket számszerint? Korábban ilyen témában 0, majd – 1 000 000!!!

A végzett Uljanovot eleinte nem érdekelte a politika. De történt valami. Elolvasta Marx tőkéjét, és oda keveredett egyes „lánglelkű" fiatalok közé.és ott pedig ő volt a cár merénylő öccse. Akik „rátaláltak" Uljanovra – ezek pedig egyszerűen anarchisták voltak. Lenin akkor egyáltalán nem volt forradalmár, másokra sem gyakorolt ilyen hatást. Több feljegyzés is (Trockij, Zinovjev) semmiféle jelentős jellemvonást nem tulajdonítottak neki.

A későbbi életrajz íróinak „igen komoly munkát" kellet végezniük, hogy (történeteket, anekdotákat) kiemeljék a nagy szürkeségből. Kitaláltak mindent, ami által a nagy hős jelleme kialakult. Itt fel kellene sorolni azt az ember feletti csodás adottságot amivel „rendelkezett".

Csak úgy beszúrom ide személyes „élményem" amit a tv-ben láttam egykor. Gyulán láttam, ahol a román adás kitűnően vehető volt – én meg véletlen odakapcsoltam, és egy ideig ott is maradtam – én untam meg hamarabb. Képernyő két szélén – az egyiken egy férfi, a másikon egy nő – kihevült arccal, mély megindultsággal dicsőíti Nicolae Caucescut. A képernyő közepén egy nagy vegyes kórus, díszes ruhában énekli a dicshimnuszt.

Azért gondoltam, hogy dicshimnuszt, mert sűrűn elhangzott a Caucescu név fennkölt ismételgetése benne. És valami néhány soros versikével zárja a strófát hol az egyik oldal (a férfi), hol a másik oldal. De mindkettőnél a kórus, és a két oldalsó szavaló utolsó mondata a Nicolae Caucescu volt. De ez az utolsó mondat valami földöntúli átszelleműltséggel. És ez így ment órákon át! Hihetetlen látvány volt számomra. Ezért is maradt meg ennyire bennem. Igen..., órákon át. Láttam!!!

De vissza Lenin elvtárshoz.

Lenin akit a forradalom lendülete vitt előre, és magával vitt mindenkit. Üstökös volt és lángész, zseni mindentudó. Persze volt aki leírta őt ebben az időben: zömök, kissé görbe hátú, arca 24 évesen is ráncos volt. A kezdeti idők agitátorai kifejezetten gyávának tartották. Sokan úgy emlegették ebben az időben: az akasztott Uljanov öccse. Még a keresztnevét sem ismerték.

Épp ezért mégis elindult valami. Ilyen alapon fogadták be maguk közé a „munkásvezérek". A Marx mű magyarázatát bízták rá. Erre a célra alkalmazta őt a munkás élcsapat. Végig elméleti ember akart maradni. Amikor kérték, hogy lépjen a tettek mezejére, csak annyit válaszolt: „nem értem, Önök mit neveznek a tettek emberének". És ez így megy 1917-ig (22 éves) soha semmiben nem vesz részt, távolról figyel és elmélkedik. Végül létrehoz egy csoportot, akik csak neki engedelmeskednek. Innen kezdve megjelennek nála a diktátori attitüdök.

Még kicsiben, de kezd leszámolni politikai ellenfeleivel. Csöndben és aljasan számolt le minden ellenfelével, vagy vetélytársával. Kigolyózta őket a pártból, a vezetésből, majd amikor tényleges hatalom került a kezébe, akkor az erőszaktól sem riadt vissza. Itt akár meg is állhatnánk. Innen már pszichológiai esetként is folytathatnánk a továbbiakat. A senki jellem addig-addig helyezkedik (talán ennek külön tanulmánya is van) amíg politikai hatalomhoz jut. És innen már egyenes az út előre: Hitler, Sztálin... a sor igen hosszú lenne.

És ez az Uljanov-Lenin ebben élte ki magát. 1905 és 1917 között szinte bujkált – soha semmiben nem vesz részt. Ahogy komoly a helyzet onnan mindig távol tartja magát

Tehát kedves Lenin elvtárs egyre-másra csak írogatott, áskálódott ellenfelei ellen és több időt töltött Nyugaton, mint otthon. Írogatta a kapitalizmus fertelmes világát, meg szépen élvezte annak minden pozitív vonását. Itt készítette elő a diktatúra mentes világban saját maga elképzelt diktatúráját, amely kitartott egészen 1991-ig!

Lenin elvtársat letartóztatják. Kisebb ügy – nem a külföldi uszítás a kapitalizmus ellen – a munkás szövetség ügyei miatt kerül száműzetésbe. Nem kell megijedni akkor még nem a szovjet Gulág működött. Mindennel el volt látva. Felesége is utána mehetett.

Szinte polgári jólétben élt és írta tetemes könyveit. Száműzetésének helyén is rendelkezhettek munkásgyűlésekről. Sőt a helyi rendőrség is tudott erről és eszükbe sem jutott ezeket megakadályozni. Ő viszont folyvást írta a kapitalizmus bűneit, és annak felszámolásáról elmélkedett.

Amint lejárt ez a szörnyű büntetés, Lenin elvtárs rögtön elutazott… Münchenbe.

Semmi megfigyelés, visszatartás. Ezek a piszkos kapitalisták!

Itt ide kívánkozik egy jó kis történet. Mivel Lenin felesége Nagyezsda Krupszkaja (legyen ő is megemlítve) egy durva kinézetű, férfias jelenség volt, mondhatnánk, hogy egy valódi trampli. A későbbi nagy „elvtársak" feleségei is ezt másolták (ósdi ruhában, konttyal a fejükön). Így akartak ők is Lenin követők lenni, Sztálin, Hruscsov, Brezsnyev (ide sorolhatjuk a mi „vezérünket" magát Kádár Jánost is) feleségei úgy néztek ki, mint egy vidéki étkezde termetes öreg szakácsnője. Hiába a párthűség!

Ja… hogyan lett Lenin… Lenin? Szerzett egy valódi igazolványt, amely Nyikoláj Jegorovics Lenin névre szólt. Hogy rejtve maradjon, az írásait ezen a néven kezdte aláírni – ennyi. A „hős" irodalma ezt persze másként tudja!

No igen a Szovjetunióban az embereknek az 1960-as évekig semmi személyi okmányuk nem volt, tehát nem tudtak sehova menni. Helyben mindenki ismert mindenkit – kisebb településeken – és ez volt a személyi igazolás.

Szóval ez a drága Lenin két igazolványt használt, hol az egyiket, hol a másikat! Vlagyimir Iljics Uljanov vagy Nyikoláj Lenin. Ez az igazolvány egy földbirtokostól származott (vajon hogyan?).

A történet csattanója: Lenin utasítására megkeresték a „névadó" két igazi fiát, akiket csak úgy kivégeztek. Az okot ma sem tudja senki.

Szóval Lenin elvtárs nyugaton tartózkodik – abban a kapitalizmusban, amelyben jól érzi magát – és folytatja kimerítő akna munkáját. Ezekről talán nem is érdemes értekezni. Ezek már nagyon „elvtársiak". Nyugaton él és onnan lázit, és megjelenik rajta a kór. A depresszió minden ismert jegyével. Diktátor baj???

1917 a Téli Palota ostroma, hogy a hős munkások és tengerészek mind-mind a cár ellen küzdöttek. A fenét! A cár hatalmát egy polgári ellenzék vette át! Az elvtársak még sehol sem voltak! Ők lobbantották lángra az egész világot. Röhej!

De az átengedett vonat vitte az elvtársakat Szentpétervár felé és vitte a milliók halálát jelentő „géniuszt"! Lenin hazatért, az állomáson várták, tömeg várta. Tartott egy zagyva szónoklatot (sosem tudott jót!) és elindult a pokol, majd a vesztét jelentette. Később persze jól taktikázott. Lenin számára a leggyűlöletesebb fogalmak a: a polgári ideál, szabadság, egyenlőség, testvériség. Nem szabadság kell a népnek, hanem proletárdiktatúra. Megkaptuk!

1917 Kerenszkij polgári kormánya van hatalmon, de gyenge a befolyása a tömegekre. Zűrzavaros a helyzet – Pétervár és Moszkva körül hat a bolsevik propaganda. Közben Kornyilov tábornok vérszomjas és cárhű kozákokból álló Vad Hadosztálya indul Pétervár felé. Mivel Szenrpétervár környékén már szinte többségben van a bolsevik népség, Kerenszkij ezekkel fog össze. És jön Lenin – bár ne jött volna! Világ életében mindig másokkal végeztette az eseményeket. Egy tesze-tosza típus volt. Egyes józanabb kortársai mondták ezt rá.

1917 október 23 a vörösök gyakorlatilag elfoglalták Pétervárt. Trockíj volt végig a vezér! Lenin elvtárs sehol! Ez az államcsíny a szociálforradalmárok és a mensevikek segítségével sikerülhetett. Október 24-én Antonov Ovszejenkó bolsevik vezető katonái körülvették a Téli Palotát. Semmi nagy dicsőséges ostrom.

Pétervár polgárai lényegében észre sem vették az állítólagos forradalmat. Este 10 óra körül maga a polgári miniszterelnök nyugodtan kocsiba ült és elhajtott egy vidéki katonai alakulathoz.

Hősies forradalom?? Ostrom gyűrű?? A kormány miniszterei továbbra is az épületben tartózkodtak. Egyszerűen zajlott a mindennapi élet. A lakosságnak továbbra sem volt fogalma arról, hogy Trockíj és Lenin vezetésével itt valami forradalom folyna. Jártak a villamosok, a színházak üzemeltek. Az operában Saljapin énekelt, éttermek tele.

A palotát könnyű volt elfoglalni – őrök alig. A benyomuló, üvöltöző, mahorkát szívó és köpködő „proletár tömeg" órákig bolyongott a hatalmas palotában.

Berohantak egyik terembe, ahol a miniszterek tanácskoztak. Ők sem tudtak semmiről. Talán ha tudnak – elmenekűlnek!

Érdekesség, hogy a védők egy része egy női alakulat volt. Ezek védekeztek ám keményen, senki más. Végül a proletár csapat (az előzőek) végül is győzött, a néhány védekező ellen, de hamarosan ráleltek a palota boros pincéire, és ott részegen lövöldöztek, és találták el a hordókat, no meg egymást. Később sokakat letapostak. Később ezeket a dicső katonákat (nem is katonák voltak) írták fel a dicsőséges forradalom emlékműveire. Végül is Kerenszkij miniszterelnök és Lenin még jó barátok is voltak.

Az egyébként készülőben levő béke egyezmény – Németország és Oroszország között az orosz miniszterek ahhoz is ragaszkodtak, hogy kerüljön be az egyezménybe, hogy Lenin mennyi pénzt kapott az oroszországi felforgató tevékenységért. Előrébb írta a könyv, hogy 1 millió márkát. Melyet Lenin elvtárs megprivatizált, így élt „csekonics" módra több országban is. Ezt Lenin elvtárs megtudván – lépett akcióba. Azonnal a forradalom mellé állt. Félt a leleplezéstől. És a Kerenszkíj féle kormány megdöntésére adta a fejét. Félt, hogy felszínre kerül egész mocskos múltja, és ezért neki tenni kellett valamit.

Jó tudni a puccs győzelmet és azt, hogy majd ettől kezdve azt forradalomnak nevezik, nem Leninék döntötték el, hanem egy baloldali kongresszus.

Amikor Lenin jelt kapott, hogy elfoglalták a várost előbujt rejtekhelyéről és bevonult a Szmolnijba, ott egymaga állította össze az új kormány névsorát, és „szerényen" magát nevezte meg elnöknek. Azt a „dicsőséges forradalmat", amelyet megnyertek, még többféle náció csinálta meg nemcsak a bolsevikok, de a Lenin által összeállított új kormányba csak a bolsevikok kerültek.

Trockíj későbbi emigrációban írt leveleiben az áll, hogy a nép nem akarta tudomásul venni a bolsevik „győzelmet", sőt ellenakciókat szerveztek. Mind Pétervárott, mind vidéken nagy passzív ellenállás bontakozott ki. Az összes állami hivatalban figyelmen kívül hagyták a népbiztosok rendelkezéseit. (vasút, bank, posta). Amikor a „vörösgárdisták" önkénye erősödött, a polgárok őrségeket szerveztek, csapatokat hoztak létre, hogy megvédjék magukat a bolsevikok túlkapásaitól. Nyílt katonai jellegű összecsapások is voltak.

A kadét iskola hallgatói fellázadtak az új uralom ellen. Trockíj feldühített matrózokat küldött ellenük. Legyűrték a fiatalokat (16 – 18 év), megkínozták őket, és sorban agyonlőtték mindet. És a vörösök temérdek vér kiontásával megszilárdították a hatalmukat. Gyakorlatilag Lenin elvtárs soha semmiben nem vett részt. Ügyes volt. Épp akkor ment oda ahova kellett. A Szmolníjba is parókával a fején, munkás nadrágban vonult be. Ez volt a nagy dicsőséges forradalmár bevonulása.

Utólag a sok hülye seggnyaló leírása alapján: a nagy forradalmárt az éljenző vörös katonák vállukon vitték be. Mi ma már nem csodálkozunk semmin, hogy mennyire tud lesülyedni az ember. Talán még az alá is!

Simán, (mint munkás) bement Trockíj szobájába, aki éppen akkor nevezte ki tábornokká önmagát. Dezinformációt közölnek az újsággal, hogy megnyugtassák a közvéleményt, azzal, hogy majd ezután elbánunk velük – mármint az ellenségeikkel.

A Szmolníjban gyűlő, magukat győztesnek tudó egyéb elvtársak (szoc. dem. – munkás-paraszt, mensevik) alig ismerték meg Lenint – ott volt a fején a paróka!

Vagyis készen állt a nagy „hős vezér", hogy elmeneküljön, ha bejönne a városba egy katonai osztag és feloszlatná ezt az egész államcsínyt.

De sokan ott megértették, hogy vége a demokráciának, vége Oroszországnak! A parasztok az ígéret szerint földet vártak – kolhozt, és szovhozt kaptak.

2000-ig Oroszországban föld nincs magántulajdonban.

És szép lassan az elvtársak – a bolsevikok – szép lassan, de megerősödnek. Vagyis hát kiirtják mindenféle ellenmozgalomnak még a csíráját is.

És működik a dicsőséges Szovjet állam. Persze akik a kezdeti harcokban az élen járnak ritkán élnek még húsz évig.

Lenin ezek után csak ült a Szmolníjban (hetekig ki sem jött) és írogatott szüntelen. Gyártotta az elméleteket, ezek bevezetése a valóságban milliók halálát és tízmilliók mérhetetlen szenvedéseit hozza majd elő.

Nemegyszer leírja: megszüntetni, kiirtani, elpusztítani szavakat. A szomorú ebben, hogy a végeken ezeket szó szerint veszik és tömeg gyilkosságok indulnak el. Ez a drága jó aberrált idióta, hogy került ez ide??? Lehetne végszó is, hogy mi is ez?? Téveszme, ismeretek hiánya, avagy az emberi természet teljes csődje?

Ma sokan úgy vélik, hogy a lágert Hitlerék találták ki (ez is borzasztó volt!) de mire Hitler hatalomra került, a Szovjetunióban több mint ezer (1000!!!) megsemmisítő – kényszermunkatábor volt. A kedves Lenin ezek után (1923) egyre rosszabbodik az állapota. Agyvérzések, meg a szifilisz megteszik a hatásukat. Már alig létezik ... amikor hát hogyan is lehetne az akkori elvtársi világban (talán még ma is??) – megjelenik Sztálin!

A Lenin iránti nagy törődés miatt az utolsó években – betegségeire hivatkozva – távol tartja már a konkrét vezetéstől. Elvtársak . elvtársak.!!

Sztálin papa is elkezdte a működését. A Lenint gyógyító professzort meggyilkoltatta. Valamiért??!!

Lenin papa végül is teljesen megőrült (szifilisz)

Adalékok.

Ma már tudjuk, hogy a kommunizmus áldozatai világszerte 110 milliót tesznek ki! – 1917-től 1990-ig. Gyönyörű!

Leninhez ezekből 4 millió köthető – ez is szép!

Nem győzöm hangsúlyozni, hogy ebben az írásban szereplő számok azok mind valahol megjelent számok (internet, könyv, ujság, szórólap)

Sztálin lépett előtérbe és döntött. Mauzóleum – kitálalt múmia – a dicsőséges pártvezérnek. Mindezt a Szovjetunió dicsőségére is. No komment!

Külön története van annak, hogy mi lett a sorsa a nagy Leninnek – már mint a halála után. De ezt hagyjuk! És mit írhatnék azokról a sok-sok emberről, akik hagyták ezt a fenevadat érvényesülni??

Hogy én mivel fényképeztem a hatvanas években? Az első szovjet titkos szolgálat és terror szervezet főnöke, az új módszerek kitalálója, és megvalósítója Felix Edmondovics Dzserzsinszkij nevéből képzett FED-4-es fényképezőgéppel! Ha tudtam volna akkor? No mi hát... hát semmi! Mondjuk a gép kissé robusztus volt, de megbízható márka. Sokáig használtam!

De hogy milyen ember is lehetett ez a „névadó"? A 20-as években a Szovjetunióban nem is voltak börtönök. Akiről bebizonyosodott, hogy ellenséges érzelmű – egyszerűen kivégezték.

De általában ehhez nem is kellett bizonyosság. Ehhez egy név, avagy egy származás is elég volt. Lenin ha összefutott a vaskezű Félikszszel folyton azt kérdezte „no hol vannak azok az áldozatok?" Mi van végre azzal a beígért tömeg terrorral? (Ez még embernek sem volt nevezhető, hanem egy emberi korcsnak)! És szó szerint beindult a terror. Terror a saját népe ellen. Ennek volt fővezére az én fotó masinám névadója! Minden napos volt a tömeges mészárlás.

Száz és száz fő levetkőztetése és gödörbe lövetése. Szisztematikus volt az értelmiség üldözése, kiírtása. Talán kivételesen Lenint kivéve, a többi valódi „bunkó társaság" volt. Érdekes az is, hogy maga Lenin a legnagyobb főgonosz, tömeggyilkos figyelmeztette a Politikai Bizottság tagjait, nehogy Sztálin legyen az utód! Aki mellé áll a terror gépezet, az lesz a „főnök". Talán itt az idő, hogy egy kicsit elgondolkozzunk – erről-arról.

Mint hogy láttuk az ember egy fura lény. Egyáltalán nem stabil.

1, A nagy hangoskodók általában jobban haladnak „felfelé". Kérdés, miért? Van-e ezekkel kapcsolatban bárki is aki határozottan kifejti a véleményét az illetővel kapcsolatban? Avagy egyszerűbb a ne szólj szám, nem fáj fejem taktika. A nagy hangoskodók általában még jobban ingatagok, mint a nagy tömeg.

Viszont azok nagyon figyelnek, ismerik az emberek gyengéit. És ezeket ügyesen alkalmazzák. A legzsiványabbak is a legritkábban buknak le. Azért az emberek legtöbbje mégis egyenes, igaz ember! És az igaz ember nem ármánykodik, míg a galád gondolkodás nélkül vádol, aláás, gyanút kelt.

Természetesen az úgymond rendes embernek nincs erre megfelelő viszont technikája, még néha magát sem tudja megvédeni. Hol lenne itt egyfajta megoldás (persze lenne több is). Hogy a „normálisok" összetartanának. Ha egy kevés – az igaztalan vádak visszaverésére – állna mögé több más! De hát megint jön (talán sokszor érthető) ellenérv – mármint a „rendes ember" mellé való odaállás, hogy mi közöm van ehhez? A nagy hangoskodó meg csak egyre kiabál, úgy sem vonja felelősségre senki. A jó alul marad. Van még mit fejlődni az emberiségnek ebben a témában.

2, Az igaztalanok harcának egyik fő eleme az akna munka. A napfényre nem kijövés. Az igaztalan vádak már sok embert tettek már tönkre.

3, Vannak tudatos rombolók és vannak tudattalan rombolók. Ismerek, ismertem számos embert, aki örömét lelte a vádaskodásban, a rossz hír keltésében. Ezek már az apró pletykák határain túl vannak.

Hát ilyen az emberi elme, de erről még sokszor lesz szó!

Lépjünk eggyel tovább az „őrült" emberek világában: Sztálin.

Hasonló a „pályafutása", mint dicső nagy elődjének. Pályafutását postarablással kezdte. Persze ő ezt kimondottan a „közjó" érdekében tette. Sztálin elvtársat meg akarták lepni sok helyen felkutatott dokumentumok összegyűjtésével. Hetvenedik születésnapjára készülvén egy albumot akartak összeállítani. Sztálin egyetlen ordítással elintézte: NYET! Néhány túl kíváncsi tovább nyomozó elvtárnak az életébe került a túlzó buzgalma.

Akkor néhány szó erről a világ diktátorról: Apja egy alkoholista ember volt (ebbe halt bele). Ettől még lehetett volna úgymond rendes ember, nem pedig ahogy a korabeliek írták „bűnöző".

Joszif Viszarion Dzsugasvili papi iskolába járt (nem volt más azon a helyen!). Mikor ez a generalisszimusz meglátta haldokló

anyját, az anyja annyit mondott: „jobb lett volna ha pap leszel".
Ő bizonyára tudta, hogy miért mondotta.

Sztálin nem ment el a saját anyja temetésére sem. A nagy „EMBER"???

Sztálinnak a házasélete egy katasztrófa volt. Akit érdekel olvassa el, avagy nézze meg (nekem meg van) a Sztálin felesége című filmet.

Oly sok rosszat kellene írni erről az „emberről", hogy több füzet teli lenne. Így hát nem teszem, bár anyag lenne bőven!

Nem hiába volt úgymond „nagy ember". Neki kijárt, hogy várost, hegycsúcsot, ezer gyárat neveztek el róla. Ez a nagy ember száműzte saját lányának szerelmét, egészen a sarkkörön túlra, melyet kevesen éltek túl. Szvetlana – Sztálin lánya – másodszor is párt talált, egy bizonyos Igor Morozov személyében.

Sztálin látni sem akarta a vejét (no meg a saját unokáját sem) egyszerűen börtönbe vettette. Ennek a házasságnak is vége, Sztálin jóvoltából. Utána jött Zsdanov – még egy kislány! – és jött az apjától örökölt nagyfokú ideg összeomlás! Zsdanovtól is elvált. Amikor megtudta (Hruscsov beszédeiből), hogy mi történt a sztálinizmus alatt, hány millió emberrel végeztek, mekkora éhinségek voltak, mi történt a koncentrációs táborokban – azonnal megváltoztatta a nevét.(mármint Szvetlana!). Jaj de nagy büntetés ez a nagy vezérnek – no meg már nem is élt. Tetted volna korábban!!??

Sztálin alatt (de utána is működött) a tisztogatás. Ez egy esztelen, nyomon követhetetlen belső népírtás volt. Talán a világ egyetlen totális diktatúrája, amelyben egészen a felső vezetésig sorra hullottak a fejek – szó szerint!

Ez a nagy ember korlátlanságát jelzi, hogy szó szerint ő rabolta ki saját hazáját. És eladtak mindent külföldre. Műkincseket hihetetlen mennyiségben. Sok tízezer nemesi udvarházat raboltak ki. A bankokat (a bankárokkal együtt) államosították. Az ország egyéb vagyonát is kiárusították a drága jó elvtársak – drágakő, nemesfémek. Teljesen kifosztották a templomokat is. (ikonok, festmények stb.) Szinte minden nyugatra utazott (gyapot, gabona). A parasztok meg szó szerint éhen haltak. Kb. 12 millió embert „öltek" így meg. Drága jó mai (még mindig jó) elvtársak, mit tudtok ezekből? Ja, hogy mondanátok, ma már más világ van! Apámtól hallottam, hogy kutyából nem lesz szalonna, de ha mégis, az bizony kutyaszalonna lenne! Vissza a fő gondolathoz. Miután megették a fakérget, a füvet kannibalizmusra vetemedtek. Ne feledjétek ez az egész írás (mind-mind) leírt anyagból származik! Megnyíltak számos titkos levéltárak, és volt min elszörnyülködni. A tények azok kegyetlen dolgok!

De hogy miért jutott eszembe, nem tudom (esetleg nagyon is!), hol volt ekkor a magasságos „Atyaúristen"??

Közben a drága népvezér évente 5 millió tonna gabonát adott el külföldre. Van egy könyv ebből az időkből (címet, szerzőt nem írok), mely beszámol az akkori időkből szöveggel, fotókkal. Kell még több konkrét tény kedves mai elvtársak, hogy miből nőttetek ki egészen a rendszer váltásig, némelyek még ma is?

Ha Sztálin elvtárs (a drága) akkoriban nem 5, hanem csak négy millió tonna gabonát visz nyugatra, több millió gyermek maradt volna életben. Elvtársak!

És ezek után is szép sorjában (mármint Sztálin után) öldösték egymást a kedves elvtársak. Egymást és azoknak minden rokonát, barátait és főleg a saját népüket millió számra. Jöttek még hasonló módszerekkel az utódok is.

A fenti sor sem szakadt meg, mondjuk egy kicsit konszolidálódott az „eljárási" rend – ennyire már nem volt vad. Hruscsov, Brezsnyev, Andropov, Csernyenkó, és a többiek.

Feltenném a nagy kérdést, hogy úgy-ahogy – meg lehetett szokni ezt a világot több évtizeden keresztül? Miféle túlélési taktikákat tudtak kialakítani az egyszerű emberek? Milyen mélyen hatolt az emberek tudati világába ez a borzalmas világ? Mennyire tudott hatni a környező emberekre az akkori rendszert kiszolgáló, hű párt katonák befolyása.

Csak bekívánkozik egy egészen gyermekkori eset. A szüleim – talán abban hittek, hogy én nem értek semmit, így előttem beszéltek –egy családi problémáról beszéltek. Végül abban maradtak, hogy jó apám mégis csak menjen el (utcabeli kötődése volt annak) XY-hoz, a helyi egyik párt vezérhez, hátha ő tudna segíteni? Elment. De segítség semmi! Nem is tudok többet erről az esetről, csak annyi maradt meg bennem, hogy volt egy pártbeli nagy ember, akinek a kezében hatalom volt.

No de ne menjünk még tovább, itt van még egy „drágalátos" jóember. Róla feltétlen meg kell emlékezni, már csak a sok millió meggyilkolt érdekében is, ő az Adolf Hitler.

Kitör az első világháború, Hitler üdv rivalgással fogadja a hírt! (No itt kellett volna ezt a kreténт agyoncsapni.)

Máris jön az idevaló kérdés – ugyan kinek kellett volna. Mert ugyebár az emberre jellemző vonás, hogy mindig utólag okos. Abba bízik, hogy ebben a háborúban Németország Európa ura lesz, és Hitler szeretne ennek a folyamatnak részese lenni. Még aznap jelentkezik a császári hadseregbe. Egy bajor gyalogezredhez vezénylik, ahol futár lesz. Üzeneteket közvetít a fronton.

Még egy évet sem szolgál, amikor megkapja a vaskereszt második fokozatát. Rögeszmés, ellentmondást nem tűrő személyisége már ekkor megmutatkozik. Egy mustárgáz csatában elveszti a látását. Ez a látásvesztés általában 2-3 óra múlva helyreáll. Hitlernél nem állt helyre. Egy professzor megvizsgálta és azt állapította meg, hogy a probléma pszichés jellegű. Terápiának vetik alá, és azt sugallják, hogy ő kivételes személy és így visszatér a látása is.

A pszichiáter még olyat is mond, hogy ő az aki naggyá teheti Németországot. (ez valószínűleg egy pszichiátriai gyógyító jellegű fogás volt). Hitler elfogadja ezt a jellemzést, és az tudatosul benne, hogy ő nem egy hétköznapi ember. Fokozódik benne a düh, hogy a háborút a zsidóság miatt vesztette el Németország – legalább is ő ezt gondolta. Megalakul a német náci párt, amelynek rögtön Hitler lesz a vezetője. Megszervezi a leszerelt, elégedetlenkedő katonákból a náci párt roham osztagát, az SA-t. Példaképe Benito Mussolini, aki fekete seregével bevonul Rómába és átveszi a hatalmat. Ebből arra következtetett, hogy választás nélkül is át lehet venni a hatalmat.

Ő is puccsot szervez, elfogják és 5 év börtönre ítélik. A börtönben tudatosul az elhivatottsága, melyet leír. És leír mindenféle mást is – ez az írás lett a Mein Kampf. Ezt az írást, hogy, hogy nem szinte az egész világ megismeri. Ebben rögzíti le borzalmas rögeszméit (árja faj és egyebek). Ebben már feltűnt az ő őrült elmebeteg világa. Magát Messiásnak (megváltó) nevezi és hogy mindezt Jézus ruházta rá. Még egyházi körökben is sokan elismerték.

Tanulja tükör előtt a szónoklás művészetét. Lassan, halkan kezdeni és ordítva befejezni. A világválságból győztesen kerül ki (mégis csak ügyes!) és felajánlják neki a kancellári posztot (a marhák!) Így teljesült az a vágya, hogy dönthessen ki éljen és ki haljon meg! Teljhatalmat kap. Elkezdi a német faj kialakítását. Meghatározzák ki az árja faj, aki nem azt ki kell írtani. Ennek jegyében sterilizálnak 200 000 embert, aki nem felelt meg az elvárásoknak, hogy ne szaporodhasson. A nemzeti szocialista párton kívül betilt minden más pártot.

És szabadjára engedi a „vérebeket", hogy minden más pártbeli vezetőt – 400 vezetőt vernek össze, börtönöznek be, vagy ölnek meg. Még a saját pártbeli „ellenfelével" is leszámol. Régi nem kivánatos vezetőkkel is ezt teszi – hosszú kések éjszakája.

A hosszú kések éjszakája az NSDAP által 1934 június 30 és július 2 között végrehajtott politikai gyilkosságok sorozata. Az akció során meggyilkolták a náci párt „baloldali" strasserista frakciójának vezető alakjait, a névadójukkal Gregor Strasserrel együtt, valamint közismert náci ellenes konzervatív ellenfeleket. Röhmöt is a régi jóbarátot is megöleti. (Röhm volt az aki a börtönben a diktálás szövegét jegyzetelte – nesze neked jóbarát).

Újfajta törvényeket fogadtak el: „zsidó törvény".

Kristály éjszaka – novemberi pogromok központilag megtervezett és irányított, országos zsidóellenes erőszakhullám.

Elindult a szisztematikus zsidó üldözés.

Erőteljesen fejleszti a hadsereget Hitler, majd jönnek a területfoglaló „akciók". A környező országok jelentős részét annektálja.

És 1939 szeptember 1-jén kitör a második világháború. A német hadsereg olyan borzalmas tetteket hajt végre, amelyekre nincs emberi szó!

Több tízezer lengyelt végeznek ki és bekebelezik az országot. Csak úgy zárójelbe ide kívánkozik az orosz hadsereg által lemészárolt lengyel tisztikar 14 000 tagja a Katyni erdőben!

2 000 000 lengyel zsidó kerül a nácik kezére – sorsuk megpecsételődött! A katonai körökben egyenesen ajánlott a tömeg gyilkosság! Himmler egyenesen parancsba adta, hogy vegyék semmibe a háborúra korábban alkalmazott szabályokat. A rajtuk kívüli népek nem érdemelnek kegyelmet. Egyáltalán ezek emberek voltak? – nem először kérdőjelezem meg.

A szovjet hadifoglyok közül 2 600 000-an halnak éhen a fogolytáborokban, további fél milliót meggyilkolnak. De a „java" még ezután jön! Lengyelország, és a Szovjetunió elfoglalt területein több millió zsidó ember él. És Hitler számára eljött az idő, hogy elpusztíthatja a zsidóságot. A halál osztagok feladata volt, hogy elpusztítsák a lengyel és a szovjet zsidókat. Ezek félelmetes hatékonysággal működtek. Áldozataikkal árkot ásattak, bele parancsolták őket és utána legyilkolták őket, majd odahajtják a következő csoportot és ugyanúgy, mint az előzőek. Másfél millió zsidót öltek meg így. Igen az „übermench"!

De úgy látták, hogy ez a módszer költséges és nem elég hatékony. És máris dolgozzák ki a hatékonyabb módszert.

Valahol láttam egy film részletet (már azt sem tudom, hogy valódi felvétel volt e avagy megrendezett (talán valódi?), hogy több ezer hadi fogoly ül a téli fagyban a hóban rengeteg sorban és oszlopban, és őrök vigyáznak rájuk. Semmit nem kapnak, se vizet, se ennivalót, orvosságot se. A parancs – várni amíg sorba mind meg nem hal. Ezért kár volt lemászni a fáról!

De működött Németországban egy másik nemzetet „megtisztító program" is. A Down kóros gyermekeket elvették a szüleiktől és speciális intézetbe szállították őket. Itt halálos injekciók adtak be nekik. Ezek száma kb. ötezer volt. Drága Übermensch idáig jutottál? Gyermekeket gyilkolni? No de azok akik ezeket elvégezték – orvosok ápolók? Szerettem volna akkor bele látni az agyukba! Lehet némelyiküknek saját gyermeke is volt. Hogyan ment haza a családhoz? Apu mit dolgoztál ma??

A „központban" dolgoznak azon tovább, hogyan lehet az emberek nagyobb tömegét gyorsan és feltünés nélkül megsemmisíteni. Egyszerűen nem tudok értelmes magyarázatot adni – persze a magam módján – hogyan lehet egy ember ilyen természetű. Gyerünk embereket gyilkolni – de minél többet?

Egy újabb feltalálás a ciklon gáz (Zyklon – B) amelyet „sikerrel alkalmaztak" a gázkamrákban emberek tömegének az elpusztítására. A Jóisten özönvizet küldött a bűnös emberek elpusztítására, Hitler meg a ciklon gázt. Egyik sem volt valami üdvözítő. Ezzel pedig 70 000 ember életét tudták megsemmisíteni – gyerekeket, felnőtteket. Ne feledjük, hogy ez az őrület (erre nincs is megfelelő szó!) Németországban zajlott.

Végül is kiderült az ocsmányság, és a németek ezt nem fogadták el (de elfogadták Hitlert!) Ezért Hitler úgy döntött, hogy ezeket a gyilkosságokat Németországtól távol kell elkövetni. Nincs egyetlen dokumentum sem amelyet Hitler maga írt volna alá. Ő megmaradt a jóságos Németországot naggyá tevő ember. És felépültek a haláltáborok – Hitler fajelméletének a „megvalósítói" Napi teljesítmény 12 000 – 17 000 halott!

1944 év végéig 6 000 000 embert ölnek meg.

Egyszerűen elfogy a mai ember gondolata, nem is tud mit mondani. Van egy nem fél őrült, hanem teljesen az, aki lángba borítja az egész világot. És szomorú nincs aki meg tudná állítani. Igaz volt egy merénylet ellene, de a vastag tölgyfa asztal megvédte az életét. Eddig is az volt, de innen már egészen paranoiás lett.

És folytatta dicső Németország naggyá tevő munkásságát. De komolyan, ezen írás folyamán számtalanszor megfordult bennem, hogy kik is voltak a környezet kiszolgálói. És azt miért tették. Nem találtak volna mást? Avagy annyi önmagából kivetkőzni akaró gyűlt össze a vezér körül, hogy mindenre volt kuncsaft? Még az eredeti honvéd vezérkar is „kapitulált"? Nem igaz, hogy a többségük „nem látott át a szitán"? Avagy önmagukat feloldozták, azzal, hogy „én csak parancsot teljesítek"? Mert valaki kiadta azt a parancsot is, hogy több ezer hadi fogoly ott fagyjon meg a hó tetején?! Avagy már ez az egész vezérkar is egy aberrált embertelen társaság volt? Nem tudom – nem értem?

Miért követnek egy szemlátomást begolyózott embert? Hitler az elejétől a végig narkotikumon „élt".

Láttam egy eredeti bejátszást. Hatalmas tér, hatalmas tömeg – lehettek talán milliónyian is – és ezek tele szájjal, felhevülve, szinte önkívületben ordították: háború... háború!

A propaganda és a tömeg hipnózis csodákra képes. De mondjuk egy egész nemzet esetében??? Nincs annyi józan ember aki – mondjuk még az elején – aki megfékezné ezt a kialakuló barbár világot. Sajnos – mint már írtam korábban – a józan hallgat, az ordítozó érvényesül. Azt meg úgysem látja át, hogy ő is a vesztébe rohan. Mert a német nép is szenvedett ám úgy igazán a háborúban, meg azután is! Az elvakultság árát bőven megfizették. Tudom, könnyű így okoskodni háromnegyed évszázaddal a szörnyűség után.

De valahol ezeket ki is kell mondani valamikor. Tudom, hogy ezt már sokan megtették, de én az „embert" keresvén jutottam el ide. Próbálom az emberi indítékokat feltárni, amennyire sikerül. No meg jó lenne elkerülni újabb hasonló eseteket. Épp jókor írom ezeket, mivel épp most dúl egy háború, és azon imádkozunk, hogy ne legyen belőle világháború. De azt kell írjam, hogy most sem a józan ész diktálja az eseményeket. Nagy hatalmi érdekek kevernek-kavarnak, ahol maga az ember nem sokat számít.

Erről a „ragyogó emberről" (Hitlerről beszélek) talán nem is létezik olyan szó amely az emberi rossz kifejezést überelné (ha már német a téma!)

Az, hogy milyen vége lett, talán arról már felesleges is írni. Talán már utolsó döntéseit nem is érdemes kommentálni.

Ezt is dokumentum filmben láttam, hogy saját emberei rohangáltak Berlin utcáin, és ahol megadásra utaló jeleket láttak, rögtön agyon lőtték saját bajtársaikat – természetesen Hitler parancsára. Kitartani mindhalálig. Az, hogy Sztálingrádtól idáig mi történt, az nem is volt igaz! Minden veszve volt már, de megadásról szó sem lehet. Talán az őrült gondolata győzzön – pusztuljunk mindannyian?

Valójában ebben az utolsó (?) háborúban az emberiség létének a megcsúfolása történt meg. Jó...jó háború. Katonák egymás ellen. De hát ez a háború nem csak erről szólt.

Az oroszoknál teljesen elfogadott volt a háború folyamán a szabad rablás. 200 000 nőt, lányt erőszakoltak meg (a TV így mondta), és 2 000-en ebbe bele is haltak. Ezt ők még jogosnak is tartották. Ez volt a „megfizetés"! Szó mi szó a németek is ronda munkát végeztek a Donnál.

De hogy ennyi ész legyen a németekben (és csak Hitlerben?), hogy több ezer km-t már folyamatosan visszaverték őket. Berlint is már félig rommá lőtték és még mindig nem adták meg magukat? Tehát teljesen rommá lőtték a várost. Még ekkor is tudta a tiszteket, a katonákat fanatizálni ez a – majdnem azt írtam félőrült, mikor teljesen az volt. Még az apró gyerekeket is a frontra küldték. No de akkor ezek szüleik???

A háborúnak vége lett. A megmaradt lakosság elkezdett a két megmaradt hídon „nyugat" felé rohanni. Az oroszok „jó híre" mindenütt ismeretes volt! Főleg előlük menekültek. Erre az oroszok – még hogy előlünk menekültök? Az ott lévő összes embert mind lekaszabolták. Ember már megint mit tettél? A két hídon hullahegyek magasodtak.

És mind a mai napig az „isten adta nép" egyre másra hatalomba segíti a fentiekhez hasonló „nép vezéreket".

Mit láttam a minap a facebookon? Megalakult, vagy már régóta működik is a Kádár Jánost kedvelők klubja. Jó…jó… persze ha csak brahiból? De ezt komolyan?

Persze abban az időben megvoltak a rendszert kiszolgáló hű pártkatonák. És ezek a környezetükre is tudtak hatással lenni. No meg ezekkel járó kedvezmények. Nem sorolom az volt bőven.

Még csak nem hagyhatom ki a háborút jól bemutató könyv lényegének a leírását. Csak úgy vázlatosan. Érdemes elolvasni.

Ez egy tankparancsnok háború utáni vissza emlékezése, akinek a háború legvégén sikerült úgymond nyugatra szökni.

A tankparancsnok összetalálkozik régi jó ismerősével (a háború kellős közepén). Néhány szó után: „te mit zabráltál – festményt, ékszert, órát?" Semmit a tankban nehéz lenne tárolni. De hisz ezt csinálják a tisztek is. Idézet: „csencsel itt mindenki, hiszen annyi mindent lehet itt szerezni"

Esténként sokat verekedtek a zsákmány szétosztásán. Az NKVD ott volt minden egységnél (mármint a rettegett titkos rendőrség). Ezek néha elverték a koncon verekedőket, az „árut" elvették tőlük. Ezt az „árut" az NKVD-sek és főnökeik mind elküldték haza.

Idézet: „vajon nap mint nap hány tonna zsákmány áramlik haza orosz földre?"

Ebben a könyvben egy igen nagy tank parancsnoka írja le az „élményeit".

Rohantak keresztül kasul mindenen. Átmentek egy tanyán, hogy nem maradt abból semmi sem. Megfordult az agyában, hogy abban a tanyában emberek is lakhattak. Átmentek egy géppuskát kezelő fritz-en is. A lánctalp cafatokká nyomta szét – mint visszanézve látta.

A tank hadosztály végzett az ellenséggel a ponton hídnál. A tankokat összevonták és XY főhadnagy kiadta az utasítást, hogy minden második felkeresheti a szomszéd falut, jól kifoszthatják a civil lakosságot, meg bármit.

A csapat mindenféle tagjai: tankosok, szállítók és egyebek teherautón bementek a faluba, felosztották maguk között az utca két oldalát. „Az alhadnagy egy mályva színű batyut cipelt, alighanem ágytakaró lehetett, abba rakta amit talált".

Egy tankparancsnok írta le visszaemlékezéseit. „Annak a tornyát mi lőttük szét, akkor az a mi zsákmányunk lesz. Valahogy bejutottunk a fő ajtón, rögtön láttuk, hogy nem érdemes itt tülekedni, a lövészek már jártak itt, és laposan „kitakarították". Bementek a templom melletti kis házba, a paplakba. Találtak ott egy nőt. A könyv leírja, hogyan kapta el ezt a nőt az egyikük. Undorító a leírás is. Egy másik pincében is találtak egy lányt, minek írjam le, hogy mi lett a sorsa. De találtak (már mint a tank parancsnok, aki írta a könyvet) egy házat. Ez a regény leírja, hogyan erőszakoltak meg egy nőt heten nyolcan, de lehet tízen is. Tehát le lett írva az aktus menete. Undorító. Pl. az egyik az órát nézte, és szólt, ha lejárt a 3 perc Itt recsegett a csont is, mármint a nőé.

Itt megint számot lehetne adni a homo sapiens „nagyságáról". Tudom háború volt. Ilyen a háború! Ilyen a háború?

Az egyik katona rátámadt egy nőre, az kiugrott a kezei közül, és elkezdett futni, a kirgiz (ez volt leírva) utána, de kezdett lemaradni. A nő jobban futott. A kirgíz megunta az üldözést, lekapta a válláról a géppisztolyt. A nő nem mozdult többé.

A tisztek (hadnagy, főhadnagy, százados), ha nem kapnak a zabrálásból, aki nem ad az megnézheti magát. Legközelebb nem engedik zabrálni. Ülhet otthon őrségben, míg a többiek szabadon vadásznak nőkre, meg aranyra, órákra, képekre.

A tisztek rendszeresen ittak és sokat.

„Az egyik ezredben lázadás tört ki, mikor megtiltották a katonáknak, hogy kifosszanak egy városkát. Később százas csoportokban eresztették el a harckocsizókat. Három-három órát kapott egy-egy csoport, de még azt is behatárolták, hogy a város melyik részébe mehetnek zabrálni. Ez is a háború, legalább az oroszoknál ez volt a rendszer.

Volt úgy, hogy a tisztek számára kellett zabrálni. És mi mentünk rabolni. Nőt szerezni, élelmet, meg minden mást. Az egyik helyen már nem volt semmi, de az ott oroszul beszélő elmondta, hogy a két nappal előttük kitakarodó németek már kifosztották a várost. Hát igen! A háború az, háború, és még ma is van a földnek több olyan pontja, hogy megy az öldöklés, meg mint látjuk sok más egyéb is.

Nagy veszekedés volt azon pl. ha az utca sor felosztásától eltérően valaki átment a másik – nem neki kiosztott oldalra.

Berlin felé haladva az előre nyomulás fel lett gyorsítva. És többen lázongtak, hogy nincs megállás egyes falvakban és város részekben, hogy zabrálni lehessen. Jó...jó... harcolunk, de a zabrálás az el nem maradhat!

Berlin előtt utolérték több gyalogos menekülőt az úton. Németeket. Még azokat is kirabolták, pedig azok a legszükségesebb holmijukat vitték. Sokan már előre csatolták le a karórájukat. Sőt sok esetben ezeket a menekülő csoportokat is lekaszabolták. Ja.ismételjünk... ez a háború.

Elterjedt hír volt az orosz csapatoknál, hogy a nyugati oldalon a szövetségeseknek egyre.-másra megadják magukat a németek, nekik meg nem. Mi azt hittük, hogy az amerikaiak is ugyanolyanok mint mi. Hogy zabrálnak, erőszakoskodnak, minden civilt kirabolnak, és aki katonát elfognak, azt hosszú évekre kényszer munkára hurcolnak. Magunkból indultunk ki – írta a könyv szerzője.

Az orosz csapatoknál mindenütt működött a belső titkos rendőrség az NKVD. Ha valahol mégis visszaforduló egységet találtak, ők kaszabolták le azokat. Még akkor is ha éppen nem menekülésről volt szó!

Még egy aprócska adalék.

Az egyik terepen szembe találkoztak több tucat német védővel. A tankok géppuskásai nem lőtték őket halálra, hanem csak lábon, és a tankok átgázoltak rajtuk. A könyv említi, hogy úgy látták ezek 15-16 éves fiúk lehettek.

Ez a szerző (a tankparancsnok) leírta, mily keserves világ volt ez a számára, bár tennie kellett amit parancsba adtak (mást nem tudott), nem talált még egy (ahogy írja) lelki társat sem.

Az emberek gyilkoló géppé váltak, érzéketlenek mindenre. Még azt is megjegyzi, hogy szinte az egész hadsereg egy primitív alakulat volt. Ezt nem én írom most, hanem ez a könyvben volt. Ez a könyv még tartalmazott sok naturális „háborúhoz méltó" eseménysorokat is. Én azt nem kívántam ide citálni.

Elég már ennyi? Először is háború borzalmaiból, másodszor meg a nagybetűs ember cselekedeteiből?

És amit ma is látok – nem tudom azt a konklúziót szűrjem le, hogy a Föld mindig az őrültek kezében volt és lesz?

Egy nagyon friss információ (ezekből már korábban valamit tudtam), hogy Hitlernek milyen aberrált gyerekkora volt. Apja állandóan verte, anyjával egészen abnormális kapcsolata volt. (4 éves koráig szopott?)

És ezeket az abnormalitásokat vitte végig egész életében. És ragyogóan tudta fanatizálni a környezetét, végül egész nemzetét is. Hogy voltak-e és mennyien, akik mindezt átlátták, és felemelték volna a szavukat időben – nem tudni.

Meddig tud még az emberi elme kivetkőzni önmagából.

Legyen ezek után egy ide illő zárszó.

A tv-ben láttam igen régen – egy tudósítás volt, ma is emlékszem rá. Egy fekete diktátor mérgében megparancsolta, hogy fektessenek le egymás mellé 5-6 éves gyerekeket. Oda rendelt egy lánctalpas traktort, hogy menjen végig rajtuk. Amikor meglátta a traktor vezető, hogy mi a feladat, megtagadta a „munkát", neki is hasonló korú gyermekei voltak. A diktátor lelőtte. Ennyit a csodálatos emberi faj örökségéről.

Ugye milyen szép, okos, ügyes, tanult, emberséges, segítőkész, humánus, alapos „vezéreink" is voltak nekünk a XX. században. Hát ez a „népség" ennyire volt képes. Ennyire futotta! De ugyebár volt mit megjegyezni „ezek" láttán és magunk kárán!

Valahol én a labdát egy kis mértékben átpasszolnám az úgymond egyszerű emberek oldalára is. Nem ártana végre megnézni, mikor kire adják a voksukat?

Hát kérem a tisztánlátás képességének kellene megfelelő szinten lennie!!!

II. BELÉPEK ÉN IS A TÖRTÉNETEK SORÁBA

Egy kis saját történet - gyerekkortól a tsz-ekig

No de térjünk át más témára - a fentiek „meséje" hozott anyagból készült. Jöjjön innen néhány saját gondolat. Nem életrajzot kívánok írni - egyáltalán nem - csak eddigi pályafutásom alatt megélt eseteket szeretnék megosztani, egyelőre csak a papírral. De hogy azután?

Mikor az ember megél annyit, bizony elkezd számvetéseket csinálni. Sokszor csak úgy gondolatban, de én most ezeket le szeretném írni, legyen „csomóba"!

No meg igen sok tudományos könyvet elolvastam, sok tv-beli ismeretterjesztő műsort is láttam, ezeket is összevetettem saját ismereteimmel. Így szaporodott az összefoglalásra váró nagy anyag!

A látott, hallott, olvasott ismeretek jó részét le is jegyzeteltem, ezáltal összeállt egy jelentős ismeret anyag. Tehát ezeket most foglalom „írásba"! És mind ezek mellett összegyűlt magamban is számos, nem kifejezetten egyéni jellegű ismeret halmaz is. Ezeket kívánom most csokorba foglalni. Érdekes eseteket lejegyzetelni - mert bizony (örökké szemlélő ember lévén) sok olyan emberi vonatkozású - és érdekes - eset maradt meg bennem ami papírra kívánkozik. Senki, vagy semmi ellen nem fog szólni, valós tények következnek.

Igen, megszülettem, anno...-most így nem lényeges mikor-több mint 76 éve! A bába asszony a saját nagyanyám volt, aki községi szülésznő volt Sarkadon. Egyik húgom is nála született, a másiknál már nyugdíjba vonult - más volt. Ahogy szokás mondani, olyan átlagos gyerekkorom volt. Éltem a falusi család átlagos életét. Annyit tudnék erről a korról mondani (ezek az ötvenes évek), hogy mindenki úgy élt ahogy tudott.

Az én apám egy „igyekvő" ember volt. Így sikerül egy kicsit mindig előrébb jutni, abban a kritikus időszakban is. Nem éltünk jól (főleg a mai szemmel nézve), de a környező utcabelieknél egy fokkal jobban. Egy szoba konyhás lakásban, hatan. Még az apai nagyanyám is haláláig velünk élt. 1957 év végén halt meg. Számomra ez a mai napig egy borzasztó élmény maradt, majd 11 éves fejjel. Este felé (mondom egy szobában éltünk) a nagyanyám elkezdett hörögni, zihálni, nem is egészen halkan. Kisebb jajgatások mellett, nem vagdalkódni, hanem mondjuk úgy, erősen mocorogni, ficánkolni, és ez eltartott úgy éjfélig. Én ezt így mindet végig éltem. A húgaim még egészen kicsik voltak.

Akkor még nem kórházban haltak az emberek! Édesanyám egészen közel ült hozzám (én az ágyban feküdtem) és amikor vége lett az előzőeknek, jó apám odajött édesanyámhoz (addig nagyanyám ágya szélén ült) és csak annyit mondott „bevégeztetett". Ez így megmaradt bennem a mai napig. Szegény nagyanyám vigyázott ránk, gyerekekre, amíg a szülők a határban dolgoztak. Akkor még nem volt kolhozrendszer – tsz világ.

Hát én is olyan gyerek voltam mint a többi – néha rendetlen. És nagyanyám de sokszor megfogta a kezem, és elkezdett vezetni az utca ajtó felé, hogy visz a „javítóba". Így többször elmentünk az utca ajtóig – de mire oda értünk addigra én fogadkoztam, hogy nem leszek többé rossz – így az utcára már ki sem mentünk

Nagyapáimat nem ismertem. Apai nagyapám kazánkovács volt a sarkadi cukorgyárban. Egy nagy, zárt tartály belsejében valamit csinált, amikor véletlenül ráengedték a gőzt. Lepedőben vitték haza. Ez 1936-ban történt, amikor az apám 17 éves volt. Másik – anyai – nagyapám 1941-ben halt meg. Amikor a sírját újra megváltottam – a 2000-es évek elején – a temetkezési hivatalnál a lapjára az volt írva, hogy „hősi halált halt 1941-ben". A történet itt megállt, azóta sem tudtam meg ennél többet, a neten kutakodtam e felől, de semmiféle adat nem került elő.

Szóval éltünk Sarkadon a mi falusi életünket. Én is megéltem néhány „élményt". Pl. a beadásnál – avagy másként mondva a beszolgáltatásnál – én fogtam a nagy kék öntöttvas fazék egyik fülét, a másikat az édesanyám és így mentünk végig fél Sarkadon, hogy teljesítsük beadási kötelezettségünket. Mindezt a dicsőséges Rákosi Mátyás előírása alapján!

Amire nem emlékszem (nem is baj – szüleim mondták), hogy az egyik május elsejei felvonuláson olyan harsányan kiabáltam (más is ordibált!), hogy „Éljen Lákosi" Kaptam is egy közelben álló „pártembertől" egy magyar zászlót. Így indult az én „politikai karrierem".

Pl. 1952-ben bevezették az utcánkban (Lenin utca) a vezetékes rádiót. Öt és fél éves voltam, de megmaradt egy emlékkép bennem, hogy a szerelők lovagló ülésben ülnek a szoba-konyhás házak gerincén és szerelik fel a gyertya tartóhoz hasonló vasakat, a két szál vezeték tartóját. És kaptunk egy „szatyort" (annak hívta mindenki) és csak a Kossuth rádió szólt benne. Be lehetett kapcsolni, volt rajta 4 hangerő fokozat – de micsoda csoda volt ez abban a korban? Egyébként nekem is van egy ilyen ereklyém, és ma is szól, bár nem használom.

Az is e korból való „emlék" (még ma is látom magam előtt!) amint a végrehajtó nagy elánnal a padlás létrán lépked felfelé. Ment ellenőrizni, hogy nincs e valami elvinni való? Talán van még valaki aki emlékszik arra a szóra, hogy „padlás lesöprés"?

Igen akkor glott gatyában szaladgáltunk nyáron és mezítláb.

1960-ban jó apámnak már összejött egy lovaskocsi faanyaga. Még én is voltam vele a bognárnál, megnézni hol tart a munka. Az is előttem van, ahogy a bognár rámutatott az egyik a falhoz lapjával odatámasztott félkész kocsioldalra. Többször hallottam tőle, no majd meglátják, ha kész lesz és mondják majd az emberek, „nézzétek ott megy az öreg Kiss a két lányával a kocsin". Néhányszor hallottam valóban hallottam, de mindig csak a két lánya volt megemlítve, én pedig egyszer sem. Akkor én ezt nem is nagyon bántam.

De jött a téeszesítés, és a majdnem kész lovaskocsi anyaga bekerült a tsz-be. Írjuk már ki pontosan, hogy a Sarkadi Lenin Termelőszövetkezetbe.

Még ezen idők előtt apám művelte két hold földjét, amit nagyanyám révén kapott. Az egyiket „csáki szigeten", a másikat az „écsi" határ részen, nem messze a Varga tanyától. Sokszor kellett mennem ide szénát gyűjteni.

Apám nyáron meg dinnyézett a Vári földön. Gyulavárihoz tartozott egy nagy erdészet, itt kapott apám dinnyeföldet. Polgári iskolai osztálytársa volt az erdészet vezető, így jutott földhöz. Persze nemcsak egyedül volt ott. Így a nyarakat én az erdőben töltöttem nyolcadikos koromig. Innen sok élményem származik. Több dinnyés volt egy csapatban, a frissen kivágott letakarított erdő rész helyén. Az egész területet közösen kerítették körbe garácsit kóró kerítéssel.

És minden dinnyés csinált magának egy kunyhót. Ezt még ma is meg tudnám csinálni ugyanolyan formában, mivel ezt mindig ketten csináltuk.

Nappal a felnőttek bementek a városba, és csak estefelé jöttek ki. Addig mi gyerekek vigyáztunk a portára. És teljesíteni kellett a kiadott feladatunkat. Méghozzá száraz tűzifa begyűjtése a környező erdőkből, az esti tűzrakáshoz. És kellet készíteni némi zöldanyagot is az estére. Ha volt éppen paszuly szár akkor az igen jó volt, ha nem, egyéb szálas zöld növény. De miért is? Akkor bizony volt sok szúnyog. Az emberek, és a gyerekek is körül ülték a tüzet, és a gyerekeknek volt a feladata bab szárral, vagy más szálas zölddel szétcsapni a füstöt a szúnyogok ellen. Természetesen előtte a tűzre is kellett valami zöldet rakni, hogy füst képződjön. Persze esténként ment a sok regélés. Hát persze a háborúk mindig terítéken voltak. Az idősebbek voltak a fő „mesemondók"

Ők megjárták az első világháborút is. Aki csak a második világháborúban járt, ők voltak akkor ott a zöld fülűek. Azóta sem felejtettem el a következő neveket: Isonzo, Doberdo, Piave, Gorlicei áttörés. Ezt csak úgy emlékezetből írom, nem néztem utána semmiféle történelmi eseménynek.

Nappal azért volt másra is idő. Pl., hogy volt olyan 4-5 cm-es törzsvastagságú sűrű erdő, és mi nagy területet bejártunk fáról fára, leszállás nélkül. Felmásztunk a mályvádi óriás tölgyek tetejére, ahonnan igen messze el lehetett látni. Még Romániába is!

Talán ennyi volt, ami említésre méltó általános iskolai időmmel bezárólag. Gimnázium, majd lettem mezőgazdasági gépész üzemmérnök. Bár sosem akartam ez lenni de...

Az egyik házi buliban (bizony akkor is voltak ilyenek – szigorúan annak a néhány osztálytársnak a részvételével) megjelent Erdei János osztályfőnök. Máskor sosem került elő ilyen esetben de ekkor.? Sok minden elhangzott ott, többek között a lányok nagy kuncogva mondták, hogy Jani (én) nem lesz gépész mérnök, mert ő filmoperatőrnek készül. Tényleg sokat is készültem erre (fotóztam, rengeteg szakirodalmat elolvastam, mozi filmet elemeztem stb.) Erre az osztályfőnökünk mondta, hogy fogadjunk, a Jani gépész mérnök lesz. Szabályszerű fogadás, az egyik lány és az osztályfőnök kézfogás „elvágása" Már előre is mondom, hogy az osztályfőnök „nyert" Ugyanis elintézte, hogy társadalmi ösztöndíjam legyen. A család épp építkezés közben volt, bizony akkor elég nagy szegénységben voltunk. Fiam... hát, hogy tudnánk mi téged segíteni, így meg lesz legalább az ösztöndíjad – jött a családi érv. Az „út" el lett döntve.

Érdekesség, hogy a tsz, amelytől ösztöndíjas voltam, az első félévben nem küldött semmit (bizony kínos egy félév volt). Viszont amikor megkaptam a havi 800 forintos ösztöndíjat egyszerre, ebből tudtunk venni egy disznót, és így lett disznóvágás, amúgy nem lett volna. A falun a disznóvágás lényegi kérdés.

Így lettem tsz tag, és ez tette ki munkás éveimnek közel a felét. Hát... volt is gondom elég. Ugyebár ez nem a felső intelligencia világa. Én pedig soha nem voltam a harcias, durva viselkedésű ember.

A tsz-ben majd minden mondat a b... meggel kezdődött, és a k.-val kezdődő sem volt ritka.

Lássunk néhány kedves esetet ebből az időszakból Tudni kell, hogy a tsz világ az egy különleges formáció. Hogy mi is ez? Az elsők között belépők, szó szerint magukénak vallották az egész tsz-t. Még hogy nekik is valaki parancsoljon? Hol voltam én akkor mikor megalakítottuk ezt a szövetkezetet? Ennek kapcsán bizony sok marhaságot meg kellett élnem.

A legtöbb helyen az elnök „pártvezér", a főagronómus pedig agrár szakember, általában felső fokú végzettséggel. No de a többi?? Vagy pártvonalból jött, vagy valami mozgékony jobb szakember volt, néha az sem! És itt kellett nekem léteznem valahogy a b..., k... betűs világban.

Ez az az időszak volt, amikor úgy jártunk a környező tsz-ek alkatrész raktárába (amit olykor jobban ismertük mint sajátunkat!) kölcsönkérni a sürgős alkatrészeket, mint Mari néni a piacra! Volt olyan mondásunk a környező tsz-ek műszaki vezetőinek, hogy jobban tudjuk, mi van az ő raktárukban, mint ők maguk. Persze ez nem volt egészen igaz, de a szomszéd alkatrész raktárában úgy járt a szemünk, hogy nektek ez is van, meg az is van? Mi is van neked, ha nekem hirtelen kellene.

Egy olyan eset is volt, amikor nagyon meg lettem ijesztve. 1970-ben volt Sarkadon a nagy folyó áradás. A polgárvédelemnél nyilván volt tartva a gépállomány. Személykocsik, teherkocsik, traktorok, speciális gépek (pl:daru) földmunkagépek stb. Egyszer csak szóltak, hogy állítsam ki az egyik traktort pótkocsival. Persze egyik sem volt a telepen.

Szóltak másodszor is, én meg mondtam, hogy munkában vannak, hamarosan visszatérnek Szóltak harmadszorra is, hogy félórán belül ott legyen a szerelvény, ha nem, akkor hadbíróságra vágnak! Felpattantam a kis Tatran S 125-ös motoromra, és usgyi a gépek után. Szerencsémre már igen közel jártak hazafelé. Mondtam, hogy megállás nélkül a kijelölt jelentkezési hely. Tudom ez nem valami nagy esemény, de akkor megélni?

Az előző kitelepítésnél, ment mindenki (a férfiak) a gátra, menteni amit lehetett. Én egy katolikus pappal és egy főkönyvelővel töltöttem a homok zsákokat. Szerencsére nem lett árvíz. Utána mentünk vagonba berakodni a töltött zsákokat.

Egy másik tsz-beli élményem személyhez kötődik. Őt úgy hívták, hogy Halász István – mindenki Pista bácsija. Használhatom a múlt időt, mert akkor én 26 éves, ő pedig 60 körül. Hát ilyen ürgét eddig én még nem láttam. Jó pofa egy ember volt. Olyan tsz mindenes, de főleg anyag beszerző. egy régi NYSA gépkocsival. Hozzá kell tenni, hogy egyes alkatrészeket igen nehéz volt beszerezni. Ilyenek például mint a lánctalpas traktorok láncszemei, avagy a csillagkerekek, kuplung lamellák. Egyes anyag beszerzők bejárták ilyenekért a fél országot. (szó szerint!).

Volt úgy, hogy nekem a gépész főnöknek is vele kellett menni. Mint igen sok anyagbeszerzőnek volt repi kerete (természetbeli, pénzbeli) amit a különböző alkatrész beszerzéseknél használt fel (a szocializmus gyönyörei!) A tsz irodán vette fel az összeget és szóban számolt el az irodán. Úgy nagyjából - ide ennyi ment, oda meg amannyi. De itt van az árú.!

Akkor így mentek a dolgok. Szóval megyünk az alkatrész kiíró ablakhoz (sorban volt 4 - 5) Ezek az ablakok előtt hosszú .sorban álltak a beszerzők különböző papírokkal a kezükben. De Pista bácsi nagy hangon (valami elírásra hivatkozva) hogy mindenki hallja, megy az ablakok mellett levő ajtóhoz, ahol bemegy a kiíró lányok egyikéhez (ő tudta melyikhez kell) Mindig nagy hangon méltatlankodott (persze ez csak ürügy volt, meg figyelem elterelés).

Oda ment a kiíró lányhoz, a hasa előtt kihúzta a fiókot, belerakta óvatosan a nagy tábla csokoládét, meg a megrendelő lapot. Újra hangosan: ugyan javítsátok már ki a számlát, nem jót írtatok ki. Halkan mondta, hogy megyek a raktárba küldjétek oda a számlát, meg akkor viszem az alkatrészt is. Persze mindenkit tegezett.

Megyünk Pest felé - Majosháza Levegő csárda (ha jól emlékszem), bemegyünk a söntés részbe, az Imre komája, a csapos máris kiáltja - akárhányan is állnak a pult előtt - a szokásos kávé? Perceken belül kész is a kávé. Beérünk a MEGÉV-hez, kis presszó ott is többen állnak sorba - előttem van a termetes asszonyság a pultos - és hangosan kérdi: Pista bácsi... a kávé? Ugyanígy, ha tovább mentünk a szomszédos AGROKER-hez az eset ott is hasonló.

Az öregnek (nekem akkor annak tűnt), volt egy trükkje is (talán több is volt). Ismerte ezen emberek családjainak egy részét is. Míg a kávét itta, nagy hangon közben kérdezte, hogy meggyógyult e már a lányunokád? Máshol meg sikerült már a házat eladni? A fiad végzett-e már az iskolában - meg ehhez hasonlóak - kinek mi! Szóval mindenkihez volt valami közvetlen szava. Ami a legtöbb esetben személyes is volt. - hát persze, hogy mindenhol kedvelték az öreget!

Mivel akkor a készletek is végesek voltak a nagykernél, lehet, hogy az ablakoknál várakozó beszerzők végének nem jutott már a kurrens alkatrészből, de Pista bácsi beszerezte.

Volt úgy, hogy nem is ment a fenti irodára, hanem egyből a raktárba – számla nélkül. Többször is láttam, hogy a raktárban végig puszilja az összes – hát, hogy is mondjam – nem egészen fiatal, és a szépség osztásnál hátul maradt – nőket. Télen nagy pufajkákban voltak a fűtetlen raktárban, hát nem valami kívánatosak voltak (volt szerencsém látni őket).

Egyszer megkérdeztem a Pista bácsit, hogy ugyan miért csókolgatja ezeket a trampli nőket, még dicsérő szavakat is mondva, talán annyira tetszik neked mind?

Tetszik a bánatos fenébe, dehogyis tetszik, de tudod, ha rögtön idejövök, és egyetlen darab alkatrész van már a polcon, akkor azt is ide adják nekem. A számla meg majd elkészül valahogy? No meg alkalmakkor jött a tábla csoki is.

Láttam olyat is, hogy az egyik beszerző számlával a kezében kérte az utolsó darabot (talán még örült is hogy sikerült megcsípni az utolsót) pedig az már Pista bácsi kocsijában volt.

Mindig tudta mikor, kinek kell egy láda paprikát vinni, meg más egyebet is. A kocsijában mindig voltak zöldséges rekeszek, néha tele, néha üresen! A főnökféléknek nem csoki járt, az egy más kategória volt. Nekem is volt repi keretem, és volt úgy hogy a beszélgetés alapját egy üveg konyak képezte. De a probléma megoldódott.

Ez a keret nem mindig fogyott el, az megmaradt saját részre. Egyszer szólt a főkönyvelő: nem akarsz előleget felvenni? Mondtam, hogy nem, azt úgyis le fogjátok vonni. Ne törődj vele, vegyél csak fel egy jókora összeget, mi is vettünk fel (mi.a vezérkar) Még ma is várom ezen összeg levonását, de talán már elavult a kérdés.

Szóval említettem, hogy többször elmentem ezzel a Pista bácsival Pestre, ha személyes döntést kellet hozni valamely műszaki kérdésben. Persze neki voltak nem csak a műszakhoz kapcsolódó feladatai is. Így az egész nap elment egy ilyen kiruccanás alkalmával. De az öregnek volt egy mániája. ha dél van, akkor ebéd. Ilyen vagy olyan, de ebéd. Ezt a szokását meg is ideológizálta. Egy kicsit ezt én is átvettem tőle. Ha találkozunk „ott fenn", majd megköszönöm neki.

Az egyik ilyen helyen csak egy bolt volt a közelben. De... ebéd! Ő bement a boltba és olajos halat vett. Én nem vettem semmit. Ülünk a NYSA-ban és addig-addig unszolt, hogy kóstoljam meg az olajos halat (addig el sem tudtam képzelni, hogy én ilyet eszek!) Jónak találtam – bementem én is a boltba és vettem egy ilyet. Azóta is szeretem.

Bizonyára van sokaknak olyan ember az életükben, aki komoly nyomot hagyott bennük. Hát ilyen ember volt nékem ez a Halász Pista bácsi.

Többször megyek a műhelybe... senki! Végül csak kifigyeltem, hogy miért. A műhelyudvar vége a prérire ment ki. A műhelytől a második volt a kocsma. Az én kedves szerelő dolgozóim hátsó megközelítéssel átmentek ebbe a kocsmába, nap közben, munka közben. Végül szóvá tettem a tényt.

Kinek kellett otthagyni a tsz-t? Hát nekem, nem pedig a műhely főszerelőjének, aki vezetőségi tag is volt, no meg párttag is. Nesze neked hatékony munkavégzés. Ilyet a szocializmusban? Én naív! Az elnök behivatott, hogy szeretne velem – mint műszaki emberrel – egy kartonlapot megszerkeszteni, és tussal kihúzatni. Feldiktálta a tsz vezetés sémáját. Ekkor még észre sem vettem, hogy abban én nem is vagyok benne! Mesteri – ne hogy nekem módom legyen a valóságos helyzetet kimondani (azzal nem lehetett volna vitatkozni!), inkább ilyen formában adta tudtomra, hogy nem számol velem. Volt azért 1-2 józan támogatóm, akik elismerték a munkámat, meg a rendet tenni akarásomat, de a vezérség ezt másképp látta. Én naiv, még a megyei párt bizottságon is jártam, igazam keresvén – tudtam, hogy rendesen elvégeztem a munkámat, talán az volt a baj, hogy túlságosan is? De ugyebár a holló a hollónak...?

Ugorjunk egyet. Más helyszín.

Jön az alkatrész raktáros, hogy az egyik dolgozóm ott fekszik nála a raktárban részegen. Már megint nem jól dolgoztam! Hangot adtam ennek a dolognak – nem kellett volna, mert ez a raktárban elfekvő dolgozó a cég szakszervezeti főnökének és az igazgató barátjának a fia volt. Bár én ezt tudtam, no de hát részegen, munkaidő alatt? Megint nem láttam, hogy mihez lehet nyúlnom és mihez nem? No de a műhely fegyelem – gondoltam én!? De nem jól gondoltam. Nem akkor mindjárt de később forrósodott fel talpam alatt a talaj.

De menjünk tovább, van még bőven „coci" téma. Pedig én csak egy normális munkarendet szerettem volna mindenhol megtartatni. Nem szigorú katonásat, nem valami görcsös rendet, csak a józan ész által megköveteltet.

A munkát rendes időben elkezdjük (még egy-két percen sem akadtam ki) józanul jövünk dolgozni, a napot munkával töltjük (még csak nem is ember feletti hajszában!), ha lejár akkor oda megy mindenki ahova akar, mehet rögtön a kocsmába is – csak másnap azért megfelelő állapotban jöjjön munkába. Nagyon hülye élet szemlélet ez? Én ilyen voltam, de ebből több volt a bajom, mint nem. Hát nekem ezt adta a szocializmus!

Életképek**

A fentiek után oda kerültem egy másik tsz-be, és az első héten máris elvittek egy pince szerre, tsz autóval, kollégák közé. Mutassuk meg ennek a zöldfülűnek milyen is a magyar virtus! Mint az albán szamár, ahogy mondani szokás.

Akkor még nem tudtam, hogy itt meg ez lesz a vesztem, hogy nem vagyok italos. Ezen a helyen ez nagyon ellenszenves tulajdonság volt. Elmondhatom, hogy éltem során ötször rúgtam be úgy rendesen (tudom is mindnek az esetét) Már azt sem értem, mi a jó a másnaposságban, az valami förtelmes, de hát akkor kell ez nekem? De menjünk sorba. Mondjuk, hogy meg is volt az első beavatás, és kész ennyi. á, dehogy ennyi. Rendszeresen – mindig. Ahogy Hofi énekelte „vedelik a szeszt itt alsó felső szinten".

Azért még eleinte többször meghívtak különböző pinceszerekre. Tudom ez ott szokás. Jó…jó de nem lehet a vedelésben megállni. Sosem értették meg, hogy ennyi nekem elég. Jöttek is hangok: mi van az én borom szar. nem jó, vagy miért nem akarod meginni? Azt, hogy már bőven elég, el sem tudták képzelni Eleinte többször leléptem.

Van egy mondás, hogy kimegy (a pincéből) huggyozni, és sza...t visszamenni. Ilyenkor akkora léptekkel jöttem lefelé a domboldalon, hogy szinte távolugrásokkal közlekedtem. Így aztán szép lassan kimaradoztam a bandából. És ez a kimaradozás áttevődött az egész megítélésemre is. Nem tartok a bandával, talán különbnek érzem magam? Meg ehhez hasonlóak. Persze ebben a „bandában" volt aki dunsztos üveggel itta a bort, pedig azok nem valami gyenge anyagok voltak.

Volt olyan is, hogy kínomban már titokban az asztal alá lötytyintettem a bor egy részét. Egyszer aztán ezt is észrevették. Ekkora lebaltázást. „Amit én kin-keserves munkával megtermelek, te meg kilocsolod", ez akkora sértés, hogy szavakat sem lehet erre találni. Ilyen alapon nyugodott az én tsz vezetőség beli kollégáim felém való megítélése.

De térjünk át a konkrét vezetői tevékenységemre. Mondjuk ki, azért én valamelyest szerettem a rendet. Kezdés 8 óra, és nem negyed 9, fél 9 – persze ennek, ha volt igazolt oka, akkor az más. Munkaidőben nincs „ivászat" – volt ahol nem volt nyerő gondolat!

A kötelező munkavédelmi oktatás a meghatározott időpontokban meg volt tartva, úgy ahogy ezt kell csinálni, nem csak a „papír aláírása", ahogy a dolgozók szerették volna. Ha igen ritkán mégis bementem a kocsmába, rögtön itatni akartak, én meg nem fogadtam el, hát ezzel sem arattam „valami nagy sikert!"

A munkavédelemhez tartozik, hogy pl. a műhelyben a nagy köszörűt csak az oktatáson részt vett dolgozó használhatja. Bejön a takarmányos rakodó és neki a nagy köszörűnek (talán 300-as vol a köszörűt) én meg épp ott voltam, és megállítottam, és kérdeztem mit is akar. Nem volt nehéz kitalálni, mert a nagy vasvillát maga előtt fogva ment a köszörűhöz. Mit... hát mit, megköszörülöm a villámat. Mondtam, azt bizony nem. Nem is érdekelte mit mondok, máris akarta köszörülni a villáját.

Mondtam, hogy ilyenkor oda kell adni egy olyan műhelybeli személynek, akinek erre van kioktatása. Semmi hatás, én pedig lekapcsoltam a köszörű fő kapcsolóját. Azt az ordibálást, hogy én hova menjek és mit csináljak. Meg hol voltam én akkor, amikor, mi a tsz-t alakítottuk, maga még a ... se volt, meg ilyenek.

Igen nehéz volt nyugodtnak maradni, belül persze nem voltam az. Végül egy műhelyes megköszörülte a villát, és ennyi volt is az egész.

Működési időmben volt olyan, hogy a csavarhúzó lecsúszott a kőről, és bele a saját szemébe annak aki köszörült. Nem egy szép látvány volt. A villánál és másoknál az volt a véleményem, hogy nincs baj, amíg nincs!

Volt a műhelyben egy asztalos, egy idős ember, aki szó szerint rábeszélt arra, hogy „mérnök elvtárs csinálok én magának egy fa eszterga vázat". Úgy ahogy elfogadtam, persze erre mindig kellett valamiféle papír, másoknak én adtam, nekem pedig a főagronómus adta, ha nagy ritkán nekem is kellet valami. Szándékomban is volt ilyen papírt kérni. Tudtam, hogy az én helyzetem nem valami rózsás, nekem nem célszerű „hibázni". Úgy apránként elkészült a váz. Egyszer szólt, (ez a műhelybeli asztalos) hogy vigyem el a vázat. Én mondtam, hogy nincs még papírom. Ne is törődjék vele, majd utólag meg lesz.

Egyszer mondja az öreg, hogy vigyem el a vázat mert kell a hely. Jó hát akkor elviszem papír pedig később. Filléreket kellet ilyenkor minden itt készült munkáért fizetni mindenkinek. De én elkezdtem pakolni a faanyagot, és ott termett a főagronómus. Később persze az is kiderült, amint elkezdtem pakolni, hogy ő szólt közvetlen előtte a főagronómusnak, hogy „most viszi". Tetten érés! Fújj! Ép egy vezető nem tartja be a szabályokat, meg egyebek. Meg kell jegyeznem, már nemcsak az én esetem miatt, de amúgy is, hogy egy kivételesen intrikus ember volt ez a műhelymunkás, és örült, hogy engem behúzott a csőbe. Itt még senkit sem hibáztathattam – én nem figyeltem oda a témára, ráadásul még eléggé „ismertem is ezt a jóembert"!

Volt ebben a műhelyben egy ács is. Ez az ács (örökre bennem marad a neve – de most nem írom ide!) szinte az egész tsz világ címere lehetett volna. Ez a szó szerint mindig részeg volt ahogy mondom, minden munkaidőben. Az arcán teljes mértékben megmutatkozott az italozás nyoma. Többször részegen feküdt a gyalupadon (nem is fontos a megjegyzés, persze munkaidőben!).

Egy idő után már meguntam, holott ez akkor, olyan bocsánatos bűn volt.

Egyszer kétszer szóltam az elnöknek, úgymond tanácsot is kértem, hogy mit tegyek. Jött a pontos válasz: hassak oda, hogy ez ne forduljon elő! Ez az ács egy régi pártkatona volt, valami veterán, vörös káder, meg egyebek. Mondhatnám úgy is, hogy sérthetetlen, neki meg voltak az előjogai mindenre (ne felejtsük el. még a szocializmusban vagyunk!) No meg a helyi pártvezetés tagja is volt. Úgyhogy nem én, hanem ő fúrt meg engem. Jó .mi??? Kritizált a pártgyűléseken, meg a párt vezetőségi ülésein is. Persze ezeken én nem voltam ott. Ma már nem dicsőség, de sosem voltam párttag. A hír egy része csak visszajött hozzám.

Egyszer már meguntam az egészet (ott mocskolnak ahol én nem vagyok jelen és védekezni sem tudok) – szóltam a helyi párttitkárnak (szó szerint emlékszem erre az esetre!) – „mi lenne, ha én is párttag lennék?"

Sosem felejtem el a választ, belém égett örökre.

Párttitkár: „a te tudatod nem érett meg még arra, hogy párttag legyél."

Én: – „igaz, én még egyszer sem feküdtem fel a gyalupadra részegen, munkaidőben. Tudod mit Feri? Akkor még tovább edzem, és érlelem a tudatomat."

Hát így nem lettem én párttag azóta sem. Igaz én csak ott akartam jelen lenni az igaz párttagok között, talán akkor nem rágalmaznak meg alaptalanul. Még ma is érlelem a tudatomat – csak, hogy annak a rendszernek már 33 éve vége lett. Nem csodálom, hogy oda jutott.

Vannak még bőven ilyen aranyos esetek. Engedtessék meg még néhány.

Én a műszaki vezető voltam – pontosabban a gépesítési ágazat vezető. Volt egy külön műhelyvezető is. Valahova el kellett mennem, és kiadtam az ukázt, hogy a műhelyudvar területén szanaszét levő olajos rongyokat szedjék össze – és tegyék azokat a gyűjtő helyre. Megvolt a tűzoltószemle. Az olajos rongy csomók pedig ott álltak csomókban az udvaron.

Összeszedték csomókba, de úgy hagyták. A hatósági tűzoltó (a szemle végére visszaértem) máris kérdezte, hogy nem gondolom, hogy ez így tűzveszélyesebb, mintha szanaszét szórva lenne? Mindegy mit gondoltam – szabálysértési feljelentés! Tűzrendészeti szabályok megsértése tárgyában. Egyszer jön egy levél a helyi tanácstól (mert akkor még azok voltak), hogy jelenjek meg a tárgyaláson. Szabályszerű bírósági eljárás, vád ismertetés (micsodaaaa?). Elismerem? Ennek ilyen, meg olyan alakzatai vannak, ... a kiszabható, meg egyebek. Addig én még sosem voltam ilyen helyzetben. A helyi tanács titkárt ismertem, de ez most itt, egy egész más világ, mint egy idegen állt előttem. Lezajlott a tárgyalás, amit kellett elismertem – mi mást tehettem volna?

A bent levők kimentek, és ketten maradtunk a tanács titkárral. Az arca egészen más lett, nem az a hivatalos kemény tónus. És kérdezi, hogy tudok-e neki készíttetni a szőlőprésbe való támasztó fákat, lehetőleg kemény fából. Ha jól emlékszem a másodperc töredéke idejéig nem is tudtam, hogy mire gondoljak.

És gyorsan válaszoltam, hogy persze tudok, van a műhelynél ilyen, mikorra hozzam? Megegyeztünk. Meg is kapta. Úgy egy-két hét múlva kapok egy levelet a tanácstól. Elismerve a szabálysértés elkövetését, és jövőbeni hasonló szabály elkövetésétől tartózkodni fogok, ezért az ügyet szóbeli figyelmeztetéssel lezárom – tanács titkár. Én meg, hogy meg voltam ijedve akkor? Így utólag vissza gondolva az esetre – mindenki „dolgozott a maga beosztásában" valamit – mondhatnám azt is, hogy mindenki jól járt!

Mint a régi film híradókban... más!

Történt az egyik év végén, hogy szerettem volna haza menni a szüleimhez a családommal. A két ünnep között (karácsony – újév) úgy sincs sok munka a gépesítés terén. Szóltam a főagronómusnak (mint közvetlen felettesemnek) erről – menjél csak, nem sok minden történik ebben az időben úgysem. El is mentem. Amint visszajöttem – jött a hideg zuhany, hogy nekem beszámolót kellett volna tartani a vezetőségi ülés előtt. Nem jelentem meg, és ez nagy hiba!

Mondtam én az elnöknek, hogy én engedélyt kértem a főagronómustól a két ünnep közötti eltávozásra és ő igent mondott.

No szembesítés: igen volt valami efféléről szó, de arra ő igent nem mondott. Még közvetlen Karácsony előtt sem volt arról szó, hogy vezetőségi ülés lesz.

A két ünnep között hirtelen összehívták, és én ott mint előadó kellet volna szerepelni. Be kellet volna számolni a gépesítés helyzetéről. Majd fegyelmi eljárás következett! Nesze neked, ha nem vagy ivócimbora, sőt azt még üldözöd is. Vagyis csak finoman szóvá teszed már, tanulva a korábbi évek tapasztalataiból. Elkezdtem a fegyelmi tanács tagjaival egyenként, külön-külön beszélni. Így azok sem voltak úgymond „nagylegények" a tények hallatán. Kezdtek elbizonytalanodni a tények megismerése után. Tényleg ez annyira egyértelmű eset volt – csak hát a „jóindulat"!

Végül nem született fegyelmi határozat sem. No most tessék figyelni. Később kapok egy hivatalos helyi levelet, amelyben az állt, hogy a fegyelmi tanács eltekint a szabálysértési eljárás lefolytatásától, mert a műhely munkájában némi javulás tapasztalható. Isten bizony ez volt, pontosan így.

Micsoda? Hogy kerül ide a műhely munkájának a megítélése? A fegyelmit a vezetőségi ülésen való nem megjelenésért indították. S láss csodát a műhely munkájának a javulása miatt, visszavonták. No ezt bogozza ki valaki.

De…de. érthető. A főagronómus az elnöknek azt mondta, hogy ő engem nem engedett el, így védekezett, nem vállalta fel saját rossz döntését. De amikor már én is beszéltem vele erről (határozottan emlékeztettem a történtekről) hát így alakult felejtsük el! Ez is a szocializmusban volt. Bár emberi tényezők nem mindig köthetők társadalmi rendszerek milyenségéhez!

Aratás van, mindenki teszi a dolgát. Az aratás mindig feszített időszak volt – természetesen. A búzát (ha annak eljött az ideje) mindig gyorsan le kellett vágni – no meg bármilyen egyéb gabonát is. Késlekedés esetén romlik a gabona minősége és ez anyagi vonzattal is jár.

A kombájnok dolgoznak a határban, és jött a hír a búza tábláról, (a szemhordók hozták) hogy az egyik kombájnnak elszakadt az ékszíja, mégpedig ez és ez a fajta. Saját raktár, ez itt nincs, – telefon a másik tsz kollégának nektek van-e? Van… gyertek érte.

(Akkor ez így ment!) Nem sokára befutott a főagronómusi kocsi (az anyag beszerző épp Pesten volt) megáll a műhely előtt. Az én műhelyvezetőm oda lép a GAZ-69-hez, és szó szerint kirántja belőle annak sofőrjét és maga ül bele.

Álljunk már meg, mi van itt, áll a kombájn? Én csak nézek nagyot és mondom a lényeget. Áll a kombájn, elszakadt egy ékszíj és nem tud dolgozni, kértem a szomszédból és kellene menni érte (6-8 km!) A műhelyvezetőnek is volt tudomása erről. Válasz: van itt fontosabb dolog is, és elhajt. Én meg gyorsan, csak úgy gyalogosan (20-30 métert kellet megtenni csak, hogy lássam) – merre is megy ez az autó. A kocsi sofőrje, meg én ott maradtunk hoppon: Az autó kihajt a telepről, és megy arra amerre nem kéne, vagyis nem...nemmm.

A 30 méter megtétele után leláttam a völgybe a merre az autó ment, és elfordult a szőlőhegy felé. Később azért megtudtam, hogy beütemezett pinceszer volt ez a mindennél fontosabb kérdés. A kombájn meg várt a másnapi javításra, holott még ezen a napon is tudott volna dolgozni. Egy ékszíjat felrakni nem nagy ügy! No, de a pinceszer – az ezen a vidéken mindent megelőző elfoglaltság.

Ha valaki azt hiszi, hogy ez egyedi eset volt, az bizony nagyot téved. Az ilyen, és ehhez hasonló esetek ezen a vidéken igen gyakoriak voltak.

Talán lassan kezd kristályosodni az a folyamat, ami lassan fény derít arra, hogyan lettem és lassan partvonalra szoruló!

A későbbi pinceszerekre már nem is nagyon hívtak meg engem Az én agyamban nem tudott összekeveredni a munka és az ivászat időszaka. Az egész tsz vezetésnek viszont igen. Pont...pont

De azért még egy „aranyos" eset. Tudott dolog volt, hogy a traktorosok isznak. Úgy ülnek be a gépbe és mennek dolgozni. Lehet ezt is meg lehet szokni annyira, hogy a legtöbbnek ez nem jelent semmit. Persze mindig van egy-kettő aki átmegy ezen a türelmi szinten. Egy jó ember (ma is tudom a nevét, az arca is előttem van, de ez most nem fontos) már többször lett figyelmeztetve, hogy ne igyon. És elhangzott az utolsó figyelmeztetés is, hogy most már le lesz véve a traktorról. Persze már több hülyeséget is csinált már az MTZ-50-es traktorával (össze-vissza szántott, összetört ezt-azt)

És jött reggel dolgozni, görnyedten neki támaszkodott a falnak, remegett mint a nyárfa levél, alig tudott beszélni, hebegett-habogott, hogy most nem ivott.

Elvonási tünet a javából. Valaki jósolja meg a következőket. Traktorozott tovább, csak beállt abba a sorba, mint a többiek. Nem én voltam a főnöke!

Végig dolgoztam saját „munkás" éveimnek a felét ilyen „világban", holott én nem ilyenre szocializálódtam. Hej... Erdei János osztályfőnök Úr!!

Van még egy aranyos (van több is!) eset egy korábbi időből is. Mászkálok a műhely körül, mikor látom, hogy a műhely mögött nagy területen elterülő géppark között valaki serénykedik. Odamegyek ehhez az éppen letett, most nem használt Hamster Major rendfelszedő pótkocsihoz, és mit látok, valaki szereli le ennek az oldalán levő 6 méter hosszú deszkát. Kérdem is rögtön, hogy ugyan mit csinál. Mit...mittt?

Ez a deszka kell nekem. Kérdem is rögtön, ezt hogyan gondolja, ez még egy működő gép, lehet akár már holnap is lehet rá szükség. Nagy immel-ámmal elment. El telt egy-két nap, gondoltam csak megnézem én ezt a pótkocsit – természetesen a deszka nem volt rajta.

No, hogy magamat is belekeverjem ilyen dologba. No nem valami személyes lopásba. Kérdeztem a műhelyvezetőt, hogyan lehetne itt szerezni itt a tsz-ben 8-10 darab oszlopnak való fát? Olyan 3 méteres, 6-8 centiméter átmérőjűt. Főnök rá se ránt- son – viszünk mi magának amennyi kell a kiserdőből (tsz erdő). De hát én kifizetem, ahogy illik. Majd mi megoldjuk!

Kb. a harmadik napon megyek haza és már sötét volt, és láttam már messziről, hogy az udvaron valami igen nagy halom van. Hirtelen nem is tudtam mire gondolni – de tényleg! Az udvar a másik utcáról szabadon bejárható volt. Hát itt volt az említett 8-10 darab fa. Nem számoltam meg, de volt vagy 200 darab – úgy ahogy mondom. Másnap szóltam a műhely főnöknek, hogy 8-10 darab fáról lett volna szó, ennyi nem is kellet volna.

Ne foglalkozzak vele, ha másnak kell, annak is visznek ennyit teljesen ingyen. No végre, hasznot is húztam most az egyszer a szocializmus gyönyöreiből.

Olyan már fel sem tűnt senkinek, hogy a szárító kezelő egy egész pótkocsi búzát vitt haza, és a tetejét megszórta ocsúval, kirostált „szeméttel". Ő vett egy csomó (egy traktor pótkocsi) kirostált „szemetet". Egyébként ez egy „nagyon szegény" tsz volt. De lejött a miniszter megvadásztatták, és ott volt a számlán 1 millió forint. Ez az elnök csak úgy sürgött-forgott a miniszter körül véres ruhában cipelve a lelőtt fácánokat.

Még annyit erről az elnökről, hogy előre megegyeztünk mennyi lesz a fizetésem. Ennyi és 30 % állami támogatás. Egy idő után szóltam, hogy valami nem stimmel. Nincs a megbeszélt 30 % fizetés. Együtt méltatlankodtunk, hogy ez a „járás"! Hát még ilyet??!! Egy idő után bementem ebbe a járásba, és közölték, hogy ez már jóval az én munkába állásom előtt meg lett szüntetve a tsz felé. Korábban volt ilyen a felső vezetőknek, de most már nincs. Mi tehettem, maradtam még valamennyit.

Ahogy írom ezeket, egyre újabb „jó kis történetek" jutnak eszembe, nem is tudom miért rögzültek meg bennem ezen „szép" emlékek?

Még az előzőekből egy. Munkaidőben megyek a „hegyek" között kifelé a Simson motorommal – arra volt dolgom. Látom messziről, hogy az alkatrész raktáros ott áll egy dombon a pincéje előtt, és kiabál nekem. Menjek már be hozzá!! Én meg csak merev tekintettel néztem előre, se látva-se hallva. Másnap találkozok ezzel az emberrel, és „leszid csúnyán" – persze ezen esetben csak félig komolyan. Úgy ittam volna már egy pohár bort és nem járt épp arra senki, és amikor meglátott nekem kiabált „de én nem hallottam" Dehogy nem hallottam, dolgom is volt, meg inni sem akartam! Ugyanis azon a vidéken nem szeretnek a boros gazdák egyedül inni.

A fenti elmesélt „kedves" esetekre pontosan emlékszem, nevekkel, megtörtént helyszínekkel, időponttal együtt. De most csak a lényeget igyekszem megfogni.

És jött a rendszerváltás. Csoda, hogy kis mértékben ennek a részese lettem??
Államigazgatási főiskola elvégzése – megyei felső vezető lettem. Ez már egészen más világ volt. Úgy éreztem eléggé kiböjtöltem, mondjam úgy hogy megérdemeltem én ezt az új világot? Az előző rendet, hogyan is lehetett volna másképp kezelni?
1, Azonosulni azzal a világgal (ez nekem sosem ment)
2, Keresni valami ebből kiálló helyet (pl. egy kis bolt) és úgy eléldegélni.
3, Úszni az árral, de tudatilag egy más világban élni, úgyis lehetne mondani, hogy jó képet vágni az egészhez. Talán humoros oldalán megfogni az egészet, de vigyázva itt is a mértékre. Én ezt az utat választottam, nem volt könnyű út, de végigjártam. Elvtársak, igyátok el az eszeteket, de én kívül maradok. Volt is ebből számos kényelmetlenségem is.

Nem vagyok kárörvendő – tényleg nem. De az akkori velem egykorú tsz vezetők jó része már „egy emelettel lejjebről" szemlélik a világot. Többször meghatároztam magam ebben a helyzetben: én vagyok az aki legtöbbször a „kosár széléről" szemléltem a körülöttem levő világot.

Humorizáljak? Szinte sajnálom, hogy éltem e második (nem is kevés), szakaszából nem nagyon tudok ilyen jókat mesélni.

No de azért egy aranyos esetet mégis. Igen sokszor voltunk az újságok szereplői. Megyei vezető voltam. És szóltak is, hogy leadott írásainkban ne legyen lehetőleg idegen szó. A pesti nagy főnöknek gyagyája volt a prevenció szó. Egyik írásomban kétszer is alkalmaztam. Szólt a megyei újság főszerkesztője, hogy ezt mégsem kéne. Én meg külön kértem őt, ha lehet mégiscsak hozzák le a cikket így.

Pesten megjelent az újság szemléző gyűjteményben a cikk a Főfelügyelőségen. Nekem rögtön 20 % fizetés emelés. Nem soká pedig volt egy (nem általam kreált) probléma. Pestről származott, de én nem akartam bemártani a főfelügyelőségi kollégát akitől jött a gond, nem mehetek most már igazgatói eligazításokra, magam helyett küldjek mást. A fizetés azért maradt! Persze ez is megoldódott nem soká, leváltották a főigazgatót.

Persze ezek már nem rendszerhibák voltak, inkább emberiek. Mint a fentiek is mutatják, mondhatnám nem volt unalmas az eddigi pályafutásom.

De még nem szóltam saját magamról. Jöjjön akkor ez. Ez sem lesz unalmas. Pedig mindig az volt az elképzelésem, hogy megismerek egy nekem való nőt, csinálok 2-3 gyereket, ezeket rendben felneveljük, útjukra bocsájtjuk, majd éljük a nyugdíjasok csendes életét.

Hát tervnek szép is volt, csak hogy ebből nem lett így semmi. Máris mondom, hogy ezért nem okolok senkit, esetleg saját magamat, de ezt sem teszem (semmi értelme), inkább azt mondom, hogy nekem ezt dobta ki a gép!

Jöjjenek a NŐK!

Mivel is kezdhetném mással, mint a NŐKKEL. Igen, a nagybetűsekkel. Hát már ezt is úgy kell kezdenem, hogy nem a saját nagy „elméletem" szerint alakult ez sem (no meg több más is!) Mennyi, de mennyi történetet lehet hallani saját köreinkből, ilyet is, meg olyat. Az emberek örök témája, hogy ki…kivel, hol és mikor, meg egyebek. Ebben a társkapcsolati témában az emberek megfertőződtek, meg túlfertőződtek is.

A regények, filmek, mesék történetének mindig a fő gerincét adják. Csinálnak is a főhősök ott mindenféle marhaságot.

Meg csinálnak rengeteg érzelmes olvadozni valót is.

No kérem ebben a fenti jellemzésekben bőven benne voltam én is. Elég, ha csak annyit, hogy most az ötödik(!) társammal élek. Sosem gondoltam arra semelyik kezdésénél… ha nem megy… hát odébb állok! A fenét! Mindet teljesen komolynak, egész életre szólónak képzeltem el akkor. És mégis.

No akkor ezekből is szemezgessünk egy keveset.

Így már előre látszik, hogy nem volt valami monoton az eddigi életem.

Az elképzeléshez az egyik kedvenc nótám
Szép esténk lesz,
ha egyszer majd megöregszünk,
sose' veszekszünk,
ülünk a kandallónál, s fogjuk majd egymás kezét.
A lámpa ég.

Akkor megköszönném azt a napot,
amikor én megláttalak.
Hogy egy életen át vártam terád –
hálás vagyok.

Emlékszel még az első csókra a Szigeten?
Láz égett szívemen.
Szép volt, gyönyörű szép!

Közben éjfélt üt már a kakukkos óra,
térj nyugovóra!
Énvelem őszült, édes párom, csak álmodj tovább!
Jó éjszakát!
Aztán ébredj újra fiatalon, ahogyan én megláttalak
és egy életen át az ifjúság titkunk marad.

Jó éjszakát!
Aztán ébredj újra fiatalon, ahogyan én megláttalak
és egy életen át az ifjúság titkunk marad.

Korábban, mint ahogy szokás – még ifjú korban – volt egy-két lány „ismerősöm". Meg volt a gyerek elvétetéséhez megkért fele költség megfizetésem is. Jó kis indítás tudom, de akkor én még nem álltam készen a házasságra.
    Történt, hogy megismerkedtem egy hölggyel (természetesen tudom a nevét, meg az akkori címét is, de ez most nem fontos). 2-3 randevú, olyan átlagos ismerkedés, mint ahogy lenni szokott, ami mással is megesik. Így az elején már kibukott, hogy van neki egy másik udvarlója is, akinek szép családi háza van.

Mondta is, hogy hol. Talán meg is találnám (talán nem?) Nekem nem volt. Csak egy régi típusú Wartburg 900-as hullámos hátú autóm, tv meg egyebek.

A történet ennyi. Akkor még elég ifjonc gyerek voltam, és nem is tudtam ebben a helyzetben hogyan kellet volna viselkedni. Nagy, hősies vallomással kirukkolni, hogy a ház ellenében is én legyek győző? De ma sok-sok év után is az a gondolatom, hogy ez a helyzet már el volt rendezve, és nem az én javamra.

Ha finoman fogalmazok a lány mégiscsak kiadta az utamat – nevezzük nevén a tényeket. Pedig a lány szép is volt, meg csinos is, egy kissé bele is habarodtam. A bánat is meg a méreg is munkálkodott bennem. És jött egy hirtelen gondolat, hogy azért is megnősülök, és elveszem az első utamba kerülő lányt. És valóban ez lett. Életem egyik legnagyobb marhasága. Persze így utólag már könnyű levonni a konzekvenciát. (jó magyar szokás, hogy az ember mindig utólag okos)

Nem tartottam magam butának (akkor, sem ma!) de hát az ember sokszor gyarló. Ezt az esetet kissé elhamarkodtam. Az István a királyban is erről énekelnek:

Volt is, lesz is, ez itt a praxis,
Mindenkinek helyzete van.
Volt is, lesz is, itt is, de ott is,
Minden kornak rendszere van, de rendszere van.

(Solt):
Gyarló az ember-
azt lesi, hogy hol tömheti jobban a hasát.
Gyarló az ember-
azt lesi, hogy hol adhatja jobban el magát.

(Együtt):
Volt is, lesz is, ez itt a praxis,
Mindenkinek helyzete van.
Volt is, lesz is, kint is, de bent is,
Minden kornak rendszere van, de rendszere van.

(Sur):
Gyarló az ember-
igazat mindig annak ad, ki többet ígér.
Gyarló az ember-
ahhoz a párthoz áll, ahonnan többet remél.

(Együtt):
Volt is, lesz is, ez itt a praxis,
Mindenkinek helyzete van.
Volt is, lesz is, fent is, de lent is,
Minden kornak rendszere van, de rendszere van.

(Bese):
Gyarló az ember-
mindenre képes a kényelemért.
Gyarló az ember-
bűnben fogant és a bűnben él.

Tudhattam volna, hogy egy ilyen lépésnek, bizony egy életre kiható hatásai lesznek. És lettek is...!
 Nők lapja... társkereső fellapozva – ni csak egy megfelelő. Néhány találkozás és megkérés. Több évszázados irodalma van az udvarlás szükségességének. Megismerni a másikat. Még a társkereső jeligék között is gyakori a „similis et simili" kifejezés – „hasonló a hasonlónak örül". És milyen okos vagyok én már 50 esztendővel később!
 Szóval felelőtlenül bele ugrottam egy házasságba. Az első perctől kezdve tudtam, hogy nem ez az igazi. De talán neki sem volt az! A házas élet konkrét vonatkozásaival nem is érdemes foglalkozni Ez a nő majd egy fatuskó volt (eleinte még úgy, ahogy).
 Eleinte az újdonság leplezte a lényeget. No meg az ember még tapasztalatlan is, meg majd megszokjuk egymást. Én már csak mondhatom, hogy megeszi a fene, ha egy házasság ilyen előfeltételekkel indul. Vagy rögtön kialakul „valami", avagy már kezdettől „halálra van ítélve az egész".

Csináltam olyat, hogy 3 hétig nem „kezdeményeztem". Ő részéről semmi. Egy kérdés, hogy mi van veled, valami történt, vagy ilyesmi, de semmi! Ennek ellenére lett két gyerek. Általában a „normális" házaspárok megbeszélik egymás között, akkor hát kellene egy gyerek. És a szerint tovább! Nálunk nem. Egyszer csak bejelentette, hogy gyerek lesz, én hülye még megvártam a második „bejelentést" is. Közben kétszer kíséreltem meg a válást is, mire a harmadik lett a végleges.

Az elsőnél beadtam a papírokat, és nem fizettem meg az illetéket (akkor ezt nekem tudni kellett volna!) – így megszűnt a „beadvány". Ez időben jó anyám is volt nálunk s úgymond kibékített bennünket. A idő (a fene a fajtáját!) meg csak telt. A dolgok persze így sem, meg úgy sem javultak semmit.

Jött a második válási kísérlet. Papírok beadva – tárgyalás – bírónő kérdezi a „felperest (én voltam) mondjam el miért szeretném a házasság felbontását. Az érzelmi elhidegülés, a testi viszonyok nulla szintje, meg az egymáshoz való egyéb viszonyúlás. A bírónő megkérdi az alperest, hogy ez így igaz, ahogy a férje (akkor még az voltam) elmondta? A válasz, hogy igen. És miért van így a férjével? – a következő kérdés? Válasz: azért mert a férjem szülei nem adnak nekünk pénzt, hogy másképp élhessünk.

Ez után egy olyan következett, amilyet én még nem hallottam. A bírónő (kiabálva): mit képzel maga? Ha bármennyi pénzük is lenne a férje szüleinek, ahhoz magának semmi köze. Oda teszik ahova akarják, csak ezért nem bánhat így a férjével. Ezért viselkedett így a férjével? Vegye tudomásul szó . (ha jól számoltam ez 3-4 szer hangzott el. Ha eddig nem, ekkor legalább a bírónő rávilágítása nyomán már elég tisztán kellett volna látnom a saját helyzetem.

Normális másik ember (itt most nem én) ezek után (bírónő szinte kimondta a lényeget!), végig viszi az elkezdett procedúrát. Mivel teljesen nyilvánvaló volt, hogy ebből úgy sem lesz semmi! De nem – még mindig ingottam, hogy akkor most már ne tovább, vagy mi legyen. A váló eljárás meg nem fejeződött be. No igen akkor ott volt már a két gyerek is. Borzasztó nagy súly nehezedett rám. Igaz beadtam váló keresetet, és azt komolyan is gondoltam, de már így a megvalósulás „küszöbén", elbizonytalanodtam. A két gyerek...! Hogy is mondjam, én a magam részéről – tűrtem tovább! Akkor is, no meg ma is azt gondolom, hogy a két gyerek a másik fél részéről a házasság stabilizálását szolgálta volna. Ja, olyan, hogy érzelmi világ az már régen elszállt köztünk! Az a két gyerek is a néha-néha valami eseteiből jött össze. Gondolni való milyen az a házasság amikor egy temperamentumos férj és egy majd „nullás" nő alkot egy párt?

Építkeztünk Gyulán – legalább saját lakásunk legyen a semmire! Szegény apám szinte kikelt magából (de szó szerint!) és mondta nekem, hogy hol van ez a nő? Ilyenkor az asszonyokra is nagy szükség van egy építkezésen. Saját erőből folyt az építkezés. Jó anyám – 60 évesen – főzött az építkező csapatra Sarkadon, nem is egyszer. Én át az ebédért (a helyett, hogy addig is dolgoztam volna) ebéd áthozva – mama megterített az ideiglenes asztalon – majd utána vissza Sarkadra a sok mosatlant, amit a mama mosogatott el egyedül!

No, de hát saját magam hallottam, hogy az apósom mondta „Elvirát mi orvos feleségnek neveltük." Szó szerint így! No ezt meg hogyan kellett volna, mert még normális feleségnek sem volt jó. Persze ez a „feleség" a legtöbbször így is viselkedett, mármint, hogy én vagyok a „valaki"(mármint ő!) . Ma már tudhatnám ennyi idő távlatában, hogy mi is volt az ő „kivagyisága" – de még ma sem tudom.

Sokszor előfordult lekezelő attitűd, a fölényes jellegű megszólalás. De, hogy mint nő, avagy feleség milyen alapot gondolt magának erre, még tippem sincs. Készült jó néhány fénykép is erről a családról – mármint az akkori enyémről. Bárki megnézné (nézhetné meg vannak az akkori fotók!) mit látna? Egy gőgös nő fennhéjázó mozdulattal áll a képen, két méterre az egyik gyereke, másfél méterre a másik. Igen ezek tények, mint mondtam meg vannak még erről a fotók!! Néha a két karját is összefonva áll. Ez tudjuk milyen testbeszéd!?

De hát mi az ilyenkor szinte törvény szerű fejlemény? Igen... Igen, előteremtődik egy másik nő a „fedélzeten".

Ez még a korábbi időben és helyen volt.

Ez egy igen egyszerű helyzet volt. A gyerek akkor kezdett iskolába menni, és ki vitte őt az első nap az osztályba? Ki más, mint én! Szülői értekezletre is én mentem többször. És ugyan akkor jött a Mária is, aki szintén hozta az ő gyerekét. Ez a három tantermes iskola nem a fő épületi tömbben volt, hanem egy távolabb levő utcában. Még az iskola előtt laktak Tóthék, akiknek a hatalmas nagy fehér kutyájuk, szinte mindig az utcán volt. Naphosszat erre arra heverészett.

És mi elkezdtünk közösen aggódni, és hogy mit kellene tenni ez ellen. Talán beszéltünk a házhoz ez ügyben. A történés akár itt be is fejeződhetne, csak hogy... Ez az osztálytárs (mindjárt kiszámolom) – öreg ház, Temessiék, Sabjánék, Telekiékék után lakott. Így kialakult az osztálytársbeli játszótárs is. Még az úton sem kellett átmenni, ugyanazon az oldalon laktak. És mit ad Isten – az én gyerekem igen sokszor ment át játszani. Ki ment érte? És mi a természetes is, hogy időben nem akart haza jönni, és legtöbbször érte kellett menni.

És „így kezdődtek" a bajok. Az osztálytárs anyja is kijött, hogy ő is nógassa a „hazatérőt". De egy idő után már engem kellett volna nógatni a hazamenésre. Egyre többet beszélgettünk. Kiderült először is, hogy hasonló lelkek vagyunk. A családi helyzet is legalább „olyan" mint az enyém. Úgy hogy volt bőven téma.

Ki is alakult egyfajta kölcsönös vonzalom. Tudom ez nem abszolút értékmérő két ember között, de nekem szent meggyőződésem, hogy az egyik legfontosabb, a hasonló értelmi színvonal! Egyre jobban beszélgetünk, a szimpátia meg egyre erősödik. És a Máriának egyszer Füredvárra kellett mennie, a megyei könyvtárba, értekezletre.

És mit ad a magas mennyei, hogy épp akkor volt a születésnapja – a harmincadik!!! Kitaláltuk (akkor már ennyit beszéltünk, hogy az alap megvolt), hogy együtt megyünk. De, hogyan. Ő felszáll a távolsági buszra, és az első nagyobb településen leszáll, én meg megyek kocsival arra, és onnan együtt Füredvárra. Mint a mesébe, ez így is volt.

Egy kis távolság megtétele után megálltam, őt hátra ültettem az autó hátsó ülésébe, és ölébe tettem a kazettás magnót és bekapcsoltam.

A következő volt rajta:
Előre elkészítettem a köszöntő szöveget, meg a dalokat. Ezeket most szó szerint ide másolom, hadd legyenek ezek egy helyen. Bizony ennek nagyon szomorú apropója van, de ezeket majd később.

A kazetta

Ez egy 60 perces audió kazetta volt, amire elkészítettem a magam köszöntését.

A köszöntés egy szép zongora muzsikával indul.

Ez Schumann, Kinderszene op. 15. No.7 című csodálatos műve. Ha jól emlékszem Vladimir Horowitz előadásában hangzott el. Ajánlom mindenkinek legalább egyszer hallgassa meg.

Utána saját szavaimmal a köszöntés:

1953. szeptember 28, valahol a somogyi dombok között egy háznál megérkezett akit nagyon vártak, megszületett egy élet örömöt és boldogságot adva egy családnak. Jó kívánságok hangzanak, nagyra nőjj, sok jó egészséget érj meg és nagyon boldog légy. És ez az új élet neki vág a nagyvilágnak, hogy nagyra nőjjön, hogy szép egészséges legyen, és boldog legyen.

Múlnak az évek, a szülői gének meghatározzák alkati sajátosságait, a környezettel alkotott egyensúly megszabja az egészsége alakulását, s a világ amelyben él megadja a boldogság lehetőségét. Csak a lehetőséget, mert ekkorra már halványul a szülők gondoskodása, a barátok lelkesítő szavai, fogynak a rokonok, ismerősök jó tanácsai.

Mert a boldogságot mindenkinek egyedül, saját magának kell megtalálnia. igen a boldogság az paradicsom madár, a Kilimandzsáró, a Mona Lisa, és tahiti dallamai. Nehéz megfogni, nehéz megmászni, nehéz meglátni, nehéz meghallani. Az életünk célja mégis csak ez bármily nehéz is az örök cél a szép emberi boldogság. De mi ez a boldogság? Egy tárgy, egy vágy, egy megnyugvás? Hatalom, gazdagság? Hisz ez ostobaság! Nincs ennek tárgya oly különös kincs ez, kereshet ed bárhol, helye sincs ennek, fő képessége ez minden embernek.

Mondhatom egy szóval, szép a neve: szerelem. Ez tesz csodát mindig örökkön az emberben. Mit is kívánhatnék neked ezen a szép napon? Sablonos dolgokat? El vannak csépelve. Talán a fenti szavakat, erőt az élethez, kitartást a vágyhoz, tiszta szívet a boldogsághoz. Mint a költő mondja én is azt mondhatom, szíved tisztaságát őrizd meg minden koron.

Nézd a világot annyi milliója, köztük valódi boldog oly kevés. Mi az mi embert boldoggá tehetne? Kincs, hír, gyönyör? Legyen bár mind özön, a telhetetlen elmerülhet benne, nem fogja tudni, hogy van szívöröm. Ezt már én mondom, mi ez a szív öröm? Szeress míg élsz ezen a földön.

Amióta bennem élsz, és nem csak mint egy ábránd, a látvány mely a szívet eltölti, mosolyod az örök élmény, kincsem lett az idők folyamán. Találtam egy kis dalt, mely lett az én dalom, mint kincsem felét, ezt is neked adom. Mint a fény és az árnyék, az öröm és a bánat, szépség és a csúfság nem létezhet egymás nélkül, így az emberben is benne lakozik, születésétől fogva a jó és a rossz. Az ész és a szív parancsa. Ez a kettős teher dilemmája.

Magam is ebben élek, értelmemmel befoglak, akarlak, és ha eluralkodik rajtam a józan ész, arra kell gondolnom, hogy mily szép is a mi kapcsolatunk, ahogy elkezdődött úgy egyszer vége is kell, hogy legyen. Józan ész?... józan ész? A fenébe is, hogyan lehet az, hogy ami az embert élteti, még a józan eszem sem lehet önmagam ellensége. De legyen bárhogy is, a szív szava követi az évezredes ösztönök akaratát, nem gondolkodik, csak érez.

Lakodalom ami nekem csak a te, meg az én volt. Érzelmeim hozzád vittek, s mégis úrrá lett rajtam a józan ész és az elmúlás hangulata. Elszerettem volna énekelni egy dalt, persze közösen a többiekkel, egyébként ők úgy sem tudták volna, így csak én énekeltem volna és neked. Az élet játéka, ami a mi kis közös sorsunkat többször jóra terelte, oly sok lehetőséget adott, ez szólt volna most is közbe? A zenész nem tudta a nótát. Talán nem is volt aktuális? És talán ma sem az? Azért hallgasd meg ezt a dalt. Sok minden mondhat a józan ész, nekem mindegy az már, én már döntöttem, megyek a szívem után.

(Utána következett saját előadásomban az alábbi nóta)
Az én bánatom már, nagyon csendes bánat,
Rég nem láttak sírni, mikor muzsikálnak.
Vágyaim már régen megpihenni tértek,
Megtanultam, hogy kell elfeledni téged.
Csak ne járnál vissza álmaimban éjjel,
Csak ősz sose lenne,
dértől ezüst színű, hulló falevéllel.

Tavasz hozott téged, az ősz vitt el messze,
Búcsú kézfogásra jöttél el egy este.
Az arcomra hulló könnyek között néztem,
Mintha mi sem fájna, olyan könnyen mész el.
Én meg itt maradtam, csak a szívem ment el,
Megkeresni téged,
síró szellők szárnyán szálló levelekkel.

Mi nem hagyta befejezni a dalt? A múlt bánata? A jelen tanácstalansága? Azt hiszem egyik sem. Hanem maga a jövő. Én félek a jövőtől. Most még azt mondom, hogy a józan észnek van nagyobb lehetősége. És ha így lesz, nekem az borzalmas lesz, ha te már nem leszel, nekem nem leszel, elkezdődik életem belső bolyongása, mert téged foglak keresni, bármerre is járok, és tudom, téged sosem foglak megtalálni. Jöhet még jobb is, jöhet még szebb is, de az már egyik sem te leszel, és én mégis mindig téged foglak keresni.

Keresem a soha meg nem találhatót. Mily különös ez az élet, vagy talán nem is az? Sorsokat szétválaszt, sorsokat összeköt. Ki gondolta volna akkor, akkor az egykori szeptembernek az utolsó hétfői napján, mikor elindult egy csöpp élet, hogy van egy másik élet is, távol az ország másik felében, aki lehet, hogy épp ebben a percben éppen mesét hallgat az iskolában, hiszi, hogy igaz. Eltelik 30 év, és találkoznak, és ebben a percben mesét hallgatnak együtt, és szeretnék hinni, hogy igaz. 30 év már egy fél életszakasz, a fiatalság kora lassan lezárul, átsoroljuk magunkat a középkorúak osztályába. Végleges helyükre kerülnek az élet nagy szavai. öröm, bánat, szerelem, boldogság, remény és fájdalom. A nagy szavak az igazi értelmüket veszik fel.

Lekopnak róluk a fiatalság nagy hévvel oda képzelt cicomái. Az öröm az igazi örömöt, a bánat a valódi bánatot jelenti. Csak egy szó nem tud megkopni soha, a szerelem. mert a szerelem az élet, az örök fiatalság jelképe. Mert a szerelemnek nincsen kora. Az én mindössze 6 év életbeli előnyöm tapasztalata, addig élet igazán az élet, míg az ember szeretni képes. És én ezt hagyom rád, mint egy ajándékot, ez el nem törhet, meg sem kophat, ennek a fénye az idővel egyre csillogóbb lesz.

Szeretnék még valamit adni. Szeretném neked adni az érzelmemet. Kérlek fogadd el ezt tőlem, igazán őszintén adom.

1
Itt ülök csillámló sziklafalon.
Az ifju nyár
könnyű szellője, mint egy kedves
vacsora melege, száll.
Szoktatom szívemet a csendhez.
Nem oly nehéz –
idesereglik, ami tovatűnt,
a fej lehajlik és lecsüng
a kéz.

Nézem a hegyek sörényét –
homlokod fényét
villantja minden levél.
Az úton senki, senki,
látom, hogy meglebbenti
szoknyád a szél.
És a törékeny lombok alatt
látom előre biccenni hajad,
megrezzenni lágy emlőidet és
amint elfut a Szinva-patak –
ím újra látom, hogy fakad
a kerek fehér köveken,
fogaidon a tündér nevetés.

2
Óh mennyire szeretlek téged,
ki szóra bírtad egyaránt
a szív legmélyebb üregeiben
cseleit szövő, fondor magányt
s a mindenséget.
Ki mint vízesés önnön robajától,
elválsz tőlem és halkan futsz tova,
míg én, életem csúcsai közt, a távol
közelében, zengem, sikoltom,
verődve földön és égbolton,
hogy szeretlek, te édes mostoha!

3
Szeretlek, mint anyját a gyermek,
mint mélyüket a hallgatag vermek,
szeretlek, mint a fényt a termek,
mint lángot a lélek, test a nyugalmat!
Szeretlek, mint élni szeretnek
halandók, amíg meg nem halnak.
Minden mosolyod, mozdulatod, szavad,
őrzöm, mint hulló tárgyakat a föld.
Elmémbe, mint a fémbe a savak,
ösztöneimmel belemartalak,
te kedves, szép alak,
lényed ott minden lényeget kitölt.

A pillanatok zörögve elvonulnak,
de te némán ülsz fülemben.
Csillagok gyúlnak és lehullnak,
de te megálltál szememben.
Ízed, miként a barlangban a csend,
számban kihűlve leng
s a vizes poháron kezed,
rajta a finom erezet,
föl-földereng.

4
Óh, hát miféle anyag vagyok én,
hogy pillantásod metsz és alakít?
Miféle lélek és miféle fény
s ámulatra méltó tünemény,
hogy bejárhatom a semmiség ködén
termékeny tested lankás tájait?

S mint megnyílt értelembe az ige,
alászállhatok rejtelmeibe!...

Vérköreid, miként a rózsabokrok,
reszketnek szüntelen
Viszik az örök áramot, hogy
orcádon nyíljon ki a szerelem
s méhednek áldott gyümölcse legyen.
Gyomrod érzékeny talaját
a sok gyökerecske át meg át
hímezi, finom fonalát
csomóba szőve, bontva bogját –
hogy nedűid sejtje gyűjtse sok raját
s lombos tüdőd szép cserjéi saját
dicsőségüket susogják!

Az örök anyag boldogan halad
benned a belek alagútjain
és gazdag életet nyer a salak
a buzgó vesék forró kútjain!

Hullámzó dombok emelkednek,
csillagképek rezegnek benned,
tavak mozdulnak, munkálnak gyárak,
sürög millió élő állat,
bogár,
hínár,
a kegyetlenség és a jóság:
nap süt, homályló északi fény borong –
tartalmaidban ott bolyong
az öntudatlan örökkévalóság.

5
Mint alvadt vérdarabok,
úgy hullnak eléd
ezek a szavak.
A lét dadog,
csak a törvény a tiszta beszéd.
De szorgos szerveim, kik újjászülnek
napról napra, már fölkészülnek,
hogy elnémuljanak.

De addig mind kiállt –
Kit két ezer millió embernek
sokaságából kiszemelnek,
te egyetlen, te lágy
bölcső, erős sír, eleven ágy,
fogadj magadba!...

(Milyen magas e hajnali ég!
Seregek csillognak érceiben.
Bántja a szemem a nagy fényesség.
El vagyok veszve, azt hiszem.
Hallom, amint fölöttem csattog,
ver a szívem.)

6
(Mellékdal)

(Visz a vonat, megyek utánad,
talán ma még meg is talállak,
talán kihűl e lángoló arc,
talán csendesen meg is szólalsz:

Csobog a langyos víz, fürödj meg!
Ime a kendő, törülközz meg!
Sűl a hús, enyhítse étvágyad!
Ahol én fekszem, az az ágyad)
(Tovább a magnó tartalom!!!!!!!!!!!!)

József Attila e gyönyörű verse az Óda, az én ódám is lett.
Hit, vágyak, remények, hallgassuk most a dalt, mely tanúja volt,
mikor először mondtam, hogy szeretlek.
homokóra – zenében a szalagon! Itt pedig szövegében.

Ülök a szobámban,
búsan, egyedül
És a fájó múltra gondolok
Odakünt az utcán lassan fény dereng
És az órán pereg a homok

Szeretném a homokórát megállítani
Szeretném az emlékeim elfelejteni
De a homokóra csak pereg, pereg
Így hát, kedves, tovább szenvedek

Nem tudom, hogy elhiszed-e még
Hogy fájó szívem örökké tiéd
Álmaimban téged látlak, két karomba téged zárlak
Nem tudom, hogy elhiszed-e még

De ha egyszer, drágám, nem bírom tovább
Ezt a fájó bús emlékezést
Elmegyek én akkor, tovább állok én
Mert a szívem magányos, szegény

Elviszem én magammal az emlékeimet
Hogy ne lássam a lassan pergő homokszemeket
Utoljára, drágám, azt kívánom én
Hogy te mással nagyon boldog légy

Ülök a szobámban, búsan, egyedül
És a fájó múltra gondolok
Odakünt az utcán lassan fény dereng
És az órán pereg a homok

Szeretném a homokórát megállítani
Szeretném az emlékeim elfelejteni
De a homokóra csak pereg, pereg
Így hát, kedves, tovább szenvedek

Nem tudom, hogy elhiszed-e még
Hogy fájó szívem örökké tiéd
Álmaimban téged látlak, két karomba téged zárlak
Nem tudom, hogy elhiszed-e még

De ha egyszer, drágám, nem bírom tovább
Ezt a fájó bús emlékezést
Elmegyek én akkor, tovább állok én
Mert a szívem magányos, szegény

Elviszem én magammal az emlékeimet
Hogy ne lássam a lassan pergő homokszemeket
Utoljára, drágám, azt kívánom én
Hogy te mással nagyon boldog légy

Igen a homok pereg mint az életünk, tovább szenvedünk, mással boldog légy, fájó múlt, mily szép szavak.

Csak egy a baj, hogy ez mind egy nagy marhaság. Miért vagyok én a nagy betűkkel írt ember? Hogy az elszalasztott lehetőségek fölött kesergejek? Hogy saját sorsomat így utólag, mint szomorú eseményt szemléljem, elrévedjek az élet bús magányában? Nem, és nem! Míg tehetek valamit, míg a lehetőség a kezemben van, addig nincs bús magány, míg rajtam múlik az életből elvenni azt, ami emberi jogom, addig nincs fájó múlt. Csak akkor mi bennem van mindent kiadtam.

Mint mondja Agárdi Péter Zíliának? „Az élet szép, tenéked magyarázzam?"

Jönnek gondok, bajok, megoldani ember dolga, „mert az embert el lehet pusztítani, de legyőzni soha". Ez a dal mely nekem már örök emlék, közös emlék, ha igaztalan voltában mégis igaz lesz, a legszebb szó, és te, már mint csak emlék élsz bennem, nekem akkor is marad valami, ha már semmi más nincs, én legyőztem önmagam.

Kérlek ne haragudj én rám, hogy ily dolgokról beszélek, végül én most téged akarlak köszönteni, azért jöttem, hogy örömöt adjak. E szép születésnapon rólad, neked beszéljek. 30 éved szépségét zengjem.

E helyett miről is beszéltem? Rólad – rólam, fűről – fáról, örömről – bánatról, a vízről – a szélről, az emberi békéről, hitről – vágyról, szívbéli boldogságról, életről – halálról, az egész világról.

A világ csodáiról akartam én beszélni, mert én az egész világot tudnám neked adni. Lassan fogy a szó, fogy a dal, bár én éltem végéig képes lennék dalolni. Vidámságot akartam adni, mosolyod a kincsem, ha mégsem sikerült – nézd el kérlek nékem. Ha nem tudtam tárgyilagos lenni, ma már megértheted, nagyon jól tudod, hogy én téged mennyire ...(az autóban szóban mondva hogy) *szeretlek*.

Az óda az én érzelmem volt, ezért mondtam el. Sok verset elolvastam, amivel felszerettelek volna köszönteni e szép napon. Akárhogy is kerestem, nem találtam megfelelőt. Mit tehettem? Megírtam én magam. Legalább ez az enyém.

30 év!
Fél estét töltöttem könyvek között én
A leges legszebb verset neked keresvén.
Nagy költők, szép versek, csodás strófák.
Mégsem leltem bennük magam mondandóját

Így mit tehettem mást, elő a nagy akarást
Im aki hozzád szól, nem költő, csak ember, vágyó érzésekkel.
Köszöntelek én most saját gondolattal
Kívánok én sok jót igaz akarattal.

Kívánok sok szépet, igaz boldogságot
Hallgasd hát szavaim, mint egy imádságot.
30 év kerek szám, ok a számvetésre
Mit tettem, hogy tettem, nyertem és vesztettem.

Ha kellett, csak sírtam sokszor meg nevettem
És eltelt 30 év, talán észre sem vettem.
Vissza kell most nézni, de csak fejed fordul
Tested az utat követi, egyre csak konokul.

Mondják, a sors meg van írva előre mindenkinek,
Nem igaz, önnön kovácsa mindenki saját életének.
Ha veszítesz, te tetted, sirasd meg és menj tovább,
Legalább van tanúság, ha örülsz mert van minek

Azt se bánd, mert az örömöd is a tied.
Írom e verset, köszöntelek téged.
Átérezve immár elmúlt 30 éved,
  Oly sok szépet sikerült már eddig tőled kapni

Így akarok neked ebből valamit visszaadni.
Okom, hogy köszöntlek, nincs miért keresni
Őszinte szavakat, benne magamat,
Adni valakinek, ezt szeretném tenni.

Nincs mit bizonyítsak, itt vagyok én magam,
Aki a világ csodáit mind neked akartam,
Oly nehéz elhinni, nem fér el a szóban.
Ezen a világon ma, én szeretlek a legjobban.

Kavarog az elme, nem találja a helyét,
Összevet, szétválaszt, keresi kutatja
Az áradó érzelmek igazi helyét.
Ezek a sorok én vagyok,

A „Te" is én vagyok.
A végtelen világot bejárni, hozzád indulok.
Tarts velem, vár az új, mi szép egy emberben,
Magamon át gyúrom a végtelent
Hogy benned magamat megismerjem.

Mi ez a végtelen?
Ha őszinte – perc, nap, esztendő – mindegy
Őszinte szívvel megélve,

A vége csak egy lehet – megérte.
Ha kihal a vágy, kihal a szerelem,
Ha nincs szerelem, minek az értelem?
Az értelem az ember csodás képessége,

Találd meg önmagad, ez az élet igazi szépsége.
Ha az élet múló perceit is ki tudod használni,
Élj vele, s önmagad fogod megtalálni.
El hull a virág, eliramlik az élet,

E vad rohanásban, én megtaláltalak téged.
E szép napon így köszöntelek, néhány sorban, dalban,
Kitártam a szívem, mint egy vallomásban,
Ajándékot kaptál, melyet más nem adhat,

Mert e néhány sorban, odaadtam önmagamat.
Lelkem virágát a szavak valójában,
A szívem vágyát pedig, e 30 szál virágban.

kérlek zárd el a magnót. – (virág átadása).
(A magnó újra beindítva:)

Oda adtam mindent, nincs már bennem semmi.
Én már téged sosem tudlak többé elfeledni.
Mi is lehetne más a legvégén: mindössze kettő szó:

várlak én. (szép francia dal – Andre je t'aime)

André, úgy érzem itt vagy még nálam
André, sétálunk együtt a Várban
Ó, André, nem tudom, mit mondsz nekem
csak annyit értek, je t'aime

André, te voltál az, akit vártam
André, emlékszel, akkor, ott nálam
Ó, André, remélem, jó volt velem
És megértetted, je t'aime

Igen, je t'aime
Igen, megtörtént velem
Hogy volt egy szerelmem, je suis malhereuse

Ó, André, je ne te verrai plus, jamais
André, elmentél, s mindennek vége
Ó, André, nehéz lesz elfelejtenem
hogy megtanultam: je t'aime
Oui, chéri, je t'aime

Igen, je t'aime
Igen, megtörtént velem
Hogy volt egy szerelmem, je suis malhereuse

Ó, André, je ne te verrai plus, jamais
André, elmentél, s mindennek vége
Ó, André, nehéz lesz elfelejtenem
hogy megtanultam: je t'aime
Oui, chéri, je t'aime

A köszöntőnek vége lett, és befejezésnek elhangzott még Liszt Ferenc szerelmi álmok című műve (Réti József előadásában –no reklám- zongora kísérettel, magyarúl.

Ne várj, ne félj, szeress amíg csak élsz, szeress amíg csak élsz
Ne félj, ne várj, szeress ha csókra vágysz, szeress, ha csókra vágysz
Jön óra-a még, jön óra-a még, hogy már nem érzed csók tüzét
Jön óra még, ho.ogy már nem érzed csók tüzét

A szíved édes vágyban ég, és gyújtó lángja perzselő
A kedvesed hangját eléri már a szívednek lángja nő

Add néki édes mámorát, tedd boldoggá egy élten át
Hogy mindig érte élj

Hogy minden óra szép legyen, a lelkét óvjad,
hogy ne érje bánat.
Tedd boldoggá egy élten át, egy élten át
És minden szóra jól vigyázz,
egy durva szó és fájva fáj,
Fáj, hogy kimondtad már
a szíved mégis szenved tőle, úgy fáj
Ne várj, ne félj, szeress amíg csak élsz, szeress amíg csak élsz.
Ne félj, ne várj, szeress, ha csókra vágysz,
Ne várj, ne félj, szeress amíg csak élsz.

Ez így leírva talán mint vers mondhat valamit, bár inkább mint dalszöveg jelent valamit. De...de..., akkor ott a kocsiban két egymásra találó – összeillő ember – vonatkozásában ez egészen másként hatott!

Értekezlet után, a 30 szál vörös rózsát (nem volt könnyű addig otthon dugdosni, hogy az én asszonyságom észre ne vegye!), kéz a kézben bevittük a Kaposvári nagy templom jobb oldali oltárára, és azt ott közösen letettük. Mondjam . ne mondjam talán egész életemben nem volt még egy ilyen meghitt pillanat.

Hazafelé Nem a szokott úton mentünk. Az egyik városban kiszállt az autómból és onnan ki-ki külön haza. Mária busszal, mintha ottani átszállással jönne haza, én pedig az autóval mentem haza. Csakhogy volt még egy apróság is (nekem ne lett volna). A kocsiban maradt egy másik csokor virág, amit át akartam vinni a kerten keresztűl. Az én házam kertje is, meg az övé is, más-más oldalról de az óvoda udvarra ment ki. Besötétedett, és én átvittem a virágot a kerten keresztül. Amint megyek vissza a saját portára, egy másik oldalról egy erős zseblámpa fényébe rohantam bele. Hoppá!!

Elvégeztem a kinti munkát – én abban az időben bikákat hizlaltam. Ennek végeztével megyek be a házba. Mivel mindig jó reflexeim voltak, most is ez működött! A felkapott fából készült ülőszék, már lódult is felém, Szabályos birkózás, mire sikerült kicsavarni a kezéből a széket.

Az ezután következő hetek és hónapok hangulatát mindenki fantáziájára bízom. De még van egy befejező momentum, az én asszonyom szólt a másik férjnek, hogy ezek aztán mit csináltak. Másnap a Mária és a férje átjöttek hozzánk és kitört a paraszt gyalázat. Mi pedig tagadtunk mindent,! minden ellenünk szólt. Sosem szoktam 4 óra 30 perckor a megye székhelyre menni, és hasonlóak. És még előtte meg is etettem a bikákat! A közös élet kialakítására, még ekkor egyikünk sem volt kész.

El is terjedt ez az eset az egész faluban. És nem fogjátok elhinni, hogy nekem ettől fogva mekkora nagy ázsióm lett. Hogyan és miért is? Ez egy kis falu volt, és ebben a faluban a tsz-beliek közül szerették volna többen is magukévá tenni a csinos és szép tanítónénit.

Ezt így szemtől-szembe meg is mondták nekem. Ez igen, közülünk senkinek sem sikerült a Marikát becserkészni, neked pedig igen. Mondanom sem kell, hogy azok amire gondoltak, az meg sem történt! A „kiránduló társam" még kapott egy-két pofont is. Az egy vadbarom ember volt, még a tinta is kár a jellemzésére. Ő is miért ment ahhoz férjhez? Mert már a hozzá hasonlóak mind férjnél vannak, akkor neki is ezt kellene tenni. Be is jött a csőbe egy deli legény (akkor még talán az is volt) és házasság.

Egy érdekes momentuma is volt ennek – hogy a saját leendő apósa meg is kérdezte tőle (tudom szó szerint idézni): „kisjányom jól meggondoltad te ezt az egészet, ezzel az italos emberrel akarsz te össze kerülni?" És ez az aranyos ember egész együtt létük alatt (ahogy szokás mondani) ütötte verte a feleségét. Amikor terhes volt, még akkor is hasba vágta. Ja,...hogy miért nem vált el tőle? Örökös félelemben tartotta, hogy megöli.

Fura ezt hallani, de ez valóság volt. Amúgy ez a jóember fél életét a kocsmába töltötte. Amikor ott volt akkor, rohantam át a kerten néhány jó szóra. Hogyan is tudtam, hogy valójában ott van? Ez egyszerű volt. Ahol én laktam, pont szemben volt a kocsma, csak oda kellet néznem, hogy ott áll-e a megszokott helyén. Mindig ugyanott állt (és mindig állt), bal oldalával a pultnak támaszkodva, annak a bal szélső helyén. Néha a bal lábát is felrakva ott egy kis padkára.

Így mentek jó ideig a mi találkozásaink. Én a bikákat etettem. Akkori feleségem sosem nézett oda ki, hogy ott mit csinálok. Könnyű volt elszökni percekre. Amaz pedig ott támasztotta a kocsma pultot. Nem volt nehéz a gyors érzelmi azonosulás kialakulása.

Így ment ez elég hosszú időn keresztül.

Elvira vég

Szóval én építkeztem (igen én!) Ha 4-5-ször járt az építkezésen sokat mondok. Meg volt egy másik momentum is, nem akart az én szüleimmel „vegyülni" Ha már nem adtak pénzt neki, hogy velem kedves legyen. Érdekesség: még az egybekelés előtt voltunk a szüleimnél. Már akkor megalkották a saját véleményüket róla, de ezt csak a válás után mondták meg. Ha neked jó így... alapon.

Egy ilyen alkalommal (legyen ez a hatodik) mikor összejöttünk ketten az építkezésen (akkor már állt a ház) ez a hölgy (mit hölgy – egy közönséges nő!) erősen illuminált állapotban elkezdett velem üvöltözni. Mit – az már lényegtelen – úgy össze vissza. Amit egy kontroll alól felszabadult elme ilyenkor szokott. És itt ért véget a mi közös pályafutásunk! Válás – a gyerek az anyjukkal maradtak. A bíróság így döntött.

A ház szerkezetkész, mi legyen vele? Én gondoltam egy merészet, valahogy meg kellene venni a másik fél tulajdont. Akkor úgy gondoltam, hogy majd csak találok egy szintén elvált nőt, aki hozza az ő szintén ötven százalékát, és egyenesbe jövünk. Szép helyen volt a ház, jó felépítésű, már befejezés előtt állt.

De hát mint ahogy lenni szokott, nem jött aki a ház másik felét kivásárolhatta volna, és mindenben feleségnek is való hölgyemény.

Nem sokszor életemben, de csaláshoz folyamodtam. Ez pedig bejött. Nem, nem a volt asszonyt csaptam, be hanem a... Nem csaptam be senki, csak egyet füllentettem... Felvettem a banktól, annyi pénzt, hogy ki tudatm fizetni a most már a volt feleséget. Akit érdekel, hogyan? Annyi pénz vettem fel amit nem lehetett volna! Keresetnek annyit írtam be, hogy arra tudtak annyi pénzt adni, amennyi kifutotta a másik fél kifizetésének az összegét. Nem ellenőrizték a keresetem összegét – ez volt a szerencsém. Néha lehet nekem is szerencsém az életben! Megvettem a ház másik felét.

De sokszor elmondtam már azt, hogyan éltem ezután, mert hát a részletek is a felvett kölcsönhöz igazodtak.

Leírom (ezek örökre rögzültek akkor!), a számok is pontosak lesznek.

Kerestem akkor – a gyerektartás levonása után 4 940 forintot, és fizettem ebből havi 5 300 ft részletet. Ja, és hogyan éltem akkor én? Jó kérdés! Hát – hol ezt adtam el, ami volt, hol azt. Még szegény szüleim is adtak néha ezt-azt. Motorkerékpár, a meglévő autó, egyebek eladása egy kis időre megoldották szó szerint az anyagi kérdést. No meg olyan helyen dolgoztam, ahol kötelező reggeli és ebéd volt. Micsoda segítség ez akkor! Volt olyan hét is amikor teljes heti kiadásom 1 kg kenyér volt. Zsebben haza vittem a vacsorára valót, ehhez kellett a kenyér.

De enyém volt a ház. Ma már csak mosolygok ezen a helyzeten. És házat építettem tovább – kérdés, hogyan, ha nem volt semmi pénzem. Hát ami volt azt dolgoztam be – homok, mész, egy kis cement maradt még – és vártam a nagy szerencsét – no hát mit? Vártam a megfelelő társat, de az nem nagyon igyekezett jönni. Mi is volt a várás? Hát az újságok társkeresője! Munkából hazafelé – amúgy is útba esett – a könyvtár. Jegyzetelés – levélre való még épp akadt!

Emlékszem, hogy a szomszédban két igen idős testvér néni lakott. Az ő házuk oldal területét vettük meg (akkor még vettük). Amikor munkából hazaértem, mindig az volt az első, hogy bementem hozzájuk. Igen sokat és sokáig hallgattam az ő régi történeteiket. A saját gyerekeik csak épp beugrottak, és – néhány perc – és rohantak tovább. Szinte fiúkként kezeltek.

Egyszer beszélgetés közben mondtam – de tényleg csak a megemlítés szintjén – hogy már tudnám csempézni a konyhát – de hát erre már nincs nekem pénzem. Még csak nem is kérő jellegű megjegyzéssel mondtam – isten bizony! Erre mondta az egyik, hogy adunk mi magának János, hogy tudjon dolgozni, majd ha tudja megadja. Csempéztem és a pénzt is hiánytalanul meg is adtam. Érdemes a nevüket megemlíteni ennek az aranyos két idős néninek. Ők voltak a Zsuzsika néni és Mancika néni. Isten nyugosztalja őket – voltam is a temetésükön. A gyerekeik is mondták, hogy az anyjuk mennyire szeretnek engem. És ez így is volt. A belső szerelvényeket (víz, villany) mind magam csináltam a meglévő anyagokból.

De még az „Elvira" időszak is ment tovább (az első feleség) Szóval a két gyerek nála maradt – sajnos ezt valahogy nem kellett volna hagyni. Nem tudom hogyan oldottam volna meg, de meg kellett volna próbálni mégis. Már csak azért is mert addigra volt már fogalmam arról, hogy milyen anya is ő. Ide egy gyors beszúrás – mint helyzet jelentés. Megszületett a kislány és mindig, vagyis néhányszor, berakta a picit a belső szobába, ahol sötét is volt.

És ő elkezdett keservesen sírni. Én be akartam menni hozzá, de ő leintett hagyjad, előbb-utóbb majd elalszik. Ez így ment jónéhány napon keresztül. Egyszer amikor észre sem vette, én bementem hozzá, és kis arcát simogattam és beszéltem hozzá. És láss csodát a pici szépen elaludt. Persze úgymond hamar lebuktam, mert egy házon belül nem lehet ilyet feltűnés nélkül sokáig folytatni. Mondtam, hogy a picit meg kell nyugtatni, mint láttad milyen hamar elalszik. No nem mondom utána ő is bement hozzá, vagyis amikor letette, ő is ugyanígy próbálta elaltatni.

Hogy első szülött fiamat is én altattam el számtalanszor. Az „icike-picike a csabai utca" című népdal több százszor elhangzott, sőt erre kezdett el gügyögni, így ketten énekeltünk. Ez a nő több mint húsz éve (pontosan 23!) nem látta a fiát – aki velem él.

A külön válás után én többször – vagyis rendszeresen – jártam a „régi családhoz". Dia vetítések a gyerekek szobájában, stb...

De azt nyomatékosan leszögezem, hogy ez a nő (most már tudjuk, hogy ki.) mindent felhasználva nevelte, sokszor uszította a gyerekeket ellenem. Mert „merészeltem" őket otthagyni. Ez néhány vagdalkozásban el is hangzott, mármint, hogy én micsoda ocsmányságot követtem el azzal, hogy őket ott hagytam. Először is nem őket, hanem volt feleségemet csak.

De most magam sem értem, saját magamat. Hogy-hogy nem tudatosult bennem, hogy ez a házasság egy kényszer jellegű kapcsolat. Az az őszinte egymást akaró, kívánó, bensőséges kapcsolat az sosem volt meg. De én úgy voltam, hogy ha már megy ez a bicikli, hát akkor gördüljön tovább. Főleg, hogy már meg voltak a gyerekek is.

Eszembe jut egy érdekes momentum. Eleinte volt még egy-kettő – én legalább is próbáltam ehhez hasonlókat „tenni".

Mentünk vonattal az anyósékhoz – még csak ketten voltunk. És egy „Kiserdő" nevezetű megállónál kellett leszállni a vonatról, és egy nagy szőlőskerten kellett keresztül menni. Már vége volt a cseresznye szedési szezonnak. Amint mentünk keresztül ezen a nagy szőlőskerten (több mint egy kilométert) megláttam, hogy egy cseresznyefán még van egy szép szem cseresznye. Átugrottam két alacsony szőlő drótot, lekaptam a cseresznyét, és odavittem, az akkor még ifjú feleségnek mondott társamhoz, és teátrálisan átnyújtottam.

Mondván, hogy ezt neked szedtem. Indulatos válasz jött, „mit ugra-bugrálsz itt most ilyenekért, otthon még biztosan van cseresznye". No ekkor kellet volna sarkon fordulni, és soha többet vissza se nézni. Hát ennyire gyarló az ember, mint írtam korábban. No meg jó magam is!

Ez nem a cseresznye odaadásáról szólt. Mondjuk, hogy egyen valamit. Egészen másról, de akkor ez a más – mint hangulati elem – fel sem merült!

Én ahogy tudtam látogatni őket, úgy látogattam a gyerekeket. A gyerek szobában, igen sokszor csináltunk hagyományos dia vetítést.

Mennyire is volt a helyzet úgymond elmérgesedett? Hát annyira hogy nem is tudtam róla, hogy a lányom férjhez ment, csak jóval később.

Később mikor már elköltöztek Somogyberénybe –a volt feleség és a lányom – ez a kapcsolatfajta ott már egyáltalán nem is működött. Mármint, hogy azért néha meglátogattam őket. Ugyanis Ákos fiam 1995-ben hozzánk költözött. Mikor végzett, nem lett munkahelye, így Laposberényben szereztünk neki állást.

ÁGNES...

A történet – az előzőek – ott értek véget, hogy én Gyulán építgettem a meglévő félkész házamat.

De ugyebár az élet a maga formájában mégsem állt meg.

Az egyedüllétet nem nekem találták ki.

És? A társkereső működött. De sajnos ez csak másfél évig tartott. Itt sokat gondolkodtam, hogy mit tehetnék még ezért a kapcsolatért, mert a kémia nagyon jól működött. Bárki kérdezhetné. és akkor? Szóval találtam egy doktornénit (orvosdoktor) és minden nagyon jól ment... ment amig ment.

Ki nem találná, most még bárki is, hogy miért is szakadt meg ez a kapcsolat. És még ragaszkodtunk is egymáshoz. Igen jól megvoltunk tényleg. Nagy kedvünkre a város körüli összes erdőt végig „látogattuk"! No hol nem jártunk még? Meg ilyenek. Közös fagyizások, közös buli, meg ilyenek. Tényleg szuper volt.

Csak hát... volt ott két gyerek. Azt, hogy két gyerek (talán néha egy is?) így tönkre tudjon tenni egy kapcsolatot magam sem gondoltam volna?

Nevezzük nevén a dolgot – förtelmesek voltak! Ezen a véleményen volt a saját anyjuk is. Ahol csak tudtak ott bosszantottak engem, mert legtöbbször még az anyjukat is. A fiú csavargott, a lány üvöltött és földhöz verte magát. De nem csak olykor – olykor, hanem rendszeresen. Egyszer azt mondta a párom, hogy rád bízom őket foglalkozz velük saját belátásod szerint. Tényleg így akarod? Igen így! Én mondtam, hogy jó! Valóban így gondolod? Valóban!

Én pedig szisztematikusan, nem durván, s nem drasztikusan próbáltam úgy mond rendet tenni. De voltak meleg helyzetek is. És mit ad Isten, a párom nem egyszer a gyerekek mellé állt. Pedig már jelentkeztek bizonyos eredmények a „munkálat" alapján. És mi jött?

Tamás ment. – egyszer kétszer még beugrottam hozzá, ha egyedül volt otthon, de megtörtént a baj. Mivel nem lehetett kiszámolni, hogy én mikor ugrok be, nem szedte az ilyenkor szokásos szedni valót, jelentkezett a gyerek. Utolsó találkozás – sajnálat, hogy így alakult, pedig milyen jól megvoltunk, de ennek nincs már így jövője.

Valahogy itt minden megváltozott.
És ott álltam megint egyedül, a félkész házammal kettesben.
Nem adjuk fel – további társkeresés.
Írtam már fentebb, hogy az egyedüllétet nem nekem találták ki!

SÁRI...

Ez is jött, meg az én eszem meg ment. A hiány effektus győzött.
Mik is voltak a legeleső gondolataim amikor megláttam. Ezt már annyiszor elismételgettem magamban, hogy helyesen rögzült, talán mindörökre.

Nem... nem ez nem nekem való (és itt jött a lényeg, hogy) ez egy kis magának való akarnok. Sajnos nem tévedtem! De meg kellene már valamikor állapodni!

Most már lesz, ahogy lesz kitartok „mint Szálasi", Gond, probléma bárhol előfordul, tudni kell kezelni!

Innen is van érdekes említeni való. Mivel pénzem gyakorlatilag nulla, itt is trükközni kellett. Ő is volt Gyulán, no meg én is mentem Laposberénybe. Ráadásul, még át is kellett szállni a vonaton. Az autómat, motoromat már eladtam.

Konkrét okát később!

Jegyvétel, amint megkapom a jegyet, egy hirtelen mozdulattal szétkenem a bélyegző festékét a jegyen a többszöri felhasználás érdekében. Gyuláról piros kocsik közlekedtek Csabára, amiből a jegykezelő nem tudott menet közben átmenni a másik kocsiba. Én pedig erősen figyeltem. Ha a kalauz az egyik kocsiba szállt, látszott előre, hogy melyikbe fog felszállni, akkor én meg a másikba szálltam.

Volt olyan is, hogy „váltottunk". Így sikerült néhányszor a jegyet úgymond felhasználni, mivel a dátum meg teljesen szét volt maszkolva. Hosszas nézegetés után sem tudta megállapítani azt, így kezelte le, ha már minden eshetőség elúszott. Ekkor vettem új jegyet, és mint az előzőt többszörös használatra állítottam be. Átszállás után – igen hosszú – szerelvény járt, és általában (ezt is kifigyeltem) a kalauzok a vonat végén szálltak fel. Én pedig a legelső kocsiba. Mire én hozzám ért volna, akkor én már leszálltam. Akkor nem volt számomra ez olyan mulatságos, de hát a kényszer.

Végül a gyulai ház el lett adva – eladtam! És vettem egy családi házat Laposberényben.

És innen indult az újabb „próbálkozás". Ez is eltartott papír szerint 23 esztendeig! No persze itt sem működött a kémia, mint ahogy ezt a mai világban mondják. De hányszor hallottam (még ma is a fülembe cseng!) este, „hogy akkor alszunk"?. Bizony többször volt a fejemben az „válasz", hogy dögölj meg, aludjál. Még gondolatban is csúnya volt, de így volt. Szóval éltük az olyan akármilyen életünket. Még egy gyermek is született. Máris megjegyzem, hogy őt semmi pénzért sem adnám. Ő sokban hasonlít rám. Volt úgy hogy rímekben beszélgettünk egymással. Az anyja nem egyszer meg is jegyezte, „de oda vagytok egymással". Okos szép lány lett belőle, férjhez ment és itt van két aranyos unokám is.

De vissza még az első esethez. Első házasság – két gyerek. Én szerettem volna egy normális kapcsolatot fenntartani

Szerettem volna őket rendszeresen látogatni. De ez a drága volt feleség egyre másra erősen ellenem nevelte a gyerekeket. Hogy ez nem csak az én túlzó megjegyzésem – egy két példa.

Erős protekciós módon megszereztem a falubeli (hozzájuk közeli) nyilvános telefon hívószámát. Akkor ez még nem volt lehetséges.

Megbeszéltem a gyerekekkel, hogy minden pénteken 2 órára menjenek oda ehhez a telefon fülkéhez. Ez többször működött is.

Így lett megbeszélve, hogy vasárnap eljönnek hozzánk. Én értük megyek, és majd később vissza is viszem őket. Otthon hús leves, rántott hús, sütemény.

Megyek értük, és bekiabálok az utcáról, hogy itt vagyok. Ekkor már tilos volt nekem bemenni ebbe a házba. Ez már egy másik ház, volt, mint amibe bejártam diát nézni velük. Jön ki az egyik gyerek és szó szerint mondja: „hogy most nekik (a gyerekeknek) nincs kedvük jönni hozzánk"

1-2 hét múlva ugyan ez – megbeszélve a fülkénél, hogy akkor vasárnap eljönnek – én megyek értük. Húsleves, rántott hús, sütemény. Kisebb dudálás, egyik gyerek kijön, hogy most sincs kedvük jönni. Vissza haza, az akkori párom újból kérdi: „hát a gyerekek?". Nem volt kedvük jönni! Persze mi tudtuk a „valós okokat". Mint a mesében ez a történet is háromszor fordult elő, ugyanazzal az eredménnyel. A gyerekek a telefonnál (ahol az anyjuk nélkül voltak) jó kedvvel mondták, hogy megyünk. Ez már csak feltételezés, hogy otthon mitől ment el a kedvük az eljöveteltől? A jó „édes anyjuknak", nem volt annyi esze, hogy elsősorban a gyerekein üt egyet, és csak másodlagosan rajtam.

Más – erre konkrétan emlékszem (meg a többire is!!!), hogy a lányomnak akartam adni pontosan 4 000 forintot a születésnapjára (akkor ez nem is volt annyira csekély összeg). De a gyerek (8-10 éves) mondta: „Nem kell vigyed ahova akarod, nem vagyok én erre rászorulva!" Mintha az anyját hallottam volna.

Nem egyszer (mivel csak eddig volt „bejárásom") az utcai ajtó küszöb külső vonalára álltam, és szólongattam befelé. Szó szerint meg volt tiltva a beljebb való lépés. Az ajtó nyitva volt (már mint az utcai bejáró ajtó), de senki sem jött ki. Szerencsémre a szemem mindig jó volt (ma is az!). és láttam egyszer kétszer kissé meglebbenni az ablak függönyét. Gondolom az indokot, hát ez itt van még? És ennyi volt.

És történt egyszer, hogy az Elvira lelkem, a kapott pénzből (gyulai félház), vett egy tanyát. Ez idáig rendben is lenne...de hát a többi???

A fiam a Gyulai Szakiskolába járt, jármű villamossági szakmát tanulni. El is végezte ezt a tanulmányát. Most már tudtam vele itt is találkozni.

Egyszer megyek és nem találom ott. Kérdezem az osztályfőnökét, mit tud róla? Gimnáziumi évfolyam társam volt az osztályfőnöke. Mondja, hogy csak úgy nem jött, nem tudják miért. Ez az eset 2-3-szor is előfordult.

Csak el mentem hozzájuk, hogy mi van a gyerekkel? Nem fogjátok elhinni, annyira fáradt, volt, hogy nem tudott iskolába menni. És miért? Mert az anyja összeállt valami zsivánnyal, és azzal kellet éjszakánként lopni menni a határba!

Sőt még úgymond „tanította" is a lopás fortélyaira a gyereket. Ezt ő maga mondta! Így nem volt többször az iskolában, ahova pedig illett volna rendszeresen járni. Még akkor is, ha a fenti eset jó néhány volt mindösszesen.

Ez az egészet jól jellemzi, hogy odáig fajult a sok „családi" perpatvar, hogy összefogott a két gyerek, meg az anyjuk és jól elverték ezt az ürgét. Amúgy az ismeretek alapján meg is érdemelte. De ez csak az én magán véleményem.

Ennek ellenére a két gyerek ellenem való beoltása folyamatos volt. Meg tudtam azt is, hogy az ő szegény sorsuk azért van mert én elhagytam őket. Ezt a lányom mondta egyszer.

Vele esett meg az az eset is, hogy amint mentem hozzájuk autóval, már jó messziről megláttam a lányomat a köves út mentén. Amint közelebb érek az adott helyhez – ahol kb. láttam őt – a lányom sehol. Leálltam az út mellé és elkezdtem keresni őt. Megjegyzendő, hogy az út mellett végig erdő volt. Bejártam jó darab területet, amikor beljebb egy bokor mögött megpillantottam a lányomat. Szóltam is neki, hogy nem fontos elbújni előlem. Esetleg, ha anynyira nem vagyok fontos a számára, legfeljebb nem jövök többször.

Ezzel rímel, hogy amikor elköltöztek a Dunántúlra, szinte egészen megszakadt a kapcsolat köztöttünk. A fiam 1995 óta velem maradt, azóta is a közös házunkban lakik. Itt kialakítottam neki egy – egy szoba összkomfortos lakrészt számára, külön bejárattal. Minden ami kell: szoba konyha, fürdőszoba, tv, internet stb.

Szóval jóval később tudtam meg, hogy a lányom férjhez ment. Egészen más információs úton értesültem erről.

De még ez előtt, a Dunántúli kis házukban ahol laktak – az anyja meg a lánya. És ehhez a házhoz is az én segítségemmel jutottak. Sőt egyszer adtam is 100 000 forintot is, hogy rendezzék be a fürdőszobát a házukban, mert akkor még ez nem volt. Ez az összeg abban az időben elég is lett volna ehhez.

Megtudtam, hogy valamiért ez mégis elmaradt. No meg az is, hogy ismét adtam a lányomnak megint 120 000 forintot, főiskolai tanulmányok kezdésére. Hát nem kezdte el ezt sem! Mérgemben vissza kértem az összeget. Majd mindet vissza is kaptam. Bár hagyhattam volna, de működött bennem a méreg – ma már bánom.

Ezen időszakokban írt a lányom nekem két levelet is. Annak a hangvétele, bizony nagyon borzasztó volt. Szinte megrendített. Őszintén szólva meg is értettem, meg nem is. De a hangulat szinte mindig parázs volt.

A megértés azon oldalon talán még érthető is, hogy ők bizony hozzám képest úgymond elég szerényen éltek. És az ebből való indulat bizony sok ellenszenvet generált bennük. Vagyis a volt feleségemben, és ezt ráragasztotta a saját gyerekére is.

Igen sokszor végig gondoltam én ezt az egészet. Bizony azt is megállapítottam (persze csak úgy magamban), hogy sok mindent tehettem volna másként és is. Ennek a súlyát mind a mai napig magamon viselem. Persze előhozhatom én az akkori gondolatomat, hogy bizony akkor hogyan bántak velem. Micsoda megvetésben volt részem. Ennek ellenére mégis voltak olyan momentumok, amiket másképp kellett volna kezelnem. Ma csak azt látom, hogy mivé lett ez az első életbeli „próbálkozásom" – az első házasságom. Lehet azt így is látni, lehet ezt úgyis látni. Bármit mondhatunk, de a két „sérült gyermek" mindig ott marad mögöttem! Nekem ezzel a tudattal kell befejeznem földi pályafutásomat!

Nem érdekes, ahogy figyelem, ebben a harmadik házasságomban – annak leírásában – többet foglalkozok az első eseményeivel. De hát a gyerekek miatt voltak főleg az „események".

Tehát a harmadik, így utólag elmondhatom ez sem lett „sikertörténet". Ezen sokat gondolkodtam, hogy miért? Csak... csak arra jutottam, hogy az össze nem illőség volt a fő ok. De megint jött a „szálasi effektus" Kitartani! No meg született egy csodálatos gyermekem, érte hajlandó voltam bármire.

De hát az élet dolgai!... Valahol, valamikor volt egy...

Igen a magnófelvétel „személye". Ő beköltözött a tudatomba, és nem is nagyon akart onnan kiköltözni. Ez akkor egy csodaszép élet ígérete volt – de megszakadt. Abban az időben tényleg nehezen lehetett volna megoldani, a közös életet. Azért ebből az időből mégiscsak megmaradt egy apróság. A szilveszteri BUÉK kívánása.

Abban az időben, még eléggé divat volt szilveszter éjjelén éjfélkor, ahogy lehetett, felhívni az ismerősöket az újévi jókívánságok mondása végett. De mivel a vonalak túlterheltsége miatt volt úgy, hogy valakit csak tizedjére sikerült felhívni. És ez a dolog jól jött számomra. Próbáltam őt is felhívni meg másokat is, és buék-ot mondani. Ez többször sikerült ismerősnek, barátnak mondani, de nagyon sok volt a foglalt jel. A hívások között többször mondtam, hogy buék...buék, csak úgy a levegőbe. Ha foglaltat jelzett, ezt külön mondtam is másoknak. Persze azért volt, hogy az Ő vonala mégsem volt foglalt, és én meg mintha foglalt lenne, mondogattam a „buék.buékot".

Hát igen ez volt és ennyi, a mi minden évbeli közös kapcsolatunk.

A kilencvenes évek közepén Veszprémbe jártam másod diplomás képzésre. Így minden alkalommal a saját „bungimban" szálltam meg a konzultációkra menvén. Előfordult, hogy este leugrottam a hegyről a faluba (kocsival) és bementem az óvoda és az iskola közös udvarára – egy kis nosztalgiára.

Mint mondottam vala, semmi egyéb kapcsolat ekkor nem volt közöttünk. Elnézelődtem a sötétben az üres udvaron (igen nagy terület volt). Annyi fény azért volt, hogy halványan látni lehetett. Közel mentem valamelyest ahhoz a bizonyos házhoz, ahova valamikor sokat oda mentem.

Nem akartam a régi trükköt bevetni. Valamikor ilyen esetben, megdobáltam a tetőt. Ő kijött, mintha a folyosón lenne dolga, felgyújtotta a külső villanyt, néhányszor kapcsolgatta, nekem jelezvén, majd bement. Ezt sokszor eljátszottuk a régi időben.

Szóval 3-4 év alatt ez jó néhányszor előfordult. Egyéb semmi.

Talán csak egy kis múlt idézés!

Mígnem valami megtörtént.

Újból Mária

Ismerve a férj több évtizedes „szokását", hogy az estéket szinte kihagyás nélkül a kocsmában tölti, gondoltam egy merészet. Elmentem a kocsma előtt, és mint mindig a hatalmas – szinte egy folyamatos ablaksort alkotva – függöny nélküli ablakon

benéztem, és konstatáltam, hogy ott áll a „megszokott helyén".
Azt is tudtam, hogy általában zárásig ott is marad.
    Én pedig bementem a házba. Óriási meglepetés, egy kis zavarral keverve, egy részt, hogy bementem, másrészt hátha mégsem most jön haza a „jóember".
    Ha a lényeget kellene két szóval meghatározni. Egy málna szörp, és egy csók.
    És innen elindult valami. Ez 1999 június 16-a volt. Innen kezdve nem volt olyan hónap amikor legalább egyszer, de legtöbbször kétszer is ne találkoztunk volna.

    Mivel a még meglévő házasságom még létezett. Ez is létezett. Nem volt a technikai rész sem valami könnyű, de a lelki sem. Eleinte még úgy ahogy működött a párkapcsolati rész is otthon, de ez idővel elhalt.
    De hát milyen az élet, semmi sem marad titokban egy idő után. Itt is ez fordult elő. És ez véglegesen meg is határozta az otthoni élet sajátosságait.
    Had áruljam már el a nevét akiről szó van, akivel a sors újból összehozott, őt Máriának hívták. A mondat helyes, később hogy miért?
    Mi meg egyeztünk abban, hogy addig, amíg a lányom fel nem nő nem „robbantunk bankot". És ez így ment még 10 évig!
    Milyen is lehetett ez az élet így? Mivel eléggé vidám stílusú a természetem, hát igyekeztem ezt is vidáman felfogni. Jártuk az országot, jártuk a világot Mármint a Sárival. Az élő valóságban vele. Tudati világomban pedig a Máriával. Nem egy jó szituáció, de meg lehet szokni.
    Ja, hogy egy szobában a nyaralás esetében? Két jó barát féle!
    Igaz, hogy a minden napok megélése már korántsem volt olyan egyszerű. Ő elvárta volna a teljes oda adást. No de hogyan. Hát nem ilyen háttér kellett volna hozzá. Voltak bizony eléggé meleg hangulatok. Író asztalomnál (a túlsó oldalon állva) mérgesen dobálta hozzám ami a keze ügyébe került. Már majdnem birokra kelés lett a vége. De hát az én végtelen tűrő képességem!!!

Ezek ellenére is az igazi hűséges férj alakját várta el tőlem. Erre egy jó példa. Elébem tette e következő, általam aláírandó írást.

Együtt élési szerződés
dátum. (nincs jelentősége)
1. Azt akarom, hogy nevem legyen, és nem „házbéli" a státusom, hanem, feleség, társ.
2. Nem tűrök semmiféle hazugságot, akkor is az igazat akarom hallani, ha egy kicsit fájdalmas is.
3. Igazi feleség akarok lenni, igazi férjjel, igaz és tiszta kapcsolatban.
4. Ha probléma adódik, azonnal beszéljünk róla, és együtt próbáljuk megoldani.
5. Elvárom, hogy figyelmet, érdeklődést mutass őszintén irántam, és a család iránt.
6. Beszélgetést a mindennapi munkádról, a gondolataidról, a terveidről és közös életünkről. Benne élsz a családban.
7. Ha mész valahová, időben szólsz, ne az utolsó percben, megmondod hová, mettől meddig leszel.
8. Megteszel illetve megteszünk mindent, hogy a legjobbat hozzuk ki ebből a kapcsolatból, mindkettőnk megelégedésére.
9. Megteszel mindent, hogy együtt jól érezzük magunkat, elfogadjuk, tiszteljük és szeressük egymást.
10. Elvárom, én legyek az első, akivel a dolgaidat megbeszéled, akivel ettől kezdve jóban és rosszban együtt vagy, kitartassz
11. Elvárom, hogy a házat tedd rendbe körülöttünk az én segítségemmel, részvételemmel, s együtt tervezzük meg a munkákat.
12. Türelmi idő április 30 lejárta után, ha csak gyanú is merül fel, hogy folytatod a kapcsolatot mással, szedheted a holmidat.
13. Teljesen és örökre lezárod a most meglevő szerelmi ügyedet és más hasonlót.
14. Közös családi és kettesben eltöltött programokat csinálunk.
15. Maximálisan egymás felé fordulunk!
16. Ezeken kívül tesszük a feleség – férj és szülő mindennapi dolgát.

Laposberény, … dátum – hétfő
Elfogadom

***

Aki tanult jogot (én tanultam – Államigazgatási Főiskola), de aki nem, annak is feltűnhet, hogy egy szerződés – mint ahogy a jog ezt meghatározza – két fél közös akaratán, közös megállapodásban meghatározottak szerinti kinyilatkoztatásában megvalósuló, saját maguk által aláírt okirat.

De nézzük már át gyorsan ezt a „szerződést"
1 – akarom, 2 – nem tűrök, 3 –akarok, 4 – azonnal, 5 – elvárom, 6 – gondolataidról, 7 – megmondod, 8 – megteszel mindent, 9 – megteszel mindent, 10 – elvárom, 11 – elvárom, 12 – szedheted a holmidat, 13 – örökre lezárod, 14 – közös programokat, 15 – egymás felé fordulunk, 16 – ezeken kivűl.

Jó mi...? Még diktátumnak is rossz! Valójában az akart lenni, de valahogy ebből nem lett semmi. Röhögve visszadobtam.

Voltunk egy komoly párkapcsolati tréningen is, de a mediátor végül is menthetetlennek minősítette a kapcsolatunkat. No persze nem ilyen egyenes meghatározással, hanem valami finomabb formában. Ő csak a maga igazát akarta viszontlátni a tréning minden formájában. Hiába mondta a tréner, hogy egy házasság kompromisszumok sokasága. Ez hatástalan maradt.

Így aztán múltak az évek. Én a kettős játékban élve. az akkori párom, meg a magam sajátos világában. Felneveltük közös gyermekünket, és ahogy a mondás mondja, szárnyára bocsájtottuk őt.

Ez a házasság is véget ért, válás és a korábbi társam (már nem feleség) elköltözött a közös lakásunkból. Csak megjegyzem, hogy amiből a 12. pont szerint ki akart tenni, ami 1/1 arányban a saját tulajdonom, akkor is meg ma is.

És jöjjön akkor egy kis derűsebb rész. Ebben a házban végre összeköltöztünk régi nagy szerelmemmel. Akit 30 évesen megköszöntöttem, majd egy ideig csend. Vagyis a szilveszteri névtelen köszöntések után, az újbóli találkozás 1999 június 16, ami után még 10 esztendő csodás közös világ, majd összeköltözés új otthonunkban.

Miért is ne lenne itt valami megemlíteni való? Hát miért is ne?

Amint ezt a családi házat megvettem, mivel a teljes összeget én fizettem ki, így csak a saját nevemre került. No de az ügyvéd mondta, hogy ilyenkor szokás a feleségnek haszonélvezeti jogot adni. Így lett – szerencsétlenségemre, vagyis most már szerencsétlenségünkre. Én többször jártam be Csabára tárgyalásokra, a Mária meg egyedül maradt a házban. De a „haszonélvező", tudván azt a jogát, hogy bármikor bemehet a házba, hát be is ment.

Eleinte szépen beszélve, majd egyre jobban eldurvulva számon kérte a Máriát. Vagyis, hogy ő miatta van minden, azért is nem ő már a ház lakója, ő pedig csak egy betolakodó. Mindenféle becsmérlő, ledorongoló szavak... Ez többször is előfordult, mire én már megsokalltam ezt a helyzetet, lecseréltem a ház bejárati zárját. Innen már csak vége hossza nincs civakodási időszakot írhatnék le, de talán ebből elég is ennyi.

Így éltünk mi – mondjuk úgy hogy szépen, most már közös lakásunkban. Úgy kb. fele időt Laposberényben, fele időt Somogyberényben töltve. Somogyberényben a hegyen volt (és még ma is van) egy szép kis nyaraló (két szoba, konyha, fürdő – WC-vel, előtér). Innen tettünk meg számos kirándulást a környéken, a közelben, meg a távolabbi vidékeken is.

Sopron, Keszthely, Héviz, Tapolca, Badacsony, Balatonfüred többnapos szállodai és apartmanos kirándulások formájában. Természetesen az északi hegyvidék sem maradt ki ebből a túra sorozatból. Mentünk télen is, én nagy sielő vagyok, ő nem volt az, de mindig szívesen jött velem. No meg ezen kirándulások rengeteg „közös élményei". Mi a csodák határát súroltuk. Jártunk persze jó néhányszor külföldön is.

Nem is tudom, hogy hányszor tegyek rá utalást, hogy mennyire szépen és jól éltünk. Tényleg a „két összeillő ember" mondását valósítottuk meg teljes egészében. Ha valaki mégis olvassa ezt az írást, talán azt fogja gondolni, hogy mi ezt megérdemeltük, kiböjtöltük, „megszenvedtük".

De az egyik alkalommal a szokásos bevásárlás után hordtuk be a lakásba a sok megvásárolt holmit. Úgy felváltva közlekedtünk a konyha és az autó csomag tartója között, kezünkben hordva a sok árut. Mária épp az autótól eljövet kezében 5 ásványvizes palackkal, én meg szembe érkezve kérdeztem, hogy miért viszel annyit? A válasza – kedélyesen – mert „nem fért több a kezembe".

Én pakolok ki az autó hátuljából a következő fuvar szállítása végett, amikor a folyosón egy nagy sikitást hallok. Otthagyva mindent rohanok oda, mikor látom, hogy az egyik karja, mint egy bot lóg lefelé. Mentő, kórház, nagy műtét. Könyök fölött teljesen eltört a csont, így nem tartotta semmi az alkart. Bevasalás, kései gyógyulás, de végül ez rendbe jött. Hanem... igen van hanem! Ez az eset egy komoly csontritkulás „eredménye" volt.

2015, csak ez az év kimaradhatott volna. Ettől az időtől kezdve rendszeresen kellett menni az Országos Onkológiai Intézetbe. Minden hónapban egyszer, előfordult, hogy kétszer is. RÁK – infúzió mindig, mindig. És jártunk szorgalmasan ebbe az intézetbe.

Tényleg úgy éltük meg, mintha valami egynapos kirándulásra mennénk. Szinte már meg is volt ennek a „koreográfiája" Vérvétel reggel, én máris viszem a központi laborba. Onnan megyünk az ambulanciára. Megveszem a nekem szokásos snikers csokoládét. Azt meg is eszem. Általában hosszú várakozások a vizsgálatra. Ott mindig rengetegen voltak.

Majd a Déli pályaudvarral szemben a kínainál ebéd. Sokszor mentünk vonattal, de legalább ennyiszer kocsival is.

A „kemók" pedig egyre durvábbak lettek. Ez az „átok" megtámadta a májat – annak negyedét ki kellett venni...

A bordára is rátelepszik az áttét, ezt is műteni kell.

Ez az átkozott rák rá ment az agyára is. Agy műtét Ez jól sikerül. Viszont mondták, hogy az agy közepén is van egy picike góc, arra pedig adnak teljes koponya besugárzást.

Mindezeket a megpróbáltatásokat szegénykém nagyon jól viselte, szinte nem is volt betegség tudata. Mi ezektől a fentiektől függetlenül éltük megszokott életünket minden formában. Az elmenések egy szükséges tennivalók voltak – és nem is szükséges rosszak.

És a minden havi Pestre menés mindig folyamatos volt. Kapta rendszeresen a „kemókat".

2019-ben karácsonyán meglátogatott bennünket párom egy szem gyermeke Laposberényben családostul.

Január végén egyszer megkérdezte tőlem: (nagyon megjegyeztem), hogy én meg fogok halni?

A válaszom: „Persze, hogy meg, majd... évek múlva! Mit gondolsz, ... te sem élsz örökké. Majd valamikor ennek is el jön az ideje, de ez még odébb van!"

Úgy vettem észre, hogy ebben szinte meg is nyugodott. Ilyenről ez után nem is esett szó.

És jött 2020 február 15-e. Mit tapasztalok, hogy az én kedvenc párom, mintha össze-vissza beszélne. Tényleg olyan értelmetlen mondatok is voltak. Olyanok amelyek nem illettek semmilyen akkori témához, vagy legalább is annak értelme lett volna.

Március 4-én mentünk vissza a „kékgolyóba". De ekkor már bementem az intézet közvetlen bejárati ajtaja elé. Toló kocsit hoztam, abba belesegítettem. Vizsgálat, záró jelentés – ez nem mondott semmit, viszont olyan erős fájdalom csillapítót írt fel az orvos, hogy amikor kiváltottam, kérdezte az általam jól ismert patikus, hogy ez kinek lesz, mert ez egy nagyon erős tabletta (mondtam kinek).

Hazafelé már nem is nagyon beszéltünk, és igyekeztem nem gyorsan menni, hogy az autó ne nagyon rázkódjon, de szegény párom így is végig „nyöszörgött".

Az idő nagy részét már ágyban töltötte. Már dolgát végezni is csak segítségemmel tudta. (De rossz, ezt most leírni.)

Újabb dátum 2020. március 10-e. Szólt, hogy pisilni kell. Én próbáltam a két kezénél fogva felsegíteni az ágyban, fel is húztam úgy jó félig, amikor, észre vettem, hogy erőtlenül mintha vissza akarna feküdni. Kérdeztem is, hogy már nem kell pisilni? A fejével intett, hogy nem. Visszaengedtem az ágyra, és onnan már nem ébredt fel. Ami „esemény" ezután volt, az már nem sok.

Kétszer is a fejét felemelve, szeme kikerekedve körbe nézett, mintha keresne valakit. Kérdeztem, hogy mit hozzak? Ő nem reagált semmire, néhány másodperc után újra aludt. Én minden hajnalban tisztába tettem. A „válasz" csak apró nyöszörgés volt.

És jött március 17. Miért nem tudom, de ekkor elég korán tisztába tettem, ha jól emlékszem ez hajnali ötkor lehetett.

Ott álltam az ágy mellett (mint korábban sokszor) és 7 óra 41-kor egy nyögés szerű sóhajtást hallok. Én még vártam amikor is 7 óra 44-kor egy nagyobb szintén nyögés szerű sóhajtás. És az én szeretett párom, akiért annyit küzdöttem, harcoltam nincs többé. Hogy most is épp mit érzek???
Orvos, halotti jegyzőkönyv, további intézkedések.
Van itt még egy apróság. Egy olyan ami az előzőekre még egy kis adalékkal szolgál.
Immár úgy kell írnom, hogy elhunyt páromnak van egy fia. Nekem megvolt a véleményem róla, de érthetően neki az egyszem gyereke volt.
Csak nem tudtam megállni, hogy az alábbi levelet ne küldjem el neki.
Kedves Feri!
Talán ezt a megszólítást kissé árnyalni kellene. Ennek az egész írogatásnak az apropóját nem is magamtól eredeztetem, a gondolatot nem én „indítottam" el. De azóta ez a felvetett gondolat (családon belüli!!!) bevette magát az agyamba. Most egy kései órán úgy gondoltam leírom. Mi lesz ennek a sorsa nem tudom, ha sikerül személyesen elmondani (az lenne a legjobb), vagy hogy milyen formában (és főleg mikor?) tudom ezt átadni – nem tudom.
De, hogy ezt ki kell adni magamból, az biztos. Rögtön az elején – és nyomatékosan – le kell írnom, ilyen, hogy harag, avagy neheztelés még szóba sem jöhet (hiszed – nem hiszed nem tudom?) A legnagyobb békességben írom ezeket. No akkor ezt hidd el!
Megkérdezte „valaki", hogy akkor megfeleztétek a Ferivel a Mária hátrahagyott pénzét? Te végül is a férje voltál teljes egészében papírok nélkül is – konkrétan 10 esztendeig. Erre csak azt tudom mondani, hej... de sokszor a Mária idegenek előtt, jól érthetően mondta, hogy a férjem ezt mondta, így a férjem, úgy a férjem ezt csinálta, együtt hol voltunk stb... Ilyenkor én meg helyeseltem! Szó volt akkor olyanokról, (aki a gondolatot elindította ő mondta!), hogy te mit meg nem tettél érte. Ilyeneket mondtam, hogy én előttem ilyen „pénzgondolat" soha, egy percig sem volt.

Akkor miért írok (lehet el is mondom szóban is – bár erre ma már kevés esélyt látok)? No meg erre megfelelő helyzet is kell, mások nélkül! Van két ide tartozó esemény is. Ez adja az alapját az írásomnak. Még jóval korábban beszéltem a Esztivel, s akkor halkan megjegyeztem, hogy szeretném megkapni a Mária bankkártyán levő pénzét. Mivel itt az utolsó kivonat, mondtam is annak összegét.

Akkor Ő erre nem mondott semmit – nem tudom talán meg sem jegyezte? Lehet! De lépjünk tovább.

A második felhívás az érdekes. Az ő „igen finom stílusában" nyersen megkérdezte: „mondjad milyen költségeid voltak még, azt én átutalom"! Lehet, hogy te ehhez a stílushoz már hozzá edződtél, nekem még a mai napig is kissé idegen. Jó – jó most nem erről beszélünk, de hadd tegyek egy enyhe megjegyzést, mert ez is alapja a fő mondanivalónak. Hogy a Eszti hányszor legorombította „a mamát" – bizony annak én igen sokszor a fültanúja voltam.

„Mama minek hoztad ide ezt a kispárnát, vigyed innen oda, ahonnan hoztad, van itt már 12 ilyen kispárna minek kellene ez ide". A 12-es számot örökre az eszembe véstem. Szegénykém szeretettel, ajándékba hozta!!! Ekkor az egyszer én is közbeszóltam. De a hasonló eseteknek (persze akkor főleg amikor még nem jöttél meg a munkából!) a száma nem kevés! De ha már ilyen témába csaptam, akkor engedd meg, hogy még egy megjegyzést tegyek. Jó néhányszor te is bolondot csináltál belőle! Most állj meg és gondolkozzál mielőtt engem bármivel is vádolnál. Én voltam ott utána amikor erről beszéltünk!!! Bizony, de sokszor én vigasztaltam meg Őt. Tudod, hát a mai fiatalok ilyen nyersen beszélnek – de sokszor...de sokszor!!! ...De hát az egyetlen gyermekem!

Talán néhány eset csak eszedbe jut, amikor Iregben Ő volt az ügyeletes „butuska"! Ritka ottlét volt, hogy ilyen nem volt. Persze lehet ez neked mindenkor „olyan természetes volt", úgy nincs mire emlékezni. És Ő ezeket így élte meg!!! Ennek a kezdeményezője legtöbbször Te voltál. De sokszor beszélgettünk utána erről, no meg máskor is. Lehet akkor (vagy mindig is?) ez neked fel sem tűnt. Mert, ha azt elfogadod, hogy Ő egy érzékeny lélek volt, talán a fentiek annyira nem is kétségesek előtted. Bizonyítani nem tudom...vagy hiszed, vagy nem. Még a fenti esetből egy mondat. Mármint a „mondjad mennyi költséged volt még" kezdetű kérdéshez. Hát ki kell fizetni még több mindent – mondta a Eszti –(jól emlékszem!!!) lehet még két száz ezer sem marad.

Én úgy határozatlanul mondtam egy két dolgot (a kazán karácsony után non stop ment éjjel nappal – soha ki sem kapcsolt. Szegénykém mindig fázott. Majd minden nap mondta „fogd meg az orrom, milyen hideg". Mondtam még egy kettőt, most az nem is lényeg (ezek valós kiadások voltak). Január 1 után Ő már anyagi dolgokra nem tudott odafigyelni (kocsi menések, patika stb... stb...) Én még egyszer megismételtem, hogy a kártyán lévő pénzét, hát azt szeretném megkapni. Ebben volt az amikor együtt nyertünk a lottón, ha jól emlékszem fejenként vagy háromszázharminc, avagy háromszáz negyven ezer forintot. Én az „emlékemet" kértem volna. Közös nyereségünk hozzám került címszó alatt. Itt nem az összeg, hanem a tudat, ami évek múlva is eszembe juthatott volna!!!

No mindegy. Miért is került megírásra ez az irományt, mert eddig erről én még nem szóltam. Aki az ominózus kérdést feltette nekem, azt is kérdezte tőlem, hogy ez a pénz akkor a Béla további ellátására kerül majd? És akkor megállt bennem az „ütő". Tényleg – aki jelentősen „hozzájárult", hogy a Mária szinte fiatalon a Balaton parti település tuja sora mellett „nyugodjék". Hogy amit gondoltam akkor, ezt most nem írom ide!!! Már csak ezért is inkább én tettem volna el azt a pénzt (még ha nem is a felét, akármennyit is)!!!

Itt jön a saját gondolat, ha a Mária annyit mondott, most Ő úgy enne egy banánt (megtörtént eset!), én felugrottam a biciklire, zuhogó esőben, felkapva kettő nylon zacskót (egyet a banánnak, egyet az ülésre) és 10 percen belül ott volt a kezébe a banán. Ugyanez számtalanszor süteménnyel. Hát...ha elengedném a memóriám – mennyi minden lenne még??? Nem kellene az agyam nagyon törni, hogy számtalan hasonló esetet felsoroljak.

De én ezt nem valami jutalom pontok gyűjtése miatt tettem. Nálunk a szeretet volt a jutalom pont!!! No meg akkor is teljes szeretettel jártam el vele szemben, amikor háromszor is beöntést adtam neki, és az egyik esetnél szinte mind a képembe jött vissza (közel hajoltam a pontos újra igazítás miatt!!) Nem érdem gyűjtés, nekem arra nincs semmi szükségem – amit kaptam azt megkaptam a közös időben!

A Mária szinte naponta mondta (sokszor váratlanul is) mennyire szeret engem. Persze én is Őt. Talán ezeket mások előtt sem kellett bizonygatni. És itt jön vissza a fentiekben már előhozott gondolat, ha én korábban megkérdeztem volna Őt, megfelezed a kis pénzed én és a Feri között. Szinte százszázalékosan tudom, hogy igent mondott volna. Miért nem kérdeztem ilyet?? Mert a kis agyamban sem forgott az Ő pénzének a sorsa! A más által mondott felezősdi soha nem is járt eszembe, de mondjuk a tisztesség. Nálam nem a pénz dominált soha!

Ha akkor a fent leírt gondolat eszembe ötlik talán megteszem!!! (Ha nem is felezés, más arány!) Örök időkre élhettem volna azzal a tudattal, hogy az én Máriám hagyott reám valamit. „Hagyott, de Ő ezt már nem tudja", hogy mit!!! (Most ennél a gondolatnál ne járjon a fejedben semmi). Miután ilyen nem volt – ma sincs- jött elő az a kényszer gondolat, hogy hova fog kerülni? Nem a pénz után „esz a fene" – ha hiszed, ha nem. Egyikőnket sem érdekelt soha!

De, hogy enyém volt a „munka" Tiétek a haszon – ÉS MÁSÉ A FELHASZNÁLÁS? hát kissé „…a csőrömet". Végül is én kísértem el utolsó idejében, méghozzá hogy??? Más meg feléli az Ő kis megtakarított pénzét. Hogy még eszedbe sem jutott, hogy valamiféle „beszélgetést" kezdeményezzél velem ezen ügyben??? De még inkább megkérdezted volna tőlem, egyáltalán nincs-e valami, amit a Mária tárgyaiból meg szeretnél kapni? Nem az Eszti…Te!! Ez ami a számomra elkeserítő, ezért született meg ez az írás is.

És mint látom nektek ez a mai helyzet nagyon is megfelelő – no comment! Ha majd azt gondoljátok, hogy „UGYAN MIT AKAR MÉG EZ?" – azért ezt ne mondjátok meg nekem. Még egy aprócska megjegyzés. A te édesanyád elvárta volna, hogy még

utoljára meg fogd a kezét. Bár így szó szerint ezt nem mondta
ki, de arra tett utalást, hogy „nem tud jönni, mert sok a dolga".
A legtöbb eltávozónak van egy utolsó óhaja, hogy még egyszer
ott érezze szeretteit maga mellett!

    Hát ez a különbség kettőnk között. Nálad: én...én „Csak a szép
emlék maradjon meg nekem, ahogy integet a kapuban (te mondtad!!!),
és ő még ha már kissé „eltávozós helyzetben is" volt, egy utolsó kéz
fogásnak igen hálás lett volna. Nem mondta, de én láttam. Melyik
a fontosabb, a saját elképzelt látványod, vagy... Kinek hogy...?

    Két alkalom volt, amikor Mária kimeredt szemekkel nagyon
nézelődött körbe- körbe!!! De ezt te nem értheted Mintha keresett
volna valakit. Engem nem kereshetett, én ott álltam mellette!
Egy utolsó megjegyzés: Anyák napján volt egy néhány mondatos
közlésed, hogy itt vagyunk a sírnál, azóta eltelt 6 hónap és nem
volt azóta 2 (azaz kettő) perced, hogy megkérdezd élek- halok-e –
ehhez én már nem tudok mit hozzátenni. Aki a Te édesanyád
ilyen szépen elgondozta, annak ez a jutalma!

Laposberény, 2020.10.29

    Tamás

Ezt a jóembert – a Mária fiát – (vállalom teljes mértékben
a következményeket, ha ez nyilvánosságra kerülne) – a
hülye gyereknek említem. Persze csak ritka esetben, bi-
zalmi légkörben.
Ilyen az ember (ezen esetben csak némelyik!), hogy hal-
doklik az édesanyja, aki várta halálos ágyán, hogy láthat-
ná egy szem gyermekét. Aki nem vett annyi fáradságot,
hogy legalább egyszer oda álljon anyja halálos ágyához,
és megfogta volna a kezét. Szóltam neki kétszer is, hogy
gyere nagy baj van. Nem jött!!
Ilyenkor azt lehet gondolni, hogy ő is ilyet fog viszont
kapni. De ezen esetben ennek az említése is felesleges.
Aki ilyen ember – az ilyen.

Én intéztem a továbbiakat. Covid van, nem lehet halottat szállítani, legalább is nem vállalták. Hamvasztás a szomszéd megyében. A hamvakat megkapom és oda teszem mellém a közös ágyra. Nem sokáig volt ott, majd áttettem a szomszédos szobába. Többször jártam ott, és beszéltem hozzá, sőt amint számtalanszor megtörtént, hogy amint boltban voltam korábban, mindig vittem neki a szokott kocka csokoládét. Mint a régi Melba csoki volt. Most is vittem haza, és oda tettem a hamvai mellé, hogy „neked hoztam". (legyünk tárgy hűek- korábban nem mondtam én semmit, hanem hirtelen mozdulattal beletettem a bugyijába!!)
Két hétig őriztem míg vittem Somogyberénybe. Amikor vittem előtte nagy nehézséggel, de szereztem „neki", 30 szál vörös rózsát. Külön egy virág árus hozatta valahonnan nekem Békéscsabán. Nem mondom mennyiért! Emlékeztek, mint az egykori templomban együtt vittük az oltárhoz az akkori évei szerinti 30 szál rózsát! A csokorra nagy betűkkel ráírtam, hogy TE TUDOD MIÉRT. Részemről ez került a ravatalra, egy nagy vízzel teli üvegbe.
A temetés napja előtt vittem el Somogyberénybe. Amint indultam „kimentünk" a Laposberényi Penny parkolójába, ott kivettem a mellettem levő ülés elől a kis dobozt, magasra emeltem, és körbefordultam. S mondtam: „emlékszel, mennyit jártunk ide vásárolni?". Ugyanígy bementem a Solti Kurta Csárda parkolójába is, mint az előző esetben, ugyan így. Somogyberényben a „bunginál" körbejártunk minden helyet. Emlékezve a sok itt töltött időre. Hónom alatt a karton dobozzal, benne a fekete kicsi zsákban a hamvaival.
Könnyezve mondtam végig az emlékek sok-sok részét. Végül átvittem „őt" Téténymegyerbe a fia házához, letettem őt az egyik sírkőre (a fia sírköves!). És letettem egy dossziét is az ő A4-es színes képével, minden rokonnak adandó okkal. Máris mérgelődök, ebből senkihez nem került egy sem!
S most jön az én mostani fájdalmam. Mivel a gyereke – innen már csak hülye gyerek – intézte a temetést, a maga elgondolása

szerint. Így került az én Máriám egy Balaton parti temető közepébe. Ja, hogy miért is? Hát ez egyszerű, – a hülye gyerek későbbi elgondolása szerint ő majd erre a vidékre fog költözni, és ne legyen messze tőle a sírhely. Ezt ő mondta. Mi a másik lényeg. Mária egy kiváló pedagógus volt. Somogyberényben kezdte a tanítói pályafutását, és 40 év után ott is fejezte be. Tanítói működése mindig a közfigyelem középpontjában volt. Törték magukat a szülők, hogy nála kezdjék meg a gyerekeik az iskolát.

Hogy milyen tanító is volt? Én csak felsőfokú szavakkal illetem. Az egyik falubeli orvos gyereke is az első osztályba került, és elintézte az iskola igazgatóval, hogy Mária kerüljön vissza elsős tanító néninek és ne a harmadik osztályt vigye tovább. Mindig az volt a rend, hogy az elsős tanító néni viszi a gyerekeket a negyedik osztályig. Az előző esetben többen mérgükben el vitték az elsőbe készülő csemetéjüket más iskolába, mert nem Mária kezdte velük az évet. Négy cikluson át (16 évig) helyi képviselő is volt, kimagasló választási eredménnyel. Sőt a helyi református egyház presbitere is volt. Nem volt bigott vallásos, de néhányszor azért elment a templomba, többször elmentem vele én is. Ezer szállal kötődött szeretett falujához.

Pedig a Somogyberényi temetőben a szeretett igazgatója mellé került volna. Persze ezt mondtam a „hülye gyereknek", de nem, ő máshova akarja eltemetni az anyját. Pedig helyben kellett volna, a bejárathoz közel volt a hely ami az övé is lehetett volna.

És százszor elmondtam már a példát, hogy legalább még ötven évig lett volna itt járó iskolás, mármint a temetőben befelé menő – aki még emlékezett volna rá.

Még ki is találtam a feliratát

MÁRIA TANÍTÓ NÉNI
Szabó Mária
(Balogh Béláné) 1953–2020
40 évig tanította, nevelte a Somogyberényi gyerekeket

Sajnos ebből nem lett semmi, mert nem néztem utána akkor a jogszabálynak. Én úgy gondoltam, hogy a közvetlen leszármazó gondja a temetés. Csakhogy szerencsétlenségemre megnéztem a jogszabályt. Az úgy rendelkezik, hogy a temetés jogosultja a házastárs és az élettárs. Nesze neked. Én a fentieket csináltam volna meg, de sajnos ez ma már mint csak bosszúság szerepel a tudatomban.

Bár halálakor már nem volt Balogh Béláné, de még a köztudatban ez így szerepelt. Ezért került volna így a feliratra.

Hogy mivé tud lenni két ember nehezen megteremtett „összetalálkozása?"

Tényleg, hogy mit is adott nekünk a kétszer tíz esztendő???

Attól kezdve, hogy az óvoda udvaron keresztül csendben „integettünk" egymásnak. Hogy oda lássak a saját kertemből, kapáltam én a krumplit ha kellett, ha nem. Még olyan is volt, hogy sima vízzel permeteztem ezt a krumplit, és „csápoltam" a permetező csővel. Hát igen így indult valaha egy szép kapcsolat, és ért véget azzal, hogy 2020 nyarán Laposberényből vittem a sírjára egy marék cseresznyét. Mondtam is neki „látod, mit hoztam én neked"?

Igen e földi pályafutásomban ebben a témában ő volt rám a legnagyobb hatással.

Ahogy szokás mondani, mindenki számára megterem a nagy „Ő". Nekem Mária volt az – ő pedig itt hagyott engem. Nem volt könnyű feldolgozni, talán teljesen sosem fogom. Bevallom, nagyon odáig voltam érte. Okos, értelmes, csinos szép nő volt – nekem mindenképpen!

Elvittem Csíksomlyóra is a zarándok nyeregbe az oltárhoz. Ő ott elmondott egy imát. Addig én csak néztem, ma pedig azt mondom (ne haragudj) ugyan mi haszna volt ennek?

Végül is maga az emberi viselkedéseket figyeljük folyamatosan. Ez egy a sok közül.

Régi mondás – híres mondás, hogy az élet nem áll meg.

Hát nálam sem állt meg. Igazából sosem voltam valami magányos fajta.

Adél...

Többször egyedül maradtam, mármint érzelmi síkon, s most utoljára valóságos módon is. A sors kerekét vissza nem forgathatom, hát akkor...? Keresgélés. Hol máshol, mint internet. Talált, sülyedt. Így élek ma ötödik párommal. Mit is lehetne erről írni? Szerencsére könnyű megfogalmazni. Összevalók vagyunk, a kölcsönös egymásra utaltság állapotában. Éljük megszokott nyugdíjas éveinket. Sokat kirándulunk. Megyünk a gyerekeinkhez, és ehhez hasonlóak.

Rádió műsor... megint az ember

A minap hallottam egy műsort a rádióban. Ekkor gondoltam át a következőket. A műsor arról szólt, hogy milyen nagy fejlődésen ment a hazai autizmus gondozás. Talán elég ha leírom amit hallottam: Magyarországon ma 100 házasságból 10 meddő így mondták.

No meg azt is, hogy mekkora állami támogatás van a meddőségek megszüntetésén. Meg, hogy a beteg gyerekek szüleinek már egész országos hálózata van. Egyesületek, klubok és minden féle szervezet gondoskodnak az ilyen gyerekek szüleinek problémájuk megoldásában. Meg micsoda teher egy ilyen gyerek nevelése. Több példát bemutattak arról, hogyan is kell ilyen esetekben a szülőknek néha magukra is egy kis időt fordítani az örökös és állandó leterheltség mellett.

Valóban óriási fejlődésen ment keresztül a meddőség kezelésében az orvostudomány.

Talán akkor menjünk egészen a sor elejére. Mi is van valójában? Fordult meg a fejemben. Talán az, hogy az emberi genetika jócskán sérült. A nők szervezete már nem is alkalmas annyira a gyerek szülésre? Régen a természet úgymond maga elintézett mindent. Egészséges férfi, egészséges nő – ahogy gyerek koromban hallottam – valaki mondotta valakinek – ha az ember ránézett az asszonyra már abból is gyerek lett. A természet kialakította a maga törvényeit. Mindenre volt idő, még a házas életre is.

No meg nem legtöbbször a számítgatás döntötte el a leendő gyerek sorsát. Ha lesz lakás, ha majd lesz kocsi, meg ha még megszerzem azt az állást, meg ha lesz annyi keresetünk… meg egyebek. Ma szinte ezen kérdések jobban meghatározzák a születendő gyermek sorsát, mint a „családi szükséglet"!

Spekuláció kérdésévé vált a megszületése. Ugyan akkor itt a másik kérdés, a nők alkalmassága. Igen, egyszerűen kezd egyre jobban kifejlődni az a nem kívánatos helyzet, hogy sok nő hiába is szeretne gyermeket, az egyszerűen nem jön. De miért is? Ezek a mai nők, már korántsem azok, akik 100-200 évvel ezelőtt voltak.

A mai nők már szinte fürdenek a vegyszerekben. A kinézeted a hajadnál kezdődik … hajfestékek. A fogaid sem egészen fehérek – vegyi anyagok. A lábod is gombás, lehet, hogy mégsem az, de itt a kence. No meg legyél mindig illatos … hát persze az egész nap használatos spray-k tömkelege. Biztosan korpád van … vegyszer a fejre! A kezed sem sima eléggé … vegyszer rá. Ja, hogy izzadunk – no ne mán – sok sok vegyszer rá (ilyen is meg olyan is!) Ha meg valahol egy kicsit is sajog a lábad, kezed vállad, nyakad, talpad, csuklód, bokád, hát máris itt a legjobb (több tucatra rúgó) fájdalom csillapító. És még mindig a test felületen vagyunk.

És jönnek a „szükséges" vitaminok, étrend kiegészítők, és a puffadás, meg mindenféle gyomornak segítő vegyszerek. Írtam már korábban az élelmiszerekkel megevett rengeteg, nem mérgezőnek titulált, de az élelmiszerekben nélkülözhetetlen adalékok sora. Lassan már több vegyi terméket eszünk meg mennyiségekben, mint valós élelmiszereket.

Nem oly régen csináltam egy kis saját vizsgálatot. Figyeltem az utcákon a nőket. (tudom valamikor más szempontok alapján néztem őket!) És mit láttam: és ez valós szemlélet volt, hogy a nők több mint a fele túlsúlyos (némelyik erősen túlsúlyos volt). Akár ez mit is jelenthet? Felborult a nők normális egészségügyi jellegű fizikális egysége. Valami megváltozott. No persze a férfiaknál sem jobb a helyzet!

No lehet még ezt tovább ragozni, hogy sok évekkel ezelőtt a nők is a mezőkön dolgoztak. Még gyerek koromban hallottam is olyan konkrét eseteket (valóban volt a szóbeszédben ilyen), hogy XY nő a határban szülte meg a gyerekét. Magam is hallottam ilyet. Jó...jó. – hát persze sokat változott azóta a világ. És a női genetika? Az is képes volt erre?

Az a fogalom a régi időben, hogy veszélyeztetett terhes, ismeretlen fogalom volt. Persze problémák akkor is előfordultak (mint minden egyéb emberi ténykedés terén is!), de abban az időben, a gyermek „kihordása" mindennapi tevékenység volt a nőknél. Amúgy meg a születés szabályozás mint olyan szintén alig ismert fogalom volt. Már megint jön a gyerek kor, emlegetése: abban az időben szinte közfelfogás volt, hogy ami jönni akar, az jöjjön, a férgese meg úgyis kihullik. Magam is hallottam ezt a kifejezést, akkor is egészen keménynek tudtam be, de a köztudatban mégis ez volt az elfogadott.

Mi is ez a tényező? A mozgás hiánya! Fittnesz ide, fittnesz oda – bizony van sok pótcselekvés az ember életében, de a megváltozott emberi világot vissza állítani a régi kerékvágásába – nem is tudom valaha lehetséges lesz-e.

Régen az ember a természet része volt. Ha hideg volt fázott, ha meleg volt akkor meg izzadt. És ez így volt természetes. Az emberi természet követte az évszakok adottságait. Este valamilyen melegítő eszközzel befűtött és ez adott valamilyen meleget. Reggelre meg egészen hideg volt a szobában. Egyik korábbi párom mondta, hogy náluk a konyhában, a bejárati ajtó mellett levő vödörben a víz bepillézett. Vékony fagyás volt a víz felszínén.

A régi korokban az ember magára vette az állatok lenyúzott bőrét, és ennyi volt a melegedés. Ma meg mi van – egyenletes meleg (amilyet beállított a termosztáton). Nyáron meg megy a klíma – ami mondjuk így nem az ember természetes hőmérséklet követő mechanizmusának az „eredménye".

Mindig gond ma is a klímás szobába bemenni, vagy kijönni kérdése. Jön a megfázás akár télen, akár nyáron. És jön is! Megint ott tartunk, hogy az ember mennyire eltávolodott a természeti viszonyoktól. Ezzel csak az a baj, hogy az évezredeken kialakult emberi természet nem tudja követni ezt a hirtelen jött jólétet.

Amúgy tényleg komoly ez a dilemma, van lehetőség a jobb életre (télen nem fázás, nyáron nem izzadás), akkor hát mi legyen? Máris idézem a fenti beszúrt dal egyik sorát: Gyarló az ember!

Akkor, meddig keressük még a nők eldeformálódásának „titkát", és miért is nem jön az a gyerek. Ez a nemjövés lassan már „nép betegség"!

Egy pillanatra nézzük meg a másik „oldalt" is.

Az utóbbi évtizedekben a sperma mennyiség drasztikus csökkenése figyelhető meg, különösen a fejlett ipari országokban. A sperma mennyiség és az átlagos spermiumok száma – sperma vizsgálattal igazolva – az Egyesült Államokban 1,5 %.kal, az európai országokban ennél is drámaiabban, 3,1 %-kal csökken minden évben. Így volt írva: minden évben!! Az elmúlt 20 évben közel felére csökkent az átlagos sperma mennyiség, illetve az egy egységben mért egészséges spermiumok száma és ez a negatív tendencia folyamatos. A WHO által megállapított természetes megtermékenyítéshez szükséges sperma mennyiség határértéke kezdetben 60 millió/ml volt, amely 40 millióra, majd 2010-ben már mindössze 15 millióra módosult.

Gyakori kérdés ez a férfi termékenység kapcsán, hiszen egyetlen spermium is elegendő a megtermékenyítéshez… Miért annyira fontos a sperma mennyiség és miért probléma, ha milliliterenként 15 millió a spermiumok száma? A helyzet az, hogy a 15 millió spermiumnak csupán a töredéke jut el a hüvelyen keresztül a méhnyakig, majd a méhbe. Mindösszesen 1 millió spermium lesz képes folytatni a pete vezetékekhez vezető utat, de valójában csak néhány ezren jutnak el a petevezetékig. A petevezeték meredek csatornájában megtett kimerítő rohanásban rengeteg ondósejt elpusztul és mindösszesen mintegy száz spermium ér el a sejthártyáig. Nem nehéz belátni a sperma mennyiség fontosságát, mert amennyiben nincs elegendő versenyző a startnál, végül nem marad olyan, aki célba érne.

Hát így állunk mi mai modern emberek ezzel a kérdéssel. Kiválóak vagyunk sokféle mai kihívással szemben (maratoni futás, világ körüli utak, és itt számtalan eseményt fel lehetne sorolni), de másfajta álló képességünk egyre csak romlik.

És jönnek a hibás gyerekek szülőinek a szaporodó klubja, az állam milliárdokat költ ebben a témában a természet kiegyensúlyozására.

És ezen témán belül még nem is beszéltünk ennek a modern világnak pszichés kihatásairól, annak beépüléséről a mai világba. Bár nem volt miben dúskálni, a régi világban, az emberek mégis valamivel nyugodtabban éltek. Ma – válassz, rohanás-idegbaj, avagy nyugodtabb élet, de lemaradsz valamivel az anyagiak terén. Nem könnyű a választás. Régen úgy tudtuk, hogy az idegrendszer nem regenerálódik, ma már ez is változott, de azért mégis...?

Ugyan milyen témát is járhatnék még körbe, ennek a „remek" földi jelenségnek a „vizsgálata" okán? Természetesen ez a remek földi „jelenség" maga a nagy betűs EMBER!

Ide csak bekívánkozik egy „aranyos eset". Nagyon jó példa arra, hogy milyen is lehet ez a „nagybetűs"?

Szűk családi összejövetel. Két család néhány képviselője, egy két baráti résztvevő. Eljegyzés van. Már túl a formaságokon, ebéd, gyűrű felhúzás stb. A vőlegény és a barátja kimennek az udvarra rágyújtani. A barát kérdezi a vőlegénytől, hogy „no és volt már valami?" A vőlegény válasza, hogy még nem, de most már „veszek némi előleget". Úgy távolabbról meghallja ezt a menyasszony apja. Be a házba, és szinte ordítva mondja a lányának, húzd le azonnal a gyűrűt! De miért? Ne kérdez, azonnal húzd le a gyűrűt. Mert ha nem, az ujjaddal együtt vágom le. Nagy patália, cirkusz, vége azonnal mindennek! Ott még nem is tisztázódott ez a botrányos helyzet.

Később ez a lány hozzá megy egy másik fiúhoz. Születik két gyerek. És kezdetektől fogva borzalmas életet élnek. Természetesen az ital. Elválás, a volt férj teljesen lezüllik és meghal. Lehetne ennek a házasságnak a szörnyűségeiről beszélni – van ismeretem róla, de ez az írás megint nem erről szól. Viszont elgondolkodni való, az van bőven.

Már többször felmerült bennem, hogy miként lehetne előre prognosztizálni ezt a bizonyos iszákossági hajlamot? Nagy téma, most ebbe nem megyünk bele!

Arról, mint a fentebb megírt esetek, hogy mi is (a sokszor már leírt) nagy betűs ember.

Engedjétek meg (és mi van ha nem), hogy egy témát még körbejárjak. A legtöbb embernek van a pályafutásának a során valami kedvenc helye. Egy olyan hely ahol szeret ott lenni. Ott rengeteg pozitív élmény halmozódhat fel. Ilyen nekem Somogyberény.

Somogyberény – Péter hegy.

Itt a Dunántúlon külön világa van a hegyeknek. Úgy értve, hogy igen sok embernek van itt pincéje. Bár ezt a témát is egy kissé árnyalni kell már. 1975-ben keveredtem ebbe a faluba. Ebben az időben 2100 lakosa volt. A mai internet adat 1260 főről szól. Amint ide keveredtem nekem is hamar eszembe jutott, hogy jó lenne egy kis birtok valamelyik „hegyen". Így lett is: a Péterhegyen.

És így lett az éltem egyik meghatározó tényezője ez a birtok. Először is egy két helyiségből álló bungi – egy szoba, konyha .volt az épület. Majd 2000-ben bővítés egy igen nagy konyha, felette egy szobával, és az előző úgymond konyhából egy kis előtér és egy kisebb fürdőszoba, Wc-vel.

Ez így leírva egy nem sokat mondó történet, de…

Ide köt sok-sok régi esemény. Itt ismerkedtem meg jó néhány emberrel. Itt nagy szokás volt a pincéhez való „áthívás". Persze ezzel járt 2-3 pohár bor is. Most elkezdhetném azt a sok sok történetet sorolni, amely a pohár borokkal járt. Valós, hihető, de talán kevésbé hihető, de mégis jól hangzó történet. 1982-ben kerültem itt birtokba, és innen datálódik a Péterhegyi történetek. sora. Nekem ez a „hegy" az időmúlás hegye. S épp elgondolkodtam azon, hogy mennyien elmentek már innen körülöttem. Nincs már a Sztanó Pista (sok nagy története volt!), A Széles Jani bácsi, avagy a Debreceni Józsi (aki a pornó felvételen tolmácsolt a világhírű pornósztárnak, aki – mivel a férfi főszereplő csődöt mondott – magának kellett helyt állni a már beizgult pornósztárnál – ő maga mesélte el ezt nékem – persze jóval bővebben. Milyen régen voltam a temetésén. Talán első helyen kellet volna a közvetlen szomszédomat, a Pistát említeni. Nagyon jó gyerek volt segítőkész, és mindig szívesen kínált meg borával. Igaz, hogy a beszédében a „b…d meg" az egy szó összekötő kifejezés volt. Egy mondatban akár kétszer is elhangzott ez a „kifejezés"! Leukémia – és már évek óta nincs közöttünk. Temetésén akkora eső volt, hogy pacallá áztunk. Talán akivel a legtöbbször találkoztam itt a hegyen a Jenő volt. Igen volt.

Ha megjöttem, avagy megjöttünk a saját portánkra, és ő ezt észre vette, már kiabált is át nekem: Tamás gyere át egy pohár borra. Persze a Pistánál is ugyanúgy hangzott el ez az invitáló mondat – vagy az elején, avagy a végén a két szavas invitációval. Szóval a Jenő, aki kivéve az egyéb szükségletet jelentő eseteket, a hét minden napján itt volt a hegyen.

Szombat vasárnap soha. Mert akkor a család van! Igen finom borai voltak, főleg egy muskotályos fajta bora. És a sok-sok beszélgetés az ő szanetlije alatt. Évtizedeket kell mondani, hogy ez hányszor fordult elő. Persze ha nem vette észre az érkezésemet, akkor én mentem oda köszönteni.

Ha véletlenül nem mentem oda mindjárt a bepakolás után, még méltatlankodott is. Mi van már le se sz…sz? Én is többször meg invitáltam hozzám, no nem borra (bár itt is volt bor- persze palackos) de a megszokás szerint nálam vagy pálinkát, vagy inkább sört ittunk. Neki volt bora bőven, de őt (pedig „milliószor" találkoztunk), soha még kissé illumináltan sem láttam.

Többször elmondogattuk, hogy ő az idősebb. Igen az volt mégpedig 8 hónappal. És tavaly nyáron (2022. jul. 25) ő is eltávozott a hegyről.

A szemközti oldalból meg a Szabó Lajos ő is évek óta nincs már a hegyen.

A saját sógorom (tőlem számítva a hetedik parcella) sem jár már erre. Nyaranta itt termelt paprikát, és vitte a nagybani piacra.

Már jó néhányszor át futott a fejemben az ittieniek fogyása.

Sok eset, sok történet, sok beszélgetés már mind a múlté.

Az elmúlás témája

Ifjonc korban az elmúlás témája szinte nem is létezik. Minden megy a maga útján. De ez így is természetes. Amint múlnak az évek egyre másra előjönnek a „környezetünk" változásai. Ezt főleg a környezetünkben elhalók számának emelkedése jelzi. Lassan lassan ez már kezd feltűnővé lenni. Úgy mint a fenti felsorolás esetében is. Ez nemcsak egy „helyzet értékelési" gyakorlat lesz, hanem valami más is. Az egyedül maradás lassú megélése. Már nem úgy, hogy nincs párom, hanem olyan értelemben, hogy a régi világ kihal körülöttem. A Péterhegy esetében pl. kihez is mehetnék be immár egy pohár borra. Bor az indok volt, de főleg néhány jó szóra összejönni – volt a lényeg! Esetemben kiürült a Péterhegy. No emberek vannak még ott szép számmal, de az már nem az én világom.

Bár én ezt nem veszem annyira tragikusan, elrendezem azzal a gondolattal, hogy ez az élet rendje. Én meg csak „örvendjek", hogy ezt megtehetem. Én még itt vagyok. Nem is vagyok ezen a téren búskomor, még ha nem is ugrálok örömömben.

A Máriával való történetem jó része is ideköt. Sokszor találkoztunk ebben a bungiban ameddig úgymond hivatalosan ezt még nem lehetett.(utána meg számtalanszor)

Volt úgy, hogy reggel otthonról indulva mintha a hivatalba mennék, egy- két sarok után irány Somogyberény. Nagy hó volt, alig tudtunk feljönni a hegyre. A konyhában mínusz fok volt. Elvégeztük amiért jöttem, és irány vissza. És késő délután, mintha hivatalból mennék haza,- állítottam be a házamba. Ja…, hogy közben lezavartam oda 300 vissza 300 kilométert. Hát bizony régen volt. Még magam is csodálkozom, hogy mit meg nem tettem én abban az időben?

Itt ebben a bungiban (mindig ennek hívtuk) jött össze a Sári időszakbeli világom családja és barátok – főleg nyaranta. Mária családja és az enyém is jött össze többször.

És milyen a világ az új párom – a jövő hónapban már 3 éves „új"(Adél) és családja, meg az enyém is itt találkozott.

Szóval e rövid igen hevenyészetten felvázolt történeti sorban ilyeneket jelentett, és még ma is jelent nekem a „Péterhegy."

Én úgy vagyok ezzel, hogy talán a legtöbb ember hasonlóan gondolkodik, mármint, hogy középkorú idejében van egy beállott világ.

Ismeri annak a 20 – 30- 40 évnek a jelentősebb színészeit, ugyanígy a közélet hasonló szereplőit is. Még a család összessége is bizonyos stabilitást mutat. Nagy szülők még élnek, a család még összetart. Megvannak a családi rituálék. Mindenkinek meg van a maga és a körülöttem levő embereknek a maga sajátos életvitele.

És telik az idő ... és?

Nyugdíjba menés, és lassan bomlik a fenti megszokott világ. Elmennek a nagy szülők (mármint a gyerekeink szerinti meghatározásban). A barátok is ritkulnak – egy része kiesik a sorból, más része meg már magába zárkódik. Mi magunk is egyre kevesebbet járunk erre arra.

Utalnék a fenti – Péterhegyi világra. Ha oda megyek, szinte mindig átfut ott létemben, hogy ez sincs már a hegyen, az sincs már a hegyen. Az én korosztályom szinte már kihalt körülöttem. Olyan üres lett a hegy.

Testileg még ott, de szellemi síkon már nem egészen ott.

Talán innen kellene számítani az öregedés kezdetét???

III. EGYÉB GONDOLATOK

Van még két – számomra mindig is elgondolkodtató- témája ennek a „szépséges" életnek.

Az egyik a reklámok világa, a másik a hatalmi erők tömeg hülyítő tevékenysége.

Kezdjük ezzel – ezt találtam elsőként.

Bár fölöttébb már idéztem egy gyöngyszemet, de egyet kettőt még csak szeretnék felidézni.

Hogy naturálisan fejezzem ki magam, van még más röhögni való.

Ez a <u>munkásőr induló</u>.
Tűzcsillagunk sugara árad a tájon, mi ez a csillag egyáltalán?
Zászlónk lobog vörösen újra a gyáron.
Rendünket már védik a munkás kezek,
Ma így teremt a népünk szebb életet.
Te gaz cselszövő, aki ma éltünkre törnél, Ki is az a gaz cselszövő, jelenleg hol tartózkodik? És hogyan törne a mi éltünkre?
Rút áruló, szomorú rabságba dönt'néd, Rút áruló – és mit akar ez a rút elárulni konkrétan? Mi is lenne az a szomorú rabság?
Pusztítanád, amit a nép alkotott, Egy egész országot?
Megállj, a magyar munkás fegyvert fogott. És merre is fog ő hadakozni, és hogyan? KI ellen?

Refr. Őrt állva mind védjük a munkás hatalmat,
Pártunk harcban edzett fiai vagyunk. Csak rajta!
Támadjanak, bitangul pusztulni fognak,
Népünkért vélük bátran meghalunk.
Tűzcsillagunk sugara árad e tájon,
Zászlónk lobog vörösen újra a gyáron.
Megvédjük bátran, száz harcon át,
Előre elvtársak, fel tettre hív szent hazánk! Szent haza? Mit beszéltek? Nektek ilyen nincs is!

Új életért küzdenek milljók a földön,
Mindenfelé szűnik a rabság, a börtön.

Még koncukat féltik a vén burzsoák, Arra meg külön kíváncsi lennék, hogy mi is az a konc konkrétan?
De már épül a fénylő, szebb új világ. Ez ideig nem is volt ez olyan szép világ, ha most kezd épülni?
Mert Marx és Lenin szózata gyújt, mint a szikra, Leninről már olvashattál feljebb!!
Pártunk erős, szilárdan áll, mint a szikla, Ha minden szilárdan áll, akkor miért kell ennyire fosni (már bocsánat).
Munkásokért bátran a szent ügynek él,
És küzd, állja a harcot, tűztől se fél. A munkásőr tehát jelenleg is küzd harcol, no meg még a tűztől sem fél. Ki van a másik oldalon?
Tűzcsillagunk sugara árad a tájon,
Volt szerencsém olyan rendezvényeken részt venni, ahol a fentiekhez hasonlót harsogtak. És arra is emlékszem, hogy milyen odaadással, teljes átéléssel énekelték a részt vevők. De hol volt akkor ezeknek a józan eszük? Máris jön a válasz – sehol! Az ember – sajnos – hülyíthető. Fejébe verhetőek a fenti nagy marhaságok. És saját hittel képes, azokat magáénak tudva – kiabálni.
Jöjjön a kedvencem, direkt megkerestem a neten. Ez a „szépség" már gyerekkoromban a kedvencem volt. Igen... komolyan mondom. Bizonyára eddig is kiderült rólam sok minden, no meg az is, hogy szeretem szó szerint is értelmezni a leírtakat. Sokszor a kimondottakat is.

Ez a <u>Vörös Csepel</u>
Még, még, még és még!
A burzsujnak soha nem elég. De hol vannak ma (no meg akkor is amikor írták ezt a marhaságot) ezek a burzsujok?
Lásd, lásd, lásd, már lásd,
A sorsod az elpusztulás! Ez az elpusztulás mikor is lesz pontosan az én sorsom?
Az országnak harmada éhen gebed, Hogyan? Hol és mikor gebed éhen az ország harmada?

Az éhség, a szenny marja fel testedet, Júúúúj!! Ezek közé fogok majd én is tartozni?? Már előre félek!!!

Éhhalálra ítélt ez a rend. Még a halálom fajtája is meg van nevezve. Éhhalál! Látom magam ebben a helyzetben!!

A gégédre hurkol statáriumot, A gimis koromban ennél a résznél a torkomhoz „kapkodtam" és volt, hogy mondtam is: „jaj a gégém – jaj a gégém!" Persze csak igen halkan a közvetlen mellettem állóhoz!

És tapsolnak hozzá a rongy árulók, No megint – kik is azok az árulók?? Ki állnak valahova és tapsolnak?

Büchlerek, Propperek, Peyerek. Ez a három tudna ekkora ribilliót csinálni?

Vörös Csepel, zúgjon a hangod,

Váci út felelj neki! Ez igen! Itt az utcák is tudnak beszélgetni.

Dunántúl, Alföld együtt a harcban,

Jelszavad megrengeti, rengeti.

Nem fogunk pusztulni éhen, Még jó, hogy van a fentiekre megoldás. Harc... no de megint ki ellen és mikor és hol, és hogyan. De ezt a munkásosztály akkor bizony tudta. Én már akkor is figyeltem a társadalmi viszonyokat, ezekből a fentiekből nem érzékeltem semmit.

Nem tűrünk csendben tovább! Jó... nem tűrtök, és akkor most merre, és hogyan???

Vörös Csepel, vezesd a harcot,

Kenyeret, munkát!

2.*Rég, rég, rég volt, rég.*

A szovjetek emléke ég! Hű ha hát ez meg mi? Ezt sehogy nem értem én. Persze sosem értettem, no meg még ma sem nagyon.

Most, most, most és most,

A burzsoá rendet taposd! Ez a szocializmusban (a kommunizmust még éppen nem építettük, majd csak ha a szocializmus kész lesz!) élő felszólítás volt. Hát én bármerre néztem, nem láttam én biz' semmiféle taposni valót. Nálunk nem volt burzsoá rend, akkor merre menjek „taposni"?

Ha dolgozol, vagy ha nem egyforma kín, Akkor én nem dolgozok, ha úgyis mindegy!

Elpusztulsz a burzsujok éhbérein,
Grófi földön a gyűlölet nő.
Egy tányér levest oda löttyent eléd, Nyaljam fel a földről???
És szólni, ha mersz, sortüzet küld beléd, Én egy szót se!!!
Véres számolás órája jő.
Vörös Csepel, zúgjon a hangod!...

3.Tudd, tudd, tudd, hát tudd!
Már gyújtják az új háborút.
Vedd, vedd, vedd és vedd
Kézhez a fegyveredet!
A szovjetek ellen, ha áll a menet,

Hát küldd a pokolba a tisztjeidet,
Fordítsd rájuk a puska csövet!
Hogy vesszen, hogy vesszen a burzsoá rend.
Ez a láng, ez a harc új uralmat teremt,
Dolgozók hatalmát, szovjetet.

Vörös Csepel, zúgjon a hangod!...

Tudom én ... tudom én, hogy ez egy múltra vonatkozó, azt elítélő, a mai (a rendszerváltás előtti időre vonatkozó) világ veszélyére figyelmeztető dalocska lenne. De ennyi marhasággal tele rakva (szinte az egész csak abból áll). Persze gimis koromban (1961-1965) én is énekeltem, vagyis végig vigyorogtam az egészet!!!

A neten a statisztika is ott volt a szöveg alatt. (nekik érdekük!) Hát nem mondom. Mindenki olyan szimpla kíváncsiskodó lenne mint én??? Vagy vannak még mindig „hithű" muzulmánok a kommunizmus világából???. Gyanítom, hogy ez utóbbi feltétel az igaz. Hát... ez van!

Napi Megtekintések: 3

Néhány gyöngyszem a reklámok világából.

No itt van aztán tömény „népbutítás". Egyes dolgoknak nem létező felmagasztalása. Csak meg kell venni és tiéd a csoda világ. Gyönyörű leszel, mindig egészséges, és gondtalan. Ebben csak az a szomorú, hogy sok ember ezt még el is hiszi! Miért mennének ezek a reklámok mindenhol, ha nem volna foganatjuk?

– vedd ezt a csoda krémet. A hónaljad 72 óráig (3 nap) nem lesz izzadt. Ja… hogy addig nem is fürdesz? Avagy igen, de ennek ellenére is marad a krém a hónaljadon?

Ott vannak a valóban csinos szép nők (néha férfiak is!) a reklámokban és sugallják (no nem szó szerint kimondva) hogy te is ilyen leszel mint én. De vegyed, egyed amit én reklámozok.

És jönnek a vadabbnál vadabb csoda dolgok. Lassan már én is keresni fogom mindenhol pl. a hialuron savat. Alig várom, hogy már ihassak ilyet, avagy nem is tudom, ezt hogyan kell használni? De megszerzem, ha addig élek is. No persze fehér agyaggal egyetemben. Jó… földet talán apró gyerek koromban ehettem, bár erre nem is emlékszem.

Az emberi kínzások világa

Gondolatom volt írni – az emberi agy vonatkozásában – mire is tud vetemedni ez a „csodálatos lény"?

Hogyan is volt képes évszázadokon át kínozni egyes embereket. A várakban (el lehet menni) szinte mindegyikben volt kínzó kamra. A különböző módozatok fajtáit szinte ki sem lehetne találni, amiket alkalmaztak. Közel ezer éve „divat" volt a megkínzatás alkalmazása. Elképesztőbbnél elképesztőbb módokat találtak ki. No nem az, hogy ezt az embert el kell pusztítani – leütni a fejét és kész? Á… dehogy! Minél hosszabb ideig való kínhalál előidézése. Menő dolog volt a karóba húzás. Egy megfelelő hosszú és kellő vastagságú rúd kihegyezve és a földbe állítása egy „kedvelt" kivégző eszköz volt.

A kivégzendőt szó szerint alfélénél fogva ráhúztak erre a karóra. És az volt a „művészet", vagyis a karóba húzó ügyessége, ha úgy teszi ezt a nemes feladatát, hogy lehetőleg a karó hegye létfontosságú szervet ne érintsen, és így a karóba húzott akár napokig is szenvedett a karó tetején, míg kiszenvedett.

Külön specialistái voltak más-más korokban ennek a „művészetnek". Mondjuk úgy, hogy szakemberei.

Mindkét totalitárius rendszer (nácizmus, kommunizmus) igen magas fokon művelte ezt a „tevékenységet". Sőt láttam az egyik tv műsorban (egy ilyen témájú filmben), hogy még pályázatot is írtak ki erre a témára. Ki tud kegyetlennél kegyetlenebb módszereket kidolgozni ebben a témában.

Hát innen nézve a világot, ezért kár volt lemászni a fáról!

A szomorú ebben az, hogy nemcsak néhány ember „része" volt ez az egész. Nagy tömegek is voltak részesei ennek. Elég csak a fentebb jelzett egyik a sok közül, hogy több ezer embert leültettek a hóba, mínusz húsz fokban nem kaptak semmit (enni, inni, gyógyszer) és azt várták, hogy szép lassan az egész ott pusztul. És ez így is volt. Még a puskagolyót is sajnálták. Ezek speciel a németek voltak.

Jó – vannak helyzetek ahol az ellenséget, ellenfelet, célszerű megsemmisíteni. (Mondjuk nálam nem ez a világlátás lényege) Lelőni, leszúrni, felakasztani és kész – ha már így esett! De hogy a kínzások legvadabb formáját alkalmazni, és úgy a halál???

Az is ismert, hogy vannak szinte erre a feladatra született emberek. Akinek szinte élvezet a gyilkolás, akik szinte örömüket lelik ebben.

Igen sok visszaemlékezés került napvilágra pl. a holokauszt táboraiban „szolgáló" emberek tetteiről. Került elő jó néhány emlékező, akiknek sikerült átélni a haláltáborok világát. És elmondták az ott megtapasztalt szörnyűségeket (a Spektrum, és a National Geographic műsoraiban gyakran lehet ilyeneket látni.)

Nem célom a szörnyűségek sokoldalú bemutatása (én bizony láttam ilyen műsorokat), de hogy – csak egy példa – apró gyerekeken tömeges fagyási kísérlet végzése? Erőteljes beavatkozás az emberi természet világába??

De lehet még ezt ragozni?? Mindent lehet!

A középkorban pl. az akkori arénákba tömegesen tódultak az emberek gyilkolásokat nézni. Lásd a Római kor. És a viadal életre-halálra ment. Volt, hogy két gladiátor küzdött, volt hogy gladiátor és egy kiéheztetett vadállat – ennek mindig az lett a vége, hogy egyikük felkoncolódott.

A középkori piac terein ott állott sok esetben a guillotin (a fejlevágó készülék), és az akasztófa. Az ottani népesség szintén tódult a látvány megtekintésére.

Akkor most már hogy is állunk ennek a csodálatos lénynek a megítélésében?

A fentiekben utaltam arra is, hogy milyen „divat" volt a máglyán való megégetés. Valótlan indokok, nagy nézősereg, kell még ennél jobb??

Ugye milyen messzire jutottunk az emberi elme elfajzásának a vizsgálata terén?

Amúgy ha valaki bővebb információt szeretne látni a kegyetlenségek arzenáljáról, bizony az interneten bőven talál.

Elképesztő módozatokat találtak a kínzások véghez viteléhez. Már megint ez a csodálatos ember . nem győzöm dicsérni!!!

Talán ezt egy kicsit azért mégis járjuk körbe.

Nem tudom, hogy ez az írás valaha valaki kezébe kerül-e, most megint itt az idő, hogy megint szóljak arról, hogy magam sem azt a bizonyos ideális életpályát futottam be, maradjunk annyiban, én csak összefoglalom a világról alkotott nézeteimet. Elkerülendő azt, hogy ugyan te magyarázol, nem... én csak leírok!

Én bízom abban, hogy alaposan sikerült magát az embert szembesíteni önmagával. Magamat legalább is sikerült.

Végül is a legtöbb valamilyen eszmerendszer körébe tartozik.

Ritka, hogy valaki semmilyen eszme rendszer bűv körébe ne kerüljön – akár kicsit, akár nagyon.

Én hova is sorolom ezen emberek világát?

Milyen bűv körbe ragadnak meg egyes emberek?

1. Párt alapú eszmerendszer
2. Vallási alapú eszmerendszer
3. Gazdasági jellegű világszemlélet.
4. Egyéb agyi elferdülések eszmerendszere ez van bőven – pl. szekták, egyéb megszállottak.

Szinte alig lehet úgy élni életünket, hogy valamelyik rendszer befolyása alá ne kerüljünk.

Amit a legnehezebb, hogy minden körülmények között szilárdan kialakult jellem vonásai szerint éljük az életünket. Külső befolyásoktól mentesen. Így talán még az ebből kilógók nagy tömegét nem is célszerű elítélni.

Miért is dönt egy ego úgy ahogy dönt (abnormálisan, önérdeke ellen, avagy csak önérdeke mellett, mások által elítélően stb.) és máris itt vagyunk a többször tárgyalt agyi instabilitás kérdése eseténél.

Van mélyen berögzött emberi tudat, de a legtöbb esetben olyan instabil, hogy az „igaz ember" meghatározást, bizony, bizony nagyon kevés emberre lehet rámondani.

Tényleg nem tudom, hogy mi lesz ezen iránynak a sorsa. Én nem törekszem nyilvánosságra ezzel, csak úgy magamnak foglaltam össze a gondolataimat.

De minden esetre összeírom azon forrásmunkák jegyzékét, amelyeknek ha nem is szó szerint, hanem utalás szerű formában felhasználtam egyes részeit. Vagyis átvettem azokból néhány gondolatot.

Az emberi agyat talán „félig sem" jártam körbe, de szerény ismereteim alapján talán sikerül valamit „bemutatni" belőle.

Forrásjegyzék

1. A Biblia 1896. évi kiadás
2. Steve Nording: Moszkva titkai.(2015) A minden jog fenntartva részt elolvastam.
   (az abban leírtak ezen iromány alá nem tartoznak.)
3. Lévai-Potó: Katolikus Pápák (2008) Vagabund kiadó
4. Hahn István: Istenek és népek 1968 Minerva zsebkönyvek
5. Öveges József: Sugárözönben élünk. 1968 Minerva zsebkönyvek
6. Pjotr Sztyepanovics Alihanov: Páncélosok (2016) Kódfestő

A felhasznált segéd anyag döntő többsége az internetről, és sok tv felvételből származik. Ezek nem meghatározhatók.

Ajánló

Ajánlom ezen könyvet az épp 1 esztendős Dániel unokámnak, akivel egy napon születtünk (közte 77 esztendő).
Egy kis útmutatás felnőtt korára, talán nem lesz haszontalan.

– a szerző –

A szerző

Kiss János Sarkadon született 1947.01.25-én. Agrárgépész és államigazgatási főiskolát végzett. Dolgozott Termelőszövetkezetben és Állami Gazdaságban műszaki vezetőként és Megyei Fogyasztóvédelmi Felügyelőség igazgatójaként – 15 évig nyugdíjba vonulásáig.

Élettársával él, három gyermeke van. Kedvenc időtöltése a filmnézés, érdekli a videotechnika. Szívesen írogat, jár színházba, vagy éppen hallgat operát vagy jazzt. Írói munkássága újságokban megjelent cikkekben formálódik, illetve rész-szerző egy fogyasztóvédelmi könyvben. Már 24 évesen háromfelvonásos zenés vígjátékot írt, összeállított egész estés színházi műsort, majd sok éven át egy kábeltévé elnökhelyettese volt és a tévéstúdió felügyelőjeként dolgozott. Néhány helyi rendezésű darabban is játszott.

A könyvet támogatta:

A kiadó

> *Aki feladja,
> hogy jobbá váljon,
> feladta,
> hogy jobb legyen!*

E mottó alapján a novum publishing kiadó célja az új kéziratok felkutatása, megjelentetése, és szerzőik hosszútávú segítése. Az 1997-ben alapított, többszörösen kitüntetett kiadó az egyik legjelentősebb, újdonsült szerzőkre specializálódott kiadónak számít többek között Ausztriában, Németországban és Svájcban.

Valamennyi új kézirat rövid időn belül egy ingyenes, kötelezettségek nélküli kiadói véleményezésen esik át.

További információkat a kiadóról és a könyvekről az alábbi oldalon talál:

www.novumpublishing.hu

Értékelje ezt a könyvet honlapunkon!

www.novumpublishing.hu